O AUTORZE

Wojciech Sum... ...ie, psycholog i dziennikarz ś... ...Psychologii Uniwersytetu i ...ciana Wyszyńskiego w Warszawie. Pracował w pierwszym polskim zespole dziennikarzy śledczych, w dzienniku „Życie", a następnie w „Gazecie Polskiej", tygodniku „Wprost" i Telewizji Polskiej. Jako *freelancer* był autorem i współautorem magazynów śledczych emitowanych w TVP – „Oblicza prawdy", „30 minut" – ukazujących tajne operacje Służby Bezpieczeństwa i Wojskowych Służb Informacyjnych. Był laureatem nagrody Ministra Spraw Wewnętrznych za cykl reportaży o nadgranicznej przestępczości zorganizowanej, napisanych pod pseudonimem Stefan Kukulski, oraz współautorem publikacji ujawniających agentów rosyjskiego wywiadu wojskowego (GRU) pracujących pod „przykryciem dyplomatycznym" w ambasadzie rosyjskiej w Warszawie. Po jego publikacjach, pisanych wespół z dwoma innymi autorami, siedemnastu rosyjskich szpiegów wyrzucono z Polski – w ramach retorsji Rosjanie nakazali opuszczenie terytorium Federacji Rosyjskiej siedemnastu polskim dyplomatom. W 1996 i 2006 nominowany do nagrody „Press" w kategorii dziennikarstwa śledczego. Jako pierwszy ujawnił ściśle tajne akta świadka koronnego Jarosława Sokołowskiego pseudonim „Masa" – za co prokuratura zagroziła mu postawieniem w stan oskarżenia i karą więzienia – oraz materiały dotyczące kontaktów lobbysty Marka Dochnala z parą prezydencką, Aleksandrem i Jolantą Kwaśniewskimi. Dużą część działalności dziennikarskiej autora objęło wyjaśnienie opatrzonych klauzulą najwyższej tajności okoliczności śmierci księdza Jerzego Popiełuszki, najgłośniejszej i zarazem najbardziej tajemniczej zbrodni politycznej w powojennej Polsce. Jako pierwszy ujawnił fakty całkowicie podważające obowiązującą wcześniej wersję tej zbrodni, „ustaloną" podczas tzw. „Procesu Toruńskiego". Swoje wnioski zawarł w licznych publikacjach, reportażach telewizyjnych, scenariuszu filmowym napisanym dla Agencji Filmowej Telewizji Polskiej oraz w trzech książkach pt.: „Kto naprawdę Go zabił?", „Teresa, Trawa, Robot", „Lobotomia 3.0". Kolejne dwie książki pt. „Z mocy bezprawia" i „Z mocy nadziei" (po napisaniu których powstały audiobooki czytane przez Jerzego Zelnika), to autobiograficzne powieści – „thrillery, które napisało życie" – powstałe po próbie aresztowania i próbie samobójczej, będącej konsekwencją kombinacji operacyjnej zastosowanej przez służby tajne. Dotychczas, łącznie, książki autora zostały sprzedane w ilości ponad stu tysięcy egzemplarzy. Po traumatycznych doświadczeniach założył własne wydawnictwo i poświęcił się nieomal wyłącznie działalności pisarskiej. Mieszka w Białej Podlaskiej, jest żonaty, ma czworo dzieci.

Wojciech Sumliński

NIEBEZPIECZNE ZWIĄZKI BRONISŁAWA KOMOROWSKIEGO

WSR

Warszawa 2015

Redakcja i korekta:
Krzysztof Borowiak

Projekt okładki:
Jepp Gambardella

Ilustracja okładki:
Andrzej Krauze

DTP:
Marcin Gajewski

ISBN 978-83-938942-9-1

Wydawca:
Wojciech Sumliński Reporter
Wrzeciono 59c/13,
01-950 Warszawa
wojciech@sumlinski.pl
www.sumlinski.pl

Wyłączny dystrybutor:
Platon Sp. z o.o.
ul. Sławęcińska 16, Macierzysz
05-850 Ożarów Mazowiecki
tel. (22) 329 50 23
www.platon.com.pl
www.platon24.pl

Wszystkim moim Bliskim

SPIS TREŚCI

Podziękowania

Niekiedy wydarza się coś, co nas tak bardzo obchodzi, co jest dla nas tak bardzo ważne, a co zarazem tak trudno wyrazić słowami, bo zwyczajnie brakuje odpowiednich słów i wtedy pozostaje powiedzieć, po prostu – dziękuję. Niniejszym dziękuję **Wszystkim Moim Bliskim**, którzy wraz ze mną przeszli – i wciąż przechodzą – przez bardzo trudny czas w naszym życiu, od lat razem ze mną ponoszą wszystkie konsekwencje spraw, w które się zaangażowałem i tak naprawdę jako jedyni, wiedzą w pełni, jaką cenę za to zapłaciliśmy – i wciąż płacimy...

Dziękuję moim **Przyjaciołom** na dobre i złe, którzy przetrwali ze mną wszystkie te trudne chwile, a których nie wymieniam z nazwiska na kartach tej książki wyłącznie przez wzgląd na ich bezpieczeństwo i dobro. Słowa te kieruję zwłaszcza do Roberta, Ewy, Hani, Henia, Piotra, Iwony, Janka, Małgosi, Sławka, Edwarda, Stasia, Mikołaja, Jacka, Krzyśka i kilku innych Prawdziwych Przyjaciół, których pomoc i wsparcie pomogły mi uwierzyć w to, że wszystkie bitwy naszego życia, nawet te przegrane, są po coś, czegoś nas uczą, i w życiu nie ma przypadków.

Na koniec dziękuję bliskim mojemu sercu **Rodakom w Kanadzie i Stanach Zjednoczonych**, których mogę wymienić z nazwiska, bo znajdują się poza zasięgiem „aparatu sprawiedliwości", służb tajnych i decydentów III RP: Wioletcie i Tomkowi Kardynał, Dorocie i Alkowi Jamróz oraz Ani i Bogdanowi Łabieniec z Toronto, a także Urszuli Demorit, Grażynie i Maćkowi Rusińskim

oraz Witkowi Rosowskiemu z Nowego Jorku – chciałbym, abyście wiedzieli, że bez Was i osób takich jak Wy,
nie miałbym sił do nieustannego powstawania po każdym
upadku, wiary w słowa „nigdy się nie poddawaj" i z pewnością nie byłbym w tym miejscu, w którym jestem.

Wyrazy wdzięczności składam także na ręce wszystkich moich **Czytelników** – dzięki Wam zrozumiałem
wagę tej pracy i już do końca zawierzyłem w jej potrzebę
oraz sens. I także za to odzyskane zawierzenie raz jeszcze
z całego serca dziękuję.

Wojciech Sumliński

„…Chociażbym chodził ciemną doliną, zła się nie ulęknę,
bo Ty jesteś ze mną…"

(fragment Psalmu Dawidowego, Ps 23,4)

ROZDZIAŁ I
CO NAPRAWDĘ WIEDZIAŁ „MASA"?

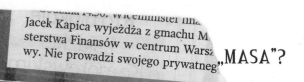

Jacek Kapica wyjeżdża z gmachu M
sterstwa Finansów w centrum Warsz
wy. Nie prowadzi swojego prywatneg,,MASA"?

ZŁA OCENA KAMPANII

ie ma wątpliwo-
znalezionej ofiary.
S| lekarz puszcza rękę
.ąpiła ubiegłej nocy o
', czy coś podobnego,
członkiem omylnej
w tę czy w tamtą".
ekarz ma dużo więcej
u wpływają na ostygnię-
ierci może być określona
dnością do kilku godzin.
ardziej dobrym lekarzem,
na pewno: dyrektor IV Od-
działu Banku PKO BP w warszawie zginął wystarczająco dawno, by wystąpiło pośmiertne stężenie mięśni, lecz
nie na tyle dawno, by się cofnęło. Był sztywny jak człowiek, który zamarzł podczas syberyjskiej zimy. Śmierć
musiała nastąpić wiele godzin przed naszym przybyciem.
Ile? – nie wiem.

Nadkomisarz przerwał.

Po raz kolejny tego dnia przyjrzałem się człowiekowi,
który snuł swoją opowieść: wysokiemu mężczyźnie w dobrze skrojonym, ciemnym garniturze, z chłodnymi, przenikliwymi, szarymi oczami, sympatyczną twarzą, która
bardzo szybko mogła przestać być sympatyczna, wyglą-

dającemu bardzo fachowo. Nawet jeśli się go nie znało, nie można było mieć wątpliwości co do jego zawodu. W jego smagłej twarzy nie było ani niepokoju, ani wyczekiwania – po prostu spokojna pewność zawodowca, który na zimno relacjonuje niezwykłą historię niezwykłego śledztwa. „Dobry, spokojny człowiek, a jednocześnie policjant, i to nie taki, którego można by lekceważyć." – Zawsze tak o nim myślałem. I zawsze zadziwiała mnie ta pozorna sprzeczność – ot, dobry człowiek, a przy tym policjant, którego nie można lekceważyć...

Powoli, z rozmysłem, zdusił niedopałek papierosa. Wydawało mi się, że ten gest zawierał w sobie dziwny przedsmak ostatecznej decyzji, jakby coś w sobie ważył i przełamał.

Po chwili wyciągnął srebrną papierośnicę, starannie wybrał papierosa i wsunął papierośnicę na powrót do czarnej, dwurzędowej marynarki. Był rzetelnie zmęczony – nie na tyle jednak, by nie dokończyć tego, z czym przyszedł. Uśmiechnął się lekko, by po chwili podjąć przerwany wątek.

– Głowa nieszczęśnika spoczywała na stole, na którym leżała Beretta Px4. To pistolet nieco większy od standardowego smartfonu, jednak jego pocisk 9 mm, zamiast przebić ciało ofiary na wylot, niszczy wszystko, co napotka na swojej drodze – kontynuował spokojnie. – Przypuszczenie, że dyrektor popełnił samobójstwo kilka godzin po tym, jak dzwonił do nas z deklaracją przekazania nazajutrz informacji najwyższej wagi, wydało mi się zbyt naciągane. Postanowiłem więc sprawę zbadać z bliska. Gdy podszedłem do trupa, już wiedziałem w jaki sposób umarł...

Zniżył głos do szeptu. W pełnej napięcia ciszy zgrzytnęło kółko zapalniczki. Pochylił się do przodu, oparł o stół i mówił dalej cichym głosem:

– Trzy ślady na piersi nie pozostawiały wątpliwości. Widziałem takie wiele razy, zbyt często, by się mylić. Mój zawód często sprawia, że stykam się z martwymi ludźmi, których zgon bynajmniej nie był naturalny. Nigdy jednak nie widziałem podobnej sytuacji: ofiara, w której ciele tkwiły trzy kule, wyglądała tak, jakby zginęła śmiercią samobójczą. Nie zauważyłem śladów bytności osób trzecich, ale wizja samobójcy pociągającego za spust raz za razem i trafiającego za każdym razem we własne serce, podczas gdy już pierwszy strzał musiał być śmiertelny, wydała mi się równie absurdalna, co groteskowa. Morderca byłby kompletnym idiotą, gdyby sądził, że ktoś uwierzy w taki scenariusz. Kimkolwiek jednak był, nie przywiązywał dużej wagi do uwiarygodniania pozorów.

Na moment twarz mojego rozmówcy zlodowaciała.

– A teraz uważaj, bo będzie najciekawsze. Sekcji zwłok denata nie przeprowadzono, a samo śledztwo zamknięto, nim tak naprawdę w ogóle się zaczęło. Nazajutrz po śmierci dyrektora w prasie pojawiła się informacja, że zginął w niewyjaśnionych okolicznościach w trakcie pobytu na Ukrainie. Podobnie absurdalną informację znajdziesz w policyjnych dokumentach dotyczących tej sprawy, w tych aktach.

Sięgnął po przepasane tasiemką dwie opasłe papierowe teczki i pchnął je w moją stronę. Wziąłem pierwszą teczkę z wierzchu i wyjąłem kilka spiętych kartek.

Były to informacje Centralnego Biura Śledczego o Fundacji „Pro Civili", założonej przez oficerów Wojskowych Służb Informacyjnych. Już pobieżny ogląd wskazywał, że była to bardzo interesującą lektura. Oczywiście, jeżeli ktoś interesuje się wykradaniem tajemnic państwowych, samobójstwami, zabójstwami na zlecenie, defraudacjami na gigantyczną skalę i ogólnie rozumianymi słabościami ludzkimi ze wszystkim, co określenie to w sobie zawiera. U góry każdej kartki widniała adnotacja o tajności dokumentu, a niżej zaznaczono odnośniki. Najstarszy dokument pochodził sprzed kilku lat i w przeciwieństwie do pozostałych zawierał nie jeden, lecz kilka odnośników.

Cała ta sprawa coraz mniej mi się podobała, o czym nadkomisarz łatwo mógłby się przekonać, gdyby zobaczył moją minę. On jednak z drobiazgową skrupulatnością lustrował sufit, jak gdyby spodziewał się, że w każdej chwili może zlecieć nam na głowę. Byłem zmęczony, zirytowany i nie podobał mi się kierunek, w jakim zmierzała ta rozmowa.

Zaledwie kilka dni wcześniej za żadne skarby nie mogłem pojąć, dlaczego nadkomisarz chce się ze mną spotkać – jak to ujął – „jak najszybciej i jak najdalej od Warszawy, na pogawędkę o pewnej Fundacji". Wybraliśmy Darłówek nad Bałtykiem, miejsce dobrze znane nam obu, gdzie mój informator dysponował lokum – pokażnym domem należącym do zaprzyjaźnionego kapitana żeglugi wielkiej, który dziesięć miesięcy w roku pływał po morzach i oceanach. Właściwie nie byłem szczególnie zainteresowany podróżą nad Morze Bałtyckie w grudniu, zwłaszcza że mój rozmówca nalegał, bym nie przyjeżdżał samochodem, który zawsze łatwo monitorować. Ale udało mu się wzbudzić moją ciekawość.

Po naszym spotkaniu włączyłem komputer, wszedłem na Google'a i wpisałem: „Fundacja Pro Civili". Rezultatem wyszukiwania było raptem kilka stron. Fundacja najwyraźniej nie dbała o reklamę. Przed wyjazdem wydrukowałem kilka zawierających ogólnikowe informacje artykułów i włożyłem około dwudziestu stron do oddzielnej teczki. Mimo że był to dopiero początek grudnia, mróz był tak wielki, że pożałowałem swojej decyzji o wyjeździe, zanim dotarłem z Białej Podlaskiej do Warszawy. Na wycofanie się było jednak za późno. Wydawało mi się to jeszcze bardziej skomplikowane, niż podróż na drugi koniec Polski, i dlatego 3 grudnia 2006 roku wsiadłem do pociągu jadącego do Ustki. W nocy napadało dużo śniegu, ale rano niebo się wypogodziło. Gdy wysiadałem z pociągu, uderzyło mnie przejrzyste, lodowate, morskie powietrze. Nadkomisarz przywitał mnie z dobrodusznym uśmiechem na peronie i szybko poprowadził do nagrzanego opla. W miasteczku trwało intensywne odśnieżanie. Mój informator manewrował ostrożnie między usypanymi przez pługi zwałami śniegu. Białe masy tworzyły dramatyczny kontrast z szarą Ustką, jak gdyby pochodziły z innego świata.

Spoglądałem ukradkiem na kierowcę, który szybko wyjechał za miasto, kierując się na Darłówek.

– Czy przyjazd tu naprawdę był konieczny? – zagadnąłem. – Czy żeby spokojnie pogadać, trzeba uciekać na
drugi koniec kraju?

– Na taką rozmowę powinniśmy uciec jeszcze dalej.
Im dalej, tym lepiej...

Nie odpowiedziałem, bo i cóż tu było do dodania. Dalszą drogę pokonaliśmy w milczeniu.

Darłówek odwiedzałem od lat każdego roku, ale mimo
to zawsze zaskakiwało mnie to, jak szybko zmieniało się
to miasteczko. Każdego roku przybywało ulic, a na obrze-
żach systematycznie wyrastały nowoczesne i duże wille.
Miejscowość przedzielona rozsuwanym mostem na dwie,
mniej więcej równe, części o tej porze roku sprawiała
senne wrażenie. Odjechaliśmy dwa kilometry za miasto,
skręciliśmy w leśną, prowadzącą nieco pod górę, drogę,
by po kolejnych pięciuset metrach minąć nader imponu-
jącą, kamienną łukową bramę i wjechać na dziedziniec.
Tuż przede mną znajdował się kolisty wyżwirowany
podjazd, który prowadził w prawo od bramy. Za nim
wznosiła się czworokątna, piętrowa budowla, z oknami
na parterze i piętrze, a na szczycie z wieżyczkami i blan-
kami według najlepszych średniowiecznych wzorców. Ze
wszystkich stron budowlę otaczał solidny, ponadtrzy-
metrowy, metalowy parkan, do którego ze wszystkich
stron przylegały równie wysokie tuje. Pomyślałem, iż
w przeszłości podobne odczucia do moich musieli mieć
goście średniowiecznych fortec – brakowało jedynie fosy
i zwodzonego mostu.

– Jak odnajdujesz swój Darłówek? – zagadnął mój gospodarz.

– W porządku, choć tej części, gdzie teraz jesteśmy, wcześniej nie znałem. Ale przecież nie zaprosiłeś mnie tutaj, by rozmawiać o zimowych urokach nadmorskiego miasteczka.

– Racja. Rzeczywiście nie po to. Zaprosiłem cię tu, bo chciałem być daleko od tego bagna, podsłuchów i dziwnych ludzi, o których nigdy nie wiadomo, dla kogo pracują. Latem panuje tu zgiełk i ruch, ale teraz jesteśmy tylko my dwaj.

Wysiedliśmy z samochodu. Rozejrzałem się dookoła zastanawiając się, z jakich szalonych pobudek przystałem na propozycję mojego informatora.

Podążyłem wskazaną przez nadkomisarza drogą. Podeszliśmy do drzwi po kamiennych schodach. Gospodarz otworzył drzwi i znaleźliśmy się w obszernym pokoju w szczytowej części domu. Jedną ze ścian zajmował kilkumetrowy regał, od podłogi po sufit wypełniony książkami. Przeciwległą ścianę zdobiły półki z setkami pamiątek i rozmaitych akcesoriów ze wszystkich kontynentów. Okno szczytowe i stojąca obok kominka sofa oraz fotele stanowiły świetny punkt obserwacyjny z widokiem na położone w oddali miasteczko....

I teraz, w takiej scenerii, mój rozmówca snuł swoją opowieść, która zdawała się być równie dramatyczna, jak odległa od zdroworozsądkowych realiów, a która dopiero co zdawała się rozkręcać...

Spojrzałem na gospodarza. Przy pewnej dozie dobrej woli ledwie dostrzegalny tik w lewym kąciku jego ust można by wziąć za uśmiech, choć nie było to takie pewne. Najwyraźniej dwadzieścia lat wścibiania nosa w cudze sprawy doprowadziło u niego do zaniku mięśni policzkowych.

– Spałeś chociaż? – zagadnął nieoczekiwanie z autentyczną troską, a może tylko tak mi się wydawało.

Potrząsnąłem głową.

– Nie zmrużyłem oka.

– Trochę szkoda, ale to nic. – A jednak tylko wydawało mi się. Nadkomisarz starannie ukrył swe zatroskanie i odchrząknął cicho. – No cóż, Wojtku, może jeszcze odrobina kontynuacji i dam ci odpocząć. Wracając do przerwanego wątku tajemniczej śmierci naszego dyrektora: sprawdziliśmy, że był jedną z najważniejszych postaci w wyłudzeniach dokonywanych przez „Pro Civili". Skala tych wyłudzeń w normalnej sytuacji porażałaby, ale w przypadku „Pro Civili" okazało się, że to tylko wierzchołek wierzchołka góry lodowej. Nasz dyrektor przed śmiercią dbał, by bank nie żądał przedkładania normalnie wymaganych dokumentów stanowiących zabezpieczenie kredytów, wraz ze składanymi wnioskami o wykup wierzytelności factoringowych nie było żadnych analiz wymaganej dokumentacji finansowej, żadnego sprawdzenia kondycji finansowej klientów, po prostu wielkie nic. A gdy już takie zabezpieczenie się pojawiało, bank nie potwierdzał istnienia przedmiotów przewłaszczenia przy ustanawianiu zabezpieczeń wierzytelności. Dyrektor podejmował też decyzje o zawarciu umów o wykup wierzytelności leasingowych z kilkudziesięcioma firmami, które z kierowanego przez niego oddziału banku wyłudziły łącznie ponad siedemdziesiąt dwa miliony złotych. Pieniędzy tych nigdy nie odzyskano... Podobnie stało się z Centrum Usług Przemysłowych Wojskowej Akademii Technicznej. Kierowany przez naszego dyrektora oddział banku zawarł umowę rachunku bankowego pod nazwą „CUP WAT", która z kolei pozwoliła na wyłudzenie stu trzynastu milionów złotych. I tu dochodzimy do niezwykle interesującej postaci – do człowieka nazywanego Igorem Kopylowem. Mówię „nazywanego", bo to fałszywe nazwisko – sprawdziliśmy, że ktoś taki nigdy nie istniał. Podobnie zresztą jak kilka innych tożsamości, którymi się posługiwał... Czy masz pojęcie, że ten tajemniczy człowiek, którego tożsamość, a nawet narodowość do końca pozostały zagadką, miał możliwość swobodnego poruszania się po Wojskowej Akademii Technicznej i wchodzenia w zakres prac badawczych, jakie tam miały miejsce, łącznie z tymi objętymi tajemnicą państwową?

Ponieważ nie przepadam za ludźmi, którzy lubią bawić się ze mną w kotka i myszkę, więc popatrzyłem na niego z kamienną miną i spytałem zwięźle.

– A niby skąd u licha miałbym o tym wiedzieć?

– Racja – zauważył.

Przerwał, rozplótł dłonie, oparł łokcie o blat stołu i spojrzał na mnie ponad złączonymi czubkami palców obu rąk.

– Sprawdziliśmy, że nasz zamordowany dyrektor był częstym gościem w cypryjskiej posiadłości Igora Kopylowa – dodał cicho z westchnieniem.

– Czy to wszystko?

Być może nadkomisarz oczekiwał po mnie przebłysku intelektu, ale jeśli był rozczarowany moim pytaniem, to nie dał tego po sobie poznać. Za to w lewym kąciku jego ust znów pojawił się tik, coś jakby na kształt uśmiechu, a może tylko tak mi się wydawało. Nie podnosząc wzroku mruknął.

– To na początek. Powinienem dodać, że w tym przypadku chodzi nie tylko o defraudacje sięgające bajońskich sum, rzędu nawet miliardów złotych, z których uzyskane środki transferowano via Cypr do krajów byłego Związku Radzieckiego, głównie Rosji, ale także o kradzież informacji, które łatwo można wykorzystać do celów wojskowych. Aha, i jeszcze jedno: zmarły dyrektor IV Oddziału Banku PKO BP był jedną z siedemnastu osób, które w taki czy inny sposób miały związek z działalnością, bądź próbą wyjaśnienia działalności Fundacji „Pro Civili", a które hmm... skutecznie targnęły się na swoje życie. Tak zginęli m.in. dobrzy znajomi dyrektora, Edward Kozłowski i Roman Puderecki. Ten ostatni dwukrotnie postrzelił się w brzuch, w tym raz z kilku metrów...

Przy ostatnich słowach nadkomisarz obrzucił mnie szybkim spojrzeniem, ciekaw mojej reakcji. Ale ja milczałem, analizując to, co usłyszałem. Rozumiałem aż za dobrze, że nadkomisarz nie ma zamiaru powiedzieć krótko i zwięźle, o co mu chodzi. Ale wiedziałem też, że gdybym poprosił go teraz o podwiezienie na dworzec, usłyszałbym pewnie, że samochód nie chce zapalić na mrozie. Mimo to postanowiłem skrócić to do minimum, z trudem hamując słowa, które cisnęły mi się na usta. W końcu z rezygnacją wzruszyłem ramionami.

– Wszystko macie wyłożone jak na talerzu. W tej sytuacji intryguje mnie pytanie: po co tutaj przyjechałem?

– zagadnąłem.

– Poprosiłem cię na tę „wycieczkę", bo odstawiono nas od śledztwa, bez wątpienia najważniejszego i najdziwniejszego w całym moim życiu. Byliśmy blisko, ale ktoś trzymał rękę na pulsie...

– Rozumiem, ale tak dokładnie czego ode mnie oczekujesz?

Nadkomisarz przez krótką chwilę spoglądał na swoje dłonie, a później przełknął kilka łyków kawy, jak gdyby potrzebował przerwy, nim przejdzie do sedna.

– Chciałbym, żebyś zrobił to samo, co przy „Masie", tylko skuteczniej. Będzie łatwiej, bo akta „Masy" masz w małym palcu, a w tej historii Jarosław Sokołowski odgrywa bynajmniej niemarginalną rolę. Ale będzie też trudniej, bo poziom szamba jest tu dużo wyższy, najwyższy z możliwych. Przekonasz się o tym, jak przejrzysz akta...

Nadkomisarz wstał i podszedł do okna. Uświadomiłem sobie, że chyba nigdy w życiu nie widziałem go tak wzburzonego. Spoglądał gdzieś w dal w zamyśleniu, jakby coś w sobie warzył czy wspominał. I ja także zanurzyłem się w przeszłość

Poznałem go dziesięć lat wcześniej, podczas jednego ze śledztw dziennikarskich, i od tamtej pory wielokrotnie zastanawiałem się nad moją dziwną przyjaźnią z nadkomisarzem, która była jakby przyciąganiem się przeciwieństw. Mojej przyjaznej wylewności przeciwstawiał swoją wrodzoną rezerwę i małomówność. Do wszystkiego, co tak gorąco podziwiałem, do bałwochwalczego przestrzegania dyscypliny przez funkcjonariuszy policji, czuł niechęć. Być może wyrastała ona z jego wybujałej indywidualności, a być może z ukochania swobody i wielkiej praktyki, która nauczyła go, że życie potrafi pisać scenariusze, o których próżno by szukać zapisów w jakichkolwiek regulaminach. Buntował się więc przeciwko tysiącznym złośliwościom dyscypliny, przeciwko autorytetowi i biurokratycznej głupocie policyjnych regulaminów, które okazywały się całkowicie niepraktyczne w zderzeniu z twardą rzeczywistością. Już przed kilkoma laty, gdy oficerom Biura Przestępczości Zorganizowanej Komendy Głównej Policji kazano chronić słynnego hiszpańskiego tenora, Jose Carrerasa, który podczas pobytu w Warszawie miał – w ramach castingu – dokonać wyboru polskiej współwykonawczyni do nagrania z nim płyty, nadkomisarz miał poważne podejrzenia, że współpraca z przełożonymi będzie raczej trudna. Fakt, że „casting" odbył się na tylnym siedzeniu samochodu i że oficerom policji powołanym do zwalczania najgroźniejszych przestępców przypadła rola milczących świadków tak rozumianego „przesłuchania" wybranki światowej sławy tenora, w poczuciu inspektora uwłaczał jego osobistej godności. I choć frustracja oficerów znalazła ujście w postaci wykonanych z ukrycia kilku intymnych zdjęć polskiej „gwiazdki" i hiszpańskiego wirtuoza, które później głośno w komendzie komentowano i „na wszelki wypadek" zabezpieczono, ale które nie trafiły do przestrzeni publicznej – nadkomisarz długo nie mógł wybaczyć przełożonym oddelegowania do tak podłego zadania. Pomimo antypatii do przełożonych – którzy często nie znali się na policyjnej robocie, za to zawsze chętnie wchodzili w alianse z politykami – a może właśnie dzięki niej i jeszcze po trosze dzięki katolickiemu sumieniu, nadkomisarz został pierwszorzędnym oficerem. Nie zmienił tego fakt, że nie potrafił nauczyć się szacunku czy choćby tolerancji dla przełożonych. Stale złościło go, że przełożeni niejednokrotnie świadomie niszczyli to, do czego on sam *et consortes* dochodzili z narażeniem własnego życia. Tak jak w przypadku działalności Fundacji „Pro Civili". I jak w przypadku zeznań „Masy"...

***

Wiedziałem, o czym nadkomisarz mówi.

W 2003 roku, jako pierwszy dziennikarz, dotarłem i opublikowałem najbardziej tajne materiały dotyczące przestępczości zorganizowanej, tzw. „Akta Masy", zeznania najsłynniejszego świadka koronnego w Polsce, ujawniające kulisy powstania „mafii pruszkowskiej" i jej interesy na styku biznesu i polityki.

W procesach szefów „Pruszkowa" nigdy nie podjęto wątków dotyczących powiązań gangsterów z biznesem i polityką. Bossowie „Pruszkowa", którzy nie zginęli w zamachach, jak Andrzej Kolikowski „Pershing", lub nie popełnili „samobójstw" w niewyjaśnionych okolicznościach, jak Jeremiasz Barański „Baranina", trafiali za kratki za typowe przestępstwa kryminalne. „Masa" szybko zorientował się, że przesłuchujący go prokuratorzy nie byli zainteresowani wątkami politycznymi i biznesowymi jego zeznań, dlatego szybko ich zaniechał i skupił się na „klimatach", a nie mrocznych faktach. W efekcie prokuratorzy spisali zeznania najsłynniejszego świadka koronnego w Polsce w formie barwnej „opowieści", prezentującej powstanie „mafii pruszkowskiej" jako dzieło przypadku, zapoczątkowanego młodzieńczymi wybrykami mieszkańców podwarszawskich miejscowości. Opowieść Jarosława Sokołowskiego prokuratura wykorzystała wybiórczo. Skupiła się jedynie na kryminalnych wątkach zeznań „Masy", nie interesując się wątkami najbardziej istotnymi, politycznymi, jednoznacznie wskazującymi, że prawdziwa mafia jest tam, gdzie z interesami zwyczajnych gangsterów krzyżują się interesy polityków, biznesmenów i służb specjalnych. Wszystkie te interesy członkowie „Pruszkowa" prowadzili w porozumieniu i za pozwoleniem „ludzi na wysokich stołkach", wywodzących się ze służb specjalnych PRL, prawdziwych szefów mafii, których nazwiska – w przeciwieństwie do nazwisk członków „Pruszkowa" – nigdy nie przebiły się na pierwsze strony gazet. Moje zainteresowania zaczynały się tymczasem tam, gdzie kończyło się śledztwo prokuratorów. „Solą" mafii byli bowiem nie „chłopcy z ferajny", ale ich mocodawcy. Nie trzeba było szukać głęboko, by znaleźć tych ostatnich. To nie wolny rynek i demokracja sprawiły, że w III RP nagle pojawiła się przestępczość zorganizowana. Ta istniała bowiem i w PRL, a wysocy funkcjonariusze policji i oficerowie służb specjalnych byli jej inspiratorami. Nie było dziełem przypadku, że najgroźniejszymi polskimi przestępcami zostali Jeremiasz Barański „Baranina", Andrzej Kolikowski „Pershing", Leszek Danielak „Wańka" czy Nikodem Skotarczak „Nikoś". Wszyscy byli współpracownikami PRL-owskich służb specjalnych i dla swoich opiekunów prowadzili lewe interesy jeszcze w latach siedemdziesiątych i osiemdziesiątych. Gdy skończyła się PRL, setki oficerów służb specjalnych mających bliskie kontakty z podziemiem po prostu stanęło na jego czele. To oni zorganizowali nielegalny handel paliwami, alkoholem, zakładali firmy ochroniarskie, zaczęli działać w branży usług finansowych, w handlu zagranicznym, handlu bronią, podjęli działalność parabankową. W tym okresie wszystko działo się za zgodą i wiedzą byłych funkcjonariuszy Służby Bezpieczeństwa i Wojskowych Służb Wewnętrznych, a większość przywódców podziemia była powiązana z tymi służbami. Utworzony na styku służb specjalnych i agentury układ przetrwał przez cały okres III RP. I dopiero ten układ stworzył podwaliny prawdziwej mafii.

Najciekawsze w zeznaniach „Masy" było to, co świadek koronny opowiedział o interesach mafii z Sojuszem Lewicy Demokratycznej, partią mającą w tamtym czasie pozycję równie mocną, co kilka lat później Platforma Obywatelska. Także SLD miało swojego prezydenta – Aleksandra Kwaśniewskiego, swojego premiera – Leszka Millera i koordynatora służb specjalnych – Andrzeja Barcikowskiego. Nie zważając na takie realia „Masa" zeznał: mafia pruszkowska przez lata doglądała interesów grupy polityków SLD. Gangsterzy i politycy partii rządzącej podzielili między siebie rynek automatów do gier, z którego czerpano dochody idące w setki milionów złotych. Zaczęło się od maszyn do gier, a potem były także milionowe pożyczki dla polityków. Człowiekiem, który udzielał pożyczek w imieniu „Pruszkowa" był Bogusław Bagsik. To do niego przychodzili m.in. posłowie SLD Jerzy Dziewulski i Ireneusz Sekuła, wicepremier w rządzie Mieczysława Rakowskiego. Gotówka, którą pożyczali, pochodziła z kieszeni zaprzyjaźnionego z Bagsikiem Andrzeja Kolikowskiego („Pershinga").

„Masa" powiedział tak dużo, że prokuratorzy nie chcieli słyszeć więcej. Doszło do tego, że wręcz bali się słuchać tego, co najważniejszy świadek koronny w Polsce miał im do powiedzenia na temat powiązań gangsterów i polityków z SLD. Te zeznania, to była bomba atomowa, bo do tego momentu wszystko, co mówił „Masa", *a priori* uznawano za fakty. „Zeznania Jarosława Sokołowskiego są wiarygodne" – publicznie stwierdził Marek Walczuk, przewodniczący składu sędziowskiego w procesie najgroźniejszego polskiego gangu i w oparciu o nie skazał na długoletnie wyroki więzienia cały zarząd „Pruszkowa". Powstał więc poważny dylemat: jeżeli „Masa" był – jak dotąd uznawano – całkowicie wiarygodny, to do więzienia powinni pójść także politycy SLD. Gdyby zaś zmieniono zdanie i „Masa" straciłby wiarygodność, należałoby uwolnić gangsterów z „Pruszkowa". Ale to rozwiązanie niosłoby ze sobą katastrofalne skutki w odbiorze społecznym, bo wcześniej wielu polityków SLD zbudowało swój wizerunek na – jak mówiono – „rozprawie z mafią". Ostatecznie więc wybrano rozwiązanie pośrednie uznając, że Jarosław Sokołowski jest wiarygodny, ale tylko w połowie. W tej dokładnie połowie, w której mówił o gangsterach.

– Czy jednak można być wiarygodnym do połowy, czy można być do połowy w ciąży? – pytali prokuratorzy krajowi, którzy nie zgadzali na ten kompromitujący i sprzeczny z prawem kompromis. Mimo to prowadzący śledztwo skupili się wyłącznie na wątkach kryminalnych, całkowicie pomijając wątki polityczne. Te ostatnie miały pozostać opatrzone klauzulą tajności i nie ujrzeć światła dziennego. Ktoś się jednak zdenerwował i w 2003 roku pełne zeznania „Masy", najbardziej wówczas tajne dokumenty w Polsce, trafiły w moje ręce. Gdy kilka miesięcy później, po weryfikacji dokumentów, przygotowywałem tekst dla Tygodnika „Wprost", informatorzy, dzięki którym je pozyskałem, ostrzegli mnie: nie dopuść, by przed publikacją na mieście wiedziano, że masz takie materiały, bo to potencjalnie niebezpieczna sytuacja. Tymczasem na tydzień przed planowaną datą publikacji zadzwonił kolega z innej redakcji.

– Mam pytanie *off the record*. O przygotowywanym przez ciebie tekście na mieście aż huczy. Kiedy go „wodujecie"? – Stało się więc to, co nie miało prawa się stać.

I właśnie wtedy do działania przystąpili ONI.

Na trzy dni przed planowaną publikacją w tygodniku „Wprost" dziennik „Życie Warszawy" zamieścił na pierwszej stronie artykuł, według którego w zeznaniach Sokołowskiego pojawiło się nazwisko posła Pawła Piskorskiego z opozycyjnej wówczas Platformy Obywatelskiej. Materiał napisała znana i ceniona dziennikarka, niemająca dotąd żadnych wpadek. Informacja całkowicie zdominowała wydarzenia dnia. To od niej i reakcji na nią zaczynały się wszystkie serwisy radiowe i telewizyjne. W Sejmie – a był to dzień sejmowych posiedzeń – zawrzało. Jako pierwszy wyszedł na mównicę Leszek Miller.

– To nas oskarżano o różne rzeczy i w tej sali, i w mediach, a tymczasem dziś dowiedzieliśmy się, że to posłowie z opozycji współpracowali z mordercami z największej przestępczej organizacji w Polsce – grzmiał premier. Po nim na mównicę wychodziło jeszcze kilku innych posłów SLD, którzy z dezaprobatą opowiadali o korupcji i hipokryzji posłów opozycji. Ci ostatni bronili się bez przekonania, no bo jak tu polemizować z zeznaniami samego „Masy"? Jako jeden z ostatnich na mównicę wyszedł kolega Piskorskiego, Jan Rokita, który zażądał, by odtajnić część akt „Masy", świadczącą rzekomo o powiązaniach jego partyjnego kolegi z bandytami. W Sejmie zarządzono dwugodzinną przerwę, po której na mównicę wyszedł koordynator służb specjalnych, Andrzej Barcikowski.

– W zeznaniach Jarosława Sokołowskiego nie występuje nazwisko pana Pawła Piskorskiego – oznajmił krótko. Trudno opisać to, co nastąpiło później. Oburzenie, wrzenie w sejmowych ławach, istne pandemonium. W tym momencie na mównicy ponownie pojawił się premier Leszek Miller, który od razu przeszedł do rzeczy.

– Z tego miejsca chciałbym gorąco przeprosić posłów opozycji, ale wszyscy na tej sali padliśmy ofiarą kłamstwa i manipulacji mediów. To przykład, który pokazuje, jak łatwo paść ofiarą dziennikarskiej nierzetelności.

Leszek Miller kajał się długo, przy okazji podając przykłady dziennikarskich wpadek i tłumacząc, dlaczego mediom nie należy bezkrytycznie ufać. Inni posłowie, z prawej, jak i lewej strony sejmowej sali, potakiwali w milczeniu.

Na wszystko, co się działo, patrzyłem z niedowierzaniem, jak na wydarzenia w kinie. Ale to nie było kino – to działo się naprawdę.

Paweł Piskorski nigdy nie był człowiekiem z mojej bajki, raczej jej zaprzeczeniem. To za jego rządów w Warszawie zbudowano tunel wzdłuż Wisły, to także on nie potrafił wytłumaczyć się z ogromnego majątku opowiadając, że pieniądze wygrał na giełdzie i tym podobne bzdury, w które – jak mawiał Przemek Wojciechowski – „nie uwierzyłby nawet pies". Ale fakty były takie, że w zeznaniach „Masy" jego nazwisko nie występowało. Kropka. Jak to więc możliwe, że moja koleżanka, ceniona i rzetelna dziennikarka, popełniła taki błąd?

Od początku byłem przekonany, że ktoś ją oszukał.

Cała jej zawodowa przeszłość świadczyła o tym, że była bardzo ostrożnym reporterem. Wszystkie dokonane przez nią kontrowersyjne odkrycia były zawsze dokładnie udokumentowane. Tymczasem w tej sytuacji nie miała żadnych kontrargumentów. To było zupełnie do niej niepodobne. Jeśli wierzyć poszlakom, to dziennikarka, nie mając żadnych podstaw, wyssała z palca historię i opublikowała ją, jak jakiś dziennikarski zamachowiec-samobójca. To zdecydowanie nie było w jej stylu, dlatego od początku nie wierzyłem w taką wersję wydarzeń. Jak było naprawdę, mogłem się tylko domyślać. Przypuszczałem, że koleżanka wierzyła w swoją historię, ale po drodze coś się wydarzyło i fakty okazały się fałszywe. A to znaczy, że ufała swojemu

informatorowi albo że ktoś świadomie podrzucił jej nie-
prawdziwe dane. Brałem pod uwagę także i tę możliwość,
że groziło jej tak duże niebezpieczeństwo, iż rzuciła ręcz-
nik, że wolała wyjść na niekompetentną idiotkę, niż podjąć walkę.

Dopiero później, po rozmowie z dziennikarką, dowiedziałem się, jak było naprawdę. Okazało się, że bazowała
na jednoosobowej informacji źródłowej. Mało, ale dotąd
informator, którego znała od lat, był absolutnie pewny
i niezawodny. Dlaczego zawiódł tym razem?

Pod wieczór wydawca „Życia Warszawy" wystosował
oświadczenie, w którym przeprosił wszystkich zaintere-
sowanych oraz wprowadzoną w błąd opinię publiczną.
Byłem jasno i na zimno świadomy, dokąd to wszystko
zmierza...

Trzy dni później we „Wprost" ukazała się moja publikacja, oparta o autentyczne informacje przekazane
przez „Masę" prokuratorom Jerzemu Mierzewskiemu
i Elżbiecie Grześkiewicz. Zaproszona do telewizji rzecznik rządu, Aleksandra Jakubowska, skomentowała ją już
o godzinie 8.00 rano.

– Tu nie ma o czym mówić. Jak wiarygodni są dziennikarze, przekonaliśmy się trzy dni temu. Proponuję,
byśmy zajęli się poważnymi sprawami – ucięła pytania
dziennikarzy o współpracę SLD i gangsterów z Pruszkowa w kwestii podziału rynku automatów do gier.

W podobnym duchu wypowiedzieli się inni politycy
lewicy, z premierem Leszkiem Millerem na czele, a in-
dagowany przez dziennikarzy Andrzej Barcikowski tyl-

ko się uśmiechał, odpowiadając jak nakręcona płyta: no comment.

Z dystansem do całej sprawy, nauczeni doświadczeniem z piątku, odnieśli się także politycy opozycji.

– Gdyby to była prawda, mielibyśmy do czynienia z największa aferą w III RP. No, ale nie wiemy, czy to jest prawda – mówił ostrożnie Jan Rokita.

Nadać sprawie właściwy bieg próbował jedynie prezes Prawa i Sprawiedliwości, Jarosław Kaczyński, który zorganizował nawet specjalną konferencję prasową, ale PiS było w tamtym czasie mało liczącą się partią, z sześcioprocentowym zaledwie poparciem. W efekcie konferencja zastała zagłuszona wypowiedziami innych polityków i medialnym bełkotem. I choć tego dnia news o kooperacji SLD i bandytów był tzw. „jedynką", czyli najważniejszą wiadomością wszystkich programów informacyjnych wszystkich ogólnopolskich telewizji, wiedziałem, że jest pozamiatane, że sprawa była już przegrana: ONI wygrali.

By mieć pewność, że wszystko jest pod pełną kontrolą, nazajutrz po publikacji Sojusz Lewicy Demokratycznej zorganizował konferencję prasową, podczas której rzecznik partii, Jerzy Wenderlich ogłosił, iż w stosunku do autora „oszczerczej publikacji" we „Wprost" – czyli w stosunku do mnie – zostanie skierowany pozew sądowy z żądaniem przekazania 200 tysięcy złotych na cel społeczny. Jeśliby ktoś zapytał, jak zakończył się ów proces, odpowiedź byłaby krótka: nie zakończył się, bo nigdy się nie zaczął. SLD nie miał zamiaru podawać sprawy do sądu, bo to stwarzało prawdopodobieństwo, że wyda się, jak było naprawdę. Chodziło wyłącznie o to, by opinia publiczna uwierzyła, że dziennikarskie „kłamstwo" jest z gatunku tak poważnych, iż zakończy się postępowaniem sądowym. Innymi słowy chodziło o osiągnięcie efektu medialnego – i to się udało.

Publikacja, która w normalnym demokratycznym kraju powinna doprowadzić do upadku rządu, w wyniku kombinacji operacyjnej stała się jedynie ciekawostką dnia, co najwyżej tygodnia.

Kulisy całej tej operacji poznałem dużo później. Dowiedziałem się między innymi, że ONI byli zdeterminowani do tego stopnia, iż nie tylko poświęcili swojego człowieka, który świadomie wprowadził w błąd dziennikarkę, w efekcie czego raz na zawsze stracił jej zaufanie, ale też mieli gotowy „plan B", zakładający mniej kosmetyczne rozwiązanie w stosunku do mojej osoby. W którą stronę zmierzał ów plan, zrozumiałem po wezwaniu do Prokuratury Okręgowej w Płocku.

Gdy dotarłem na miejsce, młody prokurator z miejsca przeszedł do ataku.

– Publikując tajne dokumenty i ujawniając tajemnicę państwową złamał pan prawo.

– Czyli wreszcie ktoś przyznaje, że opublikowałem prawdziwe informacje. Szkoda, że nie ma tu pana Wenderlicha z SLD, który publicznie straszył mnie procesem za, jak to ujął, napisanie oszczerstw i kłamstw.

– Nie wezwałem pana tutaj, by mówić o konferencjach prasowych polityków, tylko żeby panu uświadomić, że ujawnienie tajemnicy państwowej może wiązać się z odpowiedzialnością karną, a precyzując, z karą pozbawienia wolności do lat 8.

– Uważałem, że istnieją powody, dla których opublikowałem posiadane informacje. Chcecie mnie teraz zamknąć w więzieniu na 8 lat za to, że ujawniłem opinii publicznej to, co miała prawo wiedzieć?

– Zanim podejmiemy decyzję co do przyszłych działań, chcemy dać panu szansę. Jeśli powie nam pan od kogo uzyskał dokumenty, weźmiemy to pod uwagę, to będzie okoliczność łagodząca.

– Odmawiam ze względu na obowiązującą mnie tajemnicę dziennikarską.

– Wystąpimy do sądu o odebranie panu tej tajemnicy. I proszę być spokojnym, w tej konkretnie sprawie to, czego chcemy, uzyskamy bez problemu.

– Nic wam to nie da, bo i tak nie ujawnię mojego informatora.

– To pójdzie pan do więzienia na kilka lat. Satysfakcjonuje to pana, chce pan zostać męczennikiem? Proszę pomyśleć o rodzinie i zastanowić się: czy warto?

Za pytaniami kryła się groźba i byłem świadomy, że jest realna. Spotkanie przybrało nieoczekiwany obrót, co postawiło mnie w stan pełnej mobilizacji. Ale na ten moment rozmowa była skończona, bo wszystko, co było do powiedzenia, zostało już powiedziane.

W kilka dni później Prokuratura Okręgowa w Płocku zwróciła się do sądu, który, dokładnie tak jak zapewnił prokurator, odebrał mi tajemnicę dziennikarską. Odmawiając w dalszym ciągu współpracy z prokuraturą szedłem prostą drogą na ławę oskarżonych, ale ani na moment nie dopuściłem do siebie myśli, że miałbym sprzedać ludzi, którzy mi zawierzyli. Marek Król i Staszek Janecki, moi ówcześni przełożeni w Tygodniku „Wprost", próbowali rozładować atmosferę zapewniając żartem, że redakcja nie zapomni, że systematycznie będę dostawał paczki itd., ale po ich minach widziałem, że zagrożenie jest realne, a sprawa poważna...

Przepychanka z prokuraturą trwała jeszcze kilka tygodni. Zostałem ponownie wezwany do prokuratury w Płocku, tym razem już bez chroniącego mnie dziennikarskiego immunitetu, za to w towarzystwie adwokata. Tu, po kolejnej odmowie współpracy z mojej strony, poinformowano mnie, że niebawem mogę spodziewać się otrzymania aktu oskarżenia, a niedługo później wezwania na proces karny. W tamtym czasie mogłem się tylko domyślać, co zdecydowało o tym, że ostatecznie tym razem jeszcze nie trafiłem na ławę oskarżonych. Sadziłem, że przyczyną może być nagłośnienie wydarzeń przez moją macierzystą redakcję i wzięcie mnie w obronę przez kilka innych, a być może to, że Sąd Apelacyjny przywrócił mi odebraną przez sąd pierwszej instancji tajemnicę dziennikarską. Wiedziałem, że biorąc pod uwagę tzw. literę prawa nie stanowiło to dla mnie żadnej zasłony. Tajemnica dziennikarska to nie immunitet poselski, więc prokuratura mogła mnie oskarżyć tak czy inaczej, ale sądziłem, że być może zdecydował „duch prawa". Dopiero później dowiedziałem się, jakie były prawdziwe przyczyny tego, że prokuratura odpuściła, że nie miało to nic wspólnego ani z literą, ani tym bardziej z duchem prawa. Okazało się, że po prostu ludzie na wysokich stołkach skonstatowali, że taki proces im się zwyczajnie nie opłaci, bo przy okazji opinia publiczna mogłaby poznać zbyt wiele faktów, a to wielu decydentom było bardzo nie na rękę. Poza wszystkim „plan B" nie musiał już być realizowany, bo zwyczajnie nie było takiej potrzeby – cel i tak został przecież osiągnięty.

***

Głośne westchnienie nadkomisarza wyrwało mnie ze wspomnień. Uświadomiłem sobie, że gospodarz mnie obserwuje. Czułem, że człowiek obdarzony taka empatią rozumiał mnie: rozumiał to, że wciąż nie wiedziałem ani co o tym wszystkim myśleć, ani czy w ogóle chcę się tym zajmować.

Był opanowany, na jego twarzy nie było już ani śladu po wzburzeniu sprzed kilku minut.

– To nie jest zwyczajna sprawa i jeśli zdecydujesz się nią zająć, to mam nadzieję, że we własnym, dobrze pojętym interesie, nie zlekceważysz naszych przeciwników. Historia jest długa i skomplikowana, dlatego wrócimy do niej jutro, jak już odpoczniesz i zapoznasz się z aktami. Chcę, żebyś wiedział, że wcale mi się to wszystko nie podoba, ale ja też poruszam się po omacku i nie mam wyboru. Długo wahałem się, czy mówić ci o tym wszystkim, ale po odrzuceniu kilku wariantów nikt inny nie przyszedł nam do głowy. Oczywiście jeśli nie chcesz, nie musisz się

tym zajmować. Zapoznaj się z aktami i jeśli nie za-
chcesz się babrać w tym bagnie, zrozumiem, a ty zapo-
mnisz, że to czytałeś. Tak czy inaczej, za kilka dni, jeśli zechcesz, odwiozę cię na pociąg do Warszawy. Dziś
i jutro czuj się moim gościem.

Gdy cicho zamykałem drzwi, wciąż stał przy oknie
spokojnie patrząc w dal, a w jego smagłej twarzy nie
było ani niepokoju, ani wyczekiwania. Ot, dobry człowiek – policjant, którego nie można lekceważyć...

ROZDZIAŁ II

JAK WSI „ROZPRACOWAŁY" PRO CIVILI

JAK WSI „ROZPRACOWAŁY" PRO CIVILI

Pokój na górze, który nadkomisarz wyznaczył mi do pracy i zamieszkania, nie przypominał apartamentu, o jakie można by podejrzewać takie zamki. Był to dość duży pokój, ponury, ale funkcjonalny, umeblowany głównie stalowoszarymi szafami na akta, ze stalowoszarym stołem, na którym stał szary czajnik elektryczny, i stalowoszarymi fotelami, które były twarde, jak stal. Ale przynajmniej ten wystrój zmuszał człowieka do koncentrowania się na sprawie, nie było niczego, co odciągałoby uwagę czy wzrok. A ja po nieprzespanej nocy w zimnym wagonie PKP właśnie koncentracji potrzebowałem teraz najbardziej.

Zaparzyłem kawę i wziąłem się do pracy. Czytałem powoli i z uwagą, żeby nie przeoczyć żadnego istotnego szczegółu. Zanim późnym wieczorem zamknąłem pierwszą teczkę, zdążyłem zapisać w notesie kilka stron. Porządkowałem informacje w punktach i pytaniach, na które miałem znaleźć odpowiedzi na kolejnych kartach.

Już pierwsze strony dokumentacji wskazywały, że będzie to niezwykle interesująca lektura. Oczywiście, jeśli ktoś interesował się śmiercią i upodleniem. Nigdy jeszcze nie byłem w Afryce i nigdy jeszcze wielki pyton tygrysi nie spadł na mnie z gałęzi wysokiego drzewa, aby opleść mnie miażdżącym uściskiem, ale nie muszę już tam jechać, by opisać takie przeżycie, gdyż już wiem, co się wtedy czuje.

Całkowite zaskoczenie i przekonanie, że to się nie może dziać naprawdę przemieszane z absolutną pewnością, że to jednak dzieje się naprawdę, stawały się moim udziałem w miarę jak zagłębiałem się w lekturę akt. Z dokumentów wynikało, że głównymi założycielami „Pro Civili" byli Anton Wolfgang Kasco, poszukiwany listem gończym za malwersacje finansowe w spółce Advantage, i Patryk Manfred Holletschek, twórca pierwszej w Polsce piramidy finansowej „Global System", aresztowany przez policję w 1998 roku. Holletschek zaangażowany był w interesy z Olegiem Białym, oficjalnie biznesmenem, który został pełnomocnikiem spółki „Billa Poland". Faktycznie jednak był bezwzględnym gangsterem, stojącym na czele grupy wywodzącej się z byłych żołnierzy Północnej Grupy Wojsk Armii Radzieckiej stacjonujących w Legnicy oraz z członków ukraińskich grup przestępczych, dokonujących na Ukrainie zamachów bombowych i zabójstw na zlecenie. Najbliższymi współpracownikami Białego byli płatni mordercy Aleksander Szogalew, Wowa Ozwaniec, Jurij Iwaniewicz, Marko Wołodomir, Artur Eugeniewicz oraz Michał Panasiuk peudonim „Bingo". Grupa była ściśle powiązana z rosyjskim sektorem bankowym oraz z osobami pełniącymi wysokie funkcje w rosyjskim aparacie władzy. Na terenie Warszawy gangsterzy Olega Białego prowadzili ścisłą współpracę z szefami „Pruszkowa", głównie z Leszkiem Danielakiem pseudonim „Wańka" i Jackiem Haronem, a także z handlarzem bronią Leszkiem Grotem. Z rozpracowania Centralnego Biura Śledczego wynikało, że Oleg Biały znał się z „Wańką" jeszcze z okresu stacjonowania Rosjan w Legnicy. Jako miejsce spotkań w Warszawie wybrali kawiarnię w Sejmie. Współpraca była różnorodna: od przemytu samochodów drogą lądową i lotniczą, poprzez handel narkotykami, na handlu spirytusem i perfumami skończywszy...

Fundacja „Pro Civili" została powołana do życia w połowie lat dziewięćdziesiątych, z kapitałem założycielskim wynoszącym trzysta tysięcy złotych, i formalnie miała zajmować się wspieraniem oficerów wojska polskiego oraz innych osób – także ich rodzin – które poniosły szkodę broniąc bezpieczeństwa i porządku prawnego RP. Rok po stworzeniu Fundacji rozszerzono jej działalność o pośrednictwo ubezpieczeniowe, handel sprzętem naukowo-technicznym, działalność w branżach budowlanej, przemysłu drzewnego, papierniczego, skórzanego, działalność usługową w branżach budowlanej, drzewnej, informatycznej, przemysłu spożywczego, organizowania targów, wystaw, przetargów, aukcji oraz import i eksport. Pod koniec lat dziewięćdziesiątych „Pro Civili" działała już w całym kraju i otworzyła dwa ośrodki zamiejscowe: przy firmie Quorum – Agencja Marketingowa w Krakowie oraz w kooperacji ze spółką z o.o. „Metro" w Nowej Soli. Osobami zajmującymi w tym czasie kierownicze stanowiska w Fundacji byli między innymi generał Stanisław Świtalski, pułkownik z III Zarządu WSI Marek Wolny, porucznik Marek Olifierczuk, poseł Samoobrony Janusz Maksymiuk oraz kapitan WSI Piotr Polaszczyk – przewodniczący rady Fundacji. Ten ostatni w latach 2000 – 2001 przedstawiał się jako pełnomocnik Ministra Obrony Narodowej.

Zdaniem prowadzących śledztwo oficerów Centralnego Biura Śledczego skład osobowy Fundacji, podejmowane działania, a także prowadzone względem niej operacyjne procedury osłonowe wskazywały, iż było to przedsięwzięcie zorganizowane przez Wojskowe Służby Informacyjne, pod ścisłym nadzorem Ministerstwa Obrony Narodowej.

Fundacja rozpoczęła działalność od reprezentowania w Polsce austriackich firm ubezpieczeniowych, a pierwszych nadużyć dokonano w ramach kooperacji z Fundacją „Dziecko Warszawy". Następnie w celu zorganizowania procederu wyłudzeń podatku VAT utworzono kilkadziesiąt firm powiązanych osobowo i kapitałowo z „Pro Civili", między innymi „Pro Civili Leasing", „Olbart", „Glicor", „Sicura", „Adar", „Ortis" i wiele innych. Z utworzonymi przez siebie podmiotami Fundacja zawarła setki fikcyjnych umów na sprzedaż i leasing nieistniejących produktów, maszyn rolniczych, samochodów czy systemów komputerowych o wartości od setek tysięcy do kilkunastu milionów złotych każdy. Jednym z licznych przykładów udokumentowanej przez funkcjonariuszy CBŚ przestępczej działalności Fundacji stanowiły jej rozliczenia ze spółką „Ortis". Fundacja „kupowała" od spółki sprzęt rolniczy, by już następnego dnia ten sam sprzęt spółce „odsprzedać", a ta z kolei „sprzedawała" go kolejnym spółkom–krzakom. Z ustaleń CBŚ wynika, że wszystkie maszyny i urządzenia rolnicze, które były przedmiotem fikcyjnych wielomilionowych transakcji pomiędzy „Ortis" a „Pro Civili", były zainstalowane pod adresem spółki „Ortis". Nikt ich nigdy nie demontował i nigdzie nie przewoził, a sprzedaż odbywała się jedynie na fakturach. Podobny przestępczy proceder „Pro Civili" prowadziła na rynku nieruchomości. Spółka „Olbart" kupiła zespół pałacowy Bojadła za siedemdziesiąt tysięcy złotych, ale sprzedała go Fundacji „Pro Civili" już za półtora miliona złotych, z czego ponad ćwierć miliona miał wynieść sam podatek VAT. Przebicie było dwudziestokrotne. Umowa kupna, wbrew przepisom Kodeksu Cywilnego, nie została sporządzona w formie notarialnej. Pięć dni później na całość transakcji została wystawiona faktura korygująca. Świadczyło to o tym, że była to czynność pozorna, która pozwoliła Fundacji uniknąć zapłacenia należnego podatku w wysokości ćwierć miliona złotych. Fundacja podpisała też kontrakt z Hyundai Corporation Poland na dostarczenie tysiąca pojazdów Sonata oraz oddzielne kontrakty na modele w trzech różnych wersjach wyposażenia. We wstępie kontraktu podstawowego zawarto zapis, iż zakup dokonany będzie w celach związanych z krajową działalnością, polegającą na wydzierżawieniu tysiąca pojazdów Hyundai Sonata firmie prowadzącej działalność taksówkową lub wynajmującej samochody. Całkowity koszt kontraktu wynosił bez mała osiemdziesiąt jeden milionów złotych. W dniach zakupu samochodów spółka Hyundai Corporation Poland wystawiła faktury korygujące VAT z adnotacją „udzielony rabat." We wszystkich transakcjach przeprowadzonych pomiędzy tymi spółkami zastosowano rabat w wysokości trzydziestu siedmiu procent. Fundacja odliczyła VAT od faktur wyższych, bez rabatu. Z ustalonych przez policję danych wynikało, że Fundacja odebrała tylko około stu z zamówionych aut, ponieważ operacja została przerwana wskutek wszczęcia kontroli skarbowej w Fundacji „Pro Civili". Ustalenia policjantów CBŚ wskazywały iż, podobnie jak w innych sytuacjach, Fundacja nie miała nigdy zamiaru zrealizować podpisanych umów, a jedynie obracać wynikającymi z nich wierzytelnościami w celu wyłudzenia kredytów bankowych.

Innym niezwykle interesującym przykładem zawierania przez „Pro Civili" fikcyjnych umów w celu wyłudzenia podatku VAT i zalegalizowania pieniędzy pochodzących z mafijnej działalności stały się transakcje, których przedmiotem były systemy komputerowe „UNIMED". Był to system przeznaczony do zarządzania dużymi jednostkami w służbie zdrowia. „Pro Civili" podpisała z Fundacją Rozwoju Integracji Dzieci trzy umowy leasingu programu „UNIMED" o łącznej wartości ośmiu milionów złotych. Za każdym razem cena jednostkowa programu była inna, co tłumaczono rzekomo inną wersją nieistniejącego produktu. Część wierzytelności z tych umów „Pro Civili" sprzedała spółce Pati Sp. z o.o., a następnie rzekomo kupiła od „Pati Soft" ponad 300 stanowisk programu „UNIMED" za kwotę wielokrotnie wyższą, łącznie ponad dwanaście milionów złotych.

Innym systemem komputerowym, którym handlowała Fundacja „Pro Civili" był „AXIS". Z dokumentów wynikało, że system ten był przedmiotem zakupu w Centrum Usług Produkcyjnych Wojskowej Akademii Technicznej (CUP WAT) i miał służyć do zabezpieczenia dokumentów przed możliwością ich podrabiania oraz umożliwiać szybką i bezbłędną weryfikację wiarygodności dokumentów. Śledząc obieg papierów w tej sprawie biegli stwierdzili, że wytwórcą systemów „AXIS" miał być rzekomo CUP WAT, nabywcą „Glicor", a kolejnym nabywcą Fundacja „Pro Civili", która leasingowała te systemy spółce „Kiumar". Niedługo później spółka „Kiumar" – dotychczasowy leasingobiorca – objawiła się jednak jako... sprzedawca systemu „AXIS" dla „Pro Civili", tego samego systemu, który leasingowała od „Pro Civili". Fundacja dokonała zakupu systemu „AXIS" za łączną kwotę ponad szesnastu milionów złotych, z czego zapłaciła tylko dziewięć milionów, a na kontach rozrachunkowych spółek „Glikor" i „Kiumar" stwierdzono kompensaty należności „Glicor" do zobowiązań „Kiumar". Wierzytelności Fundacji wynikające z umów leasingowych zostały sprzedane bankom. Ustalono, że Wojskowa Akademia Techniczna nie była ani producentem, ani leasingobiorcą systemu „AXIS". Producentem systemu nie była również Fundacja ani spółka „Glicor". Nie zostały potwierdzone informacje spółki „Glicor" przekazane na piśmie Fundacji „Pro Civili", że leasingowany przez nią system „AXIS" zainstalowany był na Wojskowej Akademii Technicznej i w Ministerstwie Spraw Zagranicznych. W trakcie kontroli UKS Ministerstwo Spraw Zagranicznych zaprzeczyło temu faktowi. Z zeznań pracowników Fundacji wynika, że transakcje z Wojskową Akademią Techniczną i spółką „Kiumar" były załatwiane osobiście przez prezesów Fundacji, kapitana Piotra Polaszczyka i Krzysztofa Werelicha, i to im oddawane były faktury wystawione przez „Pro Civili" za usługi leasingowe.

Łącznie między wszystkimi podmiotami biorącymi udział w tym przestępczym procederze odbyły się setki transakcji dotyczące fikcyjnej sprzedaży programu „UNIMED" i „AXIS" o całkowitej wartości idącej w setki milionów złotych. Najciekawsze w całej sprawie było jednak to, co ustalono ponad wszelką wątpliwość: przedmioty tych wszystkich umów, czyli systemy „UMIMED" i „AXIS", w ogóle nie istniały, a faktury sprzedaży wystawione przez „Kiumar" i „Glicor" na „Pro Civili" stanowiły udokumentowanie czynności, które nigdy nie zostały dokonane. Celem wystawienia wszystkich tych faktur było obejście przepisów podatkowych i uzyskanie dokumentów pozwalających na wyłudzenie nienależnych zwrotów podatku w wysokości kilkudziesięciu milionów złotych, a w późniejszym okresie także pranie brudnych pieniędzy dla „grupy pruszkowskiej". Takich i podobnych transakcji „Pro Civili" przeprowadziła setki, każdorazowo zawyżając kwoty podatku naliczonego i zarazem obniżając podatek należny o dziesiątki milionów złotych. Nadto pod zastaw fikcyjnych umów leasingowych na system „UNIMED" „Pro Civili" uzyskała szereg wielomilionowych kredytów.

Kolejne karty pierwszej z teczek wyjaśniały, co nadkomisarz miał na myśli mówiąc, że ta sprawa to „najwyższy poziom szamba". Pokazywały też zarazem, jak tytaniczną pracę wykonali oficerowie Centralnego Biura Śledczego wykazując istniejące na wielu poziomach – ale zawsze doskonale kamuflowane – powiązania pomiędzy „Pro Civili" i najbardziej wpływowymi gangsterami o międzynarodowej renomie, takimi jak Jeremiasz Barański pseudonim „Baranina", człowiek, którego nie trzeba mi było specjalnie przedstawiać.

Oficjalnie Jeremiasz Barański, podobnie jak Oleg Biały, był wziętym biznesmenem, który prowadził interesy z wielkim rozmachem. W Belgii kierował rozlewnią alkoholu i firmą przewozową „Cargo Express Trading", w Rosji miał koncesję na sprzedaż wódki „Stolicznaja", z kolei w Austrii udziały w wiedeńskich lokalach gastronomicznych i dyskotekach. W rzeczywistości był to pozór dla właściwej działalności „Baraniny", jak wymuszenia haraczy, przemyt papierosów i alkoholu, handel narkotykami, kobietami, no i przede wszystkim kooperacja na wielką skalę z „Pruszkowem" i osobami skupionymi wokół tej największej organizacji przestępczej w Polsce: Nikodemem Skotarczakiem pseudonim „Nikoś", Tadeuszem Maziukiem pseudonim „Sasza" czy Wojciechem Papiną, prawą ręką Andrzeja Zielińskiego pseudonim „Słowik". Uzyskany na drodze przestępstw majątek „Baranina" prał przez sieć spółek i fundacji. Jedną z nich była fundacja „Dar Życia" ulokowana na warszawskiej Woli, rzekomo zajmująca się pomocą dla chorych dzieci. Fundacja „Dar Życia" została założona przez Pawła Millera pseudonim „Małolat" lub „Wariat", następcę Andrzeja Kolikowskiego „Pershinga" w mafii pruszkowskiej, a wcześniej jednego ze skarbników „Pruszkowa".

„Małolat" dał się poznać policji, gdy w jego mieszkaniu funkcjonariusze CBŚ znaleźli między innymi w pełni sprawną wyrzutnię granatów przeciwpancernych typu „Bazooka", którą można niszczyć czołgi, i granaty zaczepne RG-42. Był też łącznikiem pomiędzy mieszkającym w Wiedniu „Baraniną" i „Pruszkowem".

Innym „powiernikiem" Jeremiasza Barańskiego, nazywanym przez niego „Dziadkiem", był Tadeusz de Virion, jeden z najbardziej znanych polskich adwokatów. To nie on jednak, a tym bardziej nie „Wariat" zadbali o bezkarność Barańskiego. Tu gwarantem była tajna współpraca „Baraniny" z niemieckim Federalnym Urzędem Kryminalnym (BKA). W schyłkowym okresie życia do współpracy zwerbowała go także policja austriacka, Wydział do spraw Zwalczania Przestępczości Zorganizowanej (EDOK). Dzięki takim kontaktom „Baranina" nie tylko nie musiał obawiać się ekstradycji do Polski, ale był również poza zasięgiem Interpolu. Innego rodzaju gwarantem nietykalności Barańskiego i zabezpieczeniem jego licznych interesów w Polsce była bliska znajomość ze Zdzisławem Herszmanem, formalnie konsultantem szwedzkiej firmy budowlanej ABV, w rzeczywistości zaś szarą eminencją półświatka funkcjonującego na styku dygnitarzy PRL, służb specjalnych i przestępczości zorganizowanej. Barański i Herszman poznali się przed laty w Casino Poland w Hotelu Marriott w Warszawie. Wspólne zainteresowanie hazardem stało się zaczynem znajomości, która w krótkim czasie przerodziła się w zażyłość. W efekcie Herszman zapoznał i zaręczył za Barańskiego nie tylko przed zarządem „Pruszkowa", ale też przed partyjnymi dygnitarzami wywodzącymi się z PRL. Dla Barańskiego były to kontakty bezcenne, bo Herszman utrzymywał stosunki z najważniejszymi przedstawicielami komunistycznych rządów. W prze-

szłości znał dobrze nawet Leonida Breżniewa, a w schyłkowym okresie PRL generałów Wojciecha Jaruzelskie-
go, Czesława Kiszczaka i Jerzego Urbana. Był również
pełnomocnikiem Jolanty Kwaśniewskiej w firmie Royal
Wilanów i jednym ze współorganizatorów świąteczne-
go spotkania Kwaśniewskich w hotelu Marriott z grupą
przestępczych biznesmenów. Zdzisław Herszman miał
bardzo dobre kontakty z pracownikami Biura Ochrony
Rządu, którzy zapewniali mu ochronę. Otrzymywał do
dyspozycji wojskowy samolot i na zawołanie miał możliwość korzystania z rządowych samochodów.

A jednak paradoksalnie na tej znajomości to nie Barański, a Herszman i jego otoczenie zyskali więcej. Z informacji oficerów CBŚ wynikało bowiem jednoznacznie,
że to Herszman był osobą wprowadzającą „Baraninę"
w środowisko WSI, a to błyskawicznie zaowocowało za-
angażowaniem tego ostatniego w działalność na rzecz
„Pro Civili". Źródła operacyjne policji wskazywały, że
„Baranina" oddał Fundacji nieocenione usługi, zarówno
na polu działalności biznesowej, jak i osłonowej. Innymi
słowy tropy kilku „samobójstw" osób przeszkadzających
w działalności „Pro Civili" wiodły wprost do Wiednia...

Zanim jednak nastąpiło poważne zaangażowanie „Barańskiego" w działalność na rzecz Fundacji, Herszman
razem z żoną „Baraniny", Krystyną, założyli Fundację
„Bezpieczna Służba". Oficjalne celem tej fundacji była
pomoc polskiej policji. W rzeczywistości była to „przy-
krywka" dla działalności „grupy pruszkowskiej". Przy
powstaniu z kolei tej fundacji Herszman wykorzystywał

swoje wpływy w Ministerstwie Spraw Wewnętrznych. Zaczęło się od spotkania w tej sprawie – wespół z Markiem Minchbergiem, współzałożycielem fundacji „Bezpieczna służba" – z ówczesnym wiceministrem spraw wewnętrznych, Janem Widackim. W efekcie na polecenie wiceministra w proces powstania fundacji zaangażował się ówczesny wicedyrektor biura prawnego MSW, późniejszy wiceszef Urzędu Ochrony Państwa, Jerzy Nóżka – i dalej już poszło. Nóżka opracował statut fundacji, w którym zawarto jej cele, przynajmniej te formalne: pomoc w szkoleniach funkcjonariuszy resortu spraw wewnętrznych, zakup sprzętu, wymiana informacji, handel wyrobami z metali szlachetnych i dziełami sztuki. W działalność tak powstałej „Bezpiecznej służby" nieomal na samym jej starcie zaangażowali się znani już wówczas biznesmeni: Andrzej Kuna oraz Aleksander Żagiel – organizatorzy wiedeńskiego spotkania biznesmena Jana Kulczyka z rosyjskim szpiegiem Władmirem Ałganowem i współwłaściciele firm Concordia Development, Billa Poland oraz Polmarck. W Concordii Development prezesem zarządu ustanowili Wojciecha Czerniaka, byłego szefa wywiadu, a wcześniej, na początku lat osiemdziesiątych, konsula w Wiedniu, z kolei w Polmarcu zatrudnili Władimira Ałganowa. Koło się zamknęło, gdy pełnomocnikiem tej samej firmy został także Oleg Biały, lider grupy przestępczej wywodzącej się z byłych żołnierzy i oficerów Północnej Grupy Wojsk Armii Radzieckiej stacjonujących w Legnicy...

Nie trzeba było dużej wnikliwości, by spostrzec, że założenia „Bezpiecznej służby" i „Pro Civili" były nieomal identyczne. Obydwie fundacje formalnie miały wspierać oficerów służb mundurowych i urzędników państwowych, którzy służyli państwu polskiemu, a których spotkał trudny los – np. podupadli na zdrowiu bądź znaleźli się w trudnej sytuacji życiowej. W rzeczywistości obydwie fundacje nieomal natychmiast po rozpoczęciu działalności zaangażowały się w intratne przedsięwzięcia biznesowe prowadzone na nieprawdopodobnie dużą skalę. Z odsyłaczy zawartych w dokumentach CBŚ, które miałem przed sobą, wynikało jednoznacznie, że podobieństwa między obiema fundacjami nie były dziełem przypadku. Zresztą nic tu nie było dziełem przypadku! Przy bliższym przyjrzeniu się poszczególne elementy tej układanki przystawały do siebie, niczym dobrze zaprojektowane puzzle. Np. Jerzy Nóżka, gdy powstawała „Pro Civili", był zastępcą Szefa Urzędu Ochrony Państwa, a następnie pełniącym obowiązki Szefa UOP. W opinii prowadzących śledztwo policjantów fakt ten był istotny o tyle, że to właśnie Urząd Ochrony Państwa wraz z Wojskowymi Służbami Informacyjnymi miał rozpracowywać przestępczą sieć powstałą wokół „Pro Civili". W rzeczywistości wszelkie działania obu tych służb wobec Fundacji miały charakter nie tyle śledczy, co prewencyjno-ochronny...

Byłem zmęczony, potwornie zmęczony, i miałem naprawdę dość, ale nie mogłem się oderwać od trzymanej w rękach lektury. Nie potrafiłem oderwać się od czytania akt, których zasób informacji zdecydowanie mnie przerastał i które, nie wiedzieć czemu, powierzono właśnie mnie. Gdybym miał więcej sił, być może znalazłbym kilka sensownych powodów, dla których policjanci Centralnego Biura Śledczego – bo nie miałem wątpliwości, że nie była to indywidualna decyzja nadkomisarza – to właśnie takiego amatora obdarzyli zaufaniem. Po co się jednak wysilać, skoro mogłem zwyczajnie zapytać? Postanowiłem zrobić to przy pierwszej nadarzającej się okazji. Zrobiłem sobie trzecią z kolei kawę i wróciłem do lektury...

Następne karty wyjaśniały, dlaczego – jak to ujął nadkomisarz – „w tej historii Jarosław Sokołowski odgrywa bynajmniej nie marginalną rolę". Z informacji zebranych przez oficerów CBŚ wynikało, że zwornikiem pomiędzy kierowaną przez WSI Fundacją „Pro Civili" a „grupą pruszkowską" był warszawski klub „Planete". Formalnym właścicielem „Planete" była firma „Mekka" należąca do Susan Tonuzi, Amerykanki, która za swój adres zameldowania w Polsce podawała miejsce zamieszkania Roberta Eckerta, jednego z członków „Pro Civili". Tonuzi była żoną Andreasa Edlingera pseudonim „Andy", przedstawiciela włoskiej mafii w Polsce, poszukiwanego listem gończym przez austriacką policję. „Andy" – jak wynikało z dokumentów zebranych przez oficerów Centralnego Biura Śledczego – był członkiem Cosa Nostra, którego nawet włoscy mafiosi nie byli w stanie znosić. Zgodnie ze swoimi zasadami sycylijska mafia nie zabijała nigdy bez celu, lecz tylko ze „względów handlowych". Natomiast zdaniem włoskiej policji, do raportów której dotarli oficerowie CBŚ, „Andy" po prostu był rozkochany w śmierci. Pewnie kiedy był małym chłopcem, obrywał skrzydełka muchom. Ale kiedy dorósł, muchy przestały mu wystarczać. Musiał opuścić Włochy, bo mafia dawała mu tylko jedną alternatywę ...

W Polsce, wraz z Robertem Eckertem, „Andy" był właścicielem klubu „Colloseum" przy ulicy Górczewskiej w Warszawie. Zarządzał też klubami „Pruszkowa" – „La Cucaracha" w Pruszkowie oraz filią „Planete" w Bytomiu. Faktycznym właścicielem „Planete" był jednak Jarosław Sokołowski, który posiadał także nieoficjalne udziały w „Pro Civili". W mieszkaniu „Masy" podczas przeszukania zabezpieczono szereg dokumentów, wśród których była wypisana in blanco umowa zbycia udziałów w firmie „Mekka" podpisana przez Susan Tonuzi. W „Planete" Jarosław Sokołowski gościł za darmo sędziów, prokuratorów i adwokatów. Po jednym z wyjazdów Edlingera do Stanów Zjednoczonych, gdy „Andiemu" za ciasno zaczęło się robić także w Polsce, „Masa" wyrzucił z „Planete" wszystkie powiązane z nim osoby i zawłaszczył kupione przez niego wyposażenie klubów. Nowym zarządcą swoich interesów „Masa" mianował Roberta Eckerta z „Pro Civili", który zatrudnił kolejne osoby powiązane z Fundacją. Pracownicy „Planete" jeździli najdroższymi modelami mercedesów należącymi do „Pro Civili", między innymi 500 SE i 300 CE, które pochodziły z komisu „Margot" w Bytomiu. Komis ten prowadził powiązany ze złodziejami samochodów bliski współpracownik Nikodema Skotarczaka pseudonim „Nikoś", twórcy mafii samochodowej, który był znany z tego, że odzyskiwał dla VIP-ów auta, które im wcześniej skradziono - za darmo, na zasadzie przysługa za przysługę.

Z dokumentów CBŚ wynikało, że Fundacja o takich korzeniach stała się głównym dostawcą dla Ministerstwa Obrony Narodowej samochodów z firm Sobiesława Zasady. Fakt ten ustalono w trakcie kontroli skarbowej wszczętej po uzyskaniu przez Urząd Kontroli Skarbowej informacji o sprzedaży i leasingu przez Fundację programów komputerowych, które nie istniały. Przy okazji UKS zamierzał sprawdzić, co naprawdę sprzedaje, leasinguje i z jakimi kontrahentami naprawdę współpracuje „Pro Civili". Podczas kontroli inspektorka UKS znalazła dokumenty dotyczące leasingu niewiadomego przedmiotu podpisane przez przedstawicieli Fundacji „Pro Civili" oraz leasingobiorcę, firmę „Mekka". W oparciu o tę umowę do Fundacji regularnie wpływały służące do „wyprania" pieniądze „Masy". WSI zareagowały błyskawicznie. Z chwilą ujawnienia dokumentów, w siedzibie Fundacji pojawił się kapitan Piotr Polaszczyk, który wprost zagroził odpowiadającej za kontrolę inspektorce UKS. Jak ustalili policjanci, po wizycie Polaszczyka działania kontrolne wstrzymano, a najważniejsze dokumenty z kontroli skarbowej przeprowadzonej w „Pro Civili" zniknęły. Kolejnych inspektorów UKS, którzy mimo wszystko próbowali wyjaśnić tajemnicę znikających dokumentów i przeprowadzić kontrolę do końca, zwodzono. Wyznaczano nowe, fikcyjne terminy przekazania dokumentów do kontroli, aż w końcu zmieniono prezesa Fundacji: z Krzysztofa Werelicha na Wiesława Bruździaka. Nowy prezes w rozmowach z inspektorami przekonywał, że jest żołnierzem WSI, którego obowiązują tajemnice wojskowe, a w kolejnych miesiącach spowalniał działania UKS przerzucając całą odpowiedzialność na poprzedni zarząd i obarczając go zaborem dokumentacji finansowej. Sytuację kontrolerów utrudniało też to, że dużej części dokumentacji nie odtworzono nigdy ze względu na fakt, iż stronami umów były podmioty, które ogłosiły upadłość, zostały zarejestrowane w Rosji bądź nigdy nie istniały. Wiedza operacyjna policjantów z Centralnego Biura Śledczego wskazywała, iż Wiesław Bruździak został skierowany do „Pro Civili" po to, by zatrzeć ślady po przestępstwach popełnionych za pośrednictwem Fundacji. Jako nowy prezes miał za zadanie pod płaszczykiem rzekomej niewiedzy o działaniach poprzedników odpowiednio ukierunkowywać działania UKS i prokuratury w taki sposób, by nigdy nie były w stanie zobaczyć całości przestępczej układanki – sieci łączącej ze sobą wojsko, polskie służby specjalne, agentów rosyjskiego wywiadu, mafiosów grupy pruszkowskiej, świat polskiego biznesu oraz polityków, głównie z Ministerstwa Obrony Narodowej.

Kolejne stronice policyjnej dokumentacji potwierdzały, że w akcji osłaniającej „Pro Civili" Wojskowe Służby Informacyjne wszczęły procedury osłonowe prowadzone przez Zarząd III WSI oraz stołeczny oddział Kontrwywiadu WSI. Analiza materiałów policyjnych wskazywała, że do realizacji procedur został powołany specjalny oddział operacyjny pod nadzorem pułkownika Kazimierza Mochola oraz pułkownika Józefa Langowskiego. Zadanie tego ostatniego było najbardziej skomplikowane, ponieważ musiał zabezpieczyć interesy Fundacji na wszystkich płaszczyznach: gospodarczej, w relacjach z gangsterami i agentami obcego wywiadu, a co najważniejsze w kontaktach z Urzędem Ochrony Państwa i policją. W tym celu zastosowano kontrolę operacyjną, podsłuchy i obserwację. „Wybudzono" też szeroką sieć współpracowników, tzw. „śpiochów", w tym także tych pozyskanych przez kapitana Piotra Polaszczyka, pułkownika Romualda Miernika i majora Zbigniewa Spychaja. Na koniec zwerbowano do współpracy urzędnika Urzędu Kontroli Skarbowej o pseudonimie „Skarbowy" i w takim zespole podejmowano działania osłonowe nie tylko wobec „Pro Civili", ale także w stosunku do grupy Igora Kopylowa, Jeremiasza Barańskiego i Jarosława Sokołowskiego pseudonim „Masa".

Bezpośrednio po skutecznym „wygaszeniu" działań kontrolnych „grupa pruszkowska" podjęła kroki zabezpieczające „Fundację" na przyszłość przed podobnymi „niespodziankami". Do kontaktów z UKS z ramienia Fundacji oddelegowano współpracującego z „Pro Civili" byłego pracownika UKS, który dysponując nieograniczonym budżetem – a w razie potrzeby także „metodami nacisku" – miał wykorzystywać swoje kontakty zawodowe i towarzyskie do tuszowania nielegalnej działalności Fundacji.

W dalszej części materiałów z pierwszej teczki zachowała się niezwykle interesująca notatka wskazująca, że po uzyskaniu przez Jarosława Sokołowskiego statusu świadka koronnego, w zamian za obciążenie swoich byłych wspólników z „Pruszkowa", „Masa" uzyskał prawo do zachowania milczenia w tych sprawach, które uznałby za szczególnie dla siebie niebezpieczne i bardziej zagrażające jego życiu, aniżeli zeznania o poczynaniach szefów „Pruszkowa". Z prawa do milczenia Jarosław Sokołowski skorzystał w jednym tylko przypadku – w sprawie działalności Fundacji „Pro Civili"...

Przerwałem tę pasjonującą lekturę i zająłem się myśleniem. Cała ta sprawa coraz mniej mi się podobała. Większość bohaterów tej historii poznałem osobiście za pośrednictwem mojego informatora, pułkownika WSW, ostatniego szefa kontrwywiadu PRL, Aleksandra Lichodzkiego.

Po raz pierwszy spotkałem Aleksandra Lichodzkiego całą wieczność temu, pod koniec 1997 roku. Pracowałem wówczas w dziale śledczym prężnie rozwijającego się ogólnopolskiego dziennika „Życie", który kilka miesięcy wcześniej piórem dwóch moich kolegów z działu, Jacka Łęskiego i Rafała Kasprowa, opublikował cykl publikacji o spotkaniu w Cetniewie urzędującego prezydenta Aleksandra Kwaśniewskiego z agentem rosyjskiego KGB Władimirem Ałganowem. Publikacja wywołała wstrząs, notowania prezydenta spadały na łeb na szyję, opinia publiczna domagała się wyjaśnienia sprawy. Mówiono o impeachmencie prezydenta, bo przecież podobna historia trzy lata wcześniej zmiotła z politycznej sceny urzędującego premiera Józefa Oleksego. Broniący się Kwaśniewski zaprzeczył kontaktom z Ałganowem i pozwał redakcję o rekordowe zadośćuczynienie za rzekomo szkalujący artykuł. „Życie" miało przekazać dwa miliony złotych na cel społeczny, co de facto oznaczałoby jego upadłość. Zespół redakcyjny w większości składał się z młodych, pełnych entuzjazmu ludzi, którzy – co dziś wydaje się wręcz kuriozalne – wierzyli w swojego szefa Tomasza Wołka, uważając go za ostoję niezależnego dziennikarstwa. Byłem jednym z tych naiwnych, którzy dla Tomka Wołka, w obronie „Życia", gotowi byli na spotkanie z samym diabłem. Redaktor naczelny wezwał mnie do siebie i powiedział, że ma poufne informacje o dwóch ludziach, którzy mogliby potwierdzić znajomość Kwaśniewskiego z Ałganowem. Jednym z nich miał być pewien warszawski kuśnierz, grywający w tym samym mokotowskim klubie tenisowym, co Kwaśniewski i Ałganow, drugim właśnie Aleksander Lichodzki. Informacja miała być pewna. Z rozmowy wynikało, że pochodzi z kręgów „Czempiona", jak nazywaliśmy generała Gromosława Czempińskiego, byłego szefa Urzędu Ochrony Państwa. Dostałem adres kuśnierza, telefon Lichodzkiego i natychmiast przystąpiłem do działania. Najpierw dotarłem do kuśnierza. Był zszokowany i przerażony samym faktem naszej rozmowy. Po spokojnych, ale nieustępliwych pytaniach z mojej strony potwierdził, że Kwaśniewski znał Ałganowa. Z miejsca jednak zapewnił, że nigdy nie potwierdzi tego faktu publicznie.

– I pan, i ja doskonale wiemy, że pańska gazeta napisała prawdę. Nie sądzę jednak, by udało się wam to udowodnić i ja wam w tym nie pomogę. Proszę mnie zrozumieć, nie lubię komunistów, ale mam rodzinę, swój interes, swoje życie i nie będę tego wszystkiego narażał dla walki z wiatrakami.

Musicie sami stawić czoło tej burzy.

– Chciałbym chociaż napisać, że jest świadek, który widział, jak grali razem w tenisa.

– Niech pan pisze, co się panu podoba, ale chcę pozostać anonimowym źródłem. Rozumiemy się?

Mimo iż jeszcze trzykrotnie podejmowałem próby nakłonienia go do złożenia zeznań w sądzie, w tym raz w obecności Tomka Wołka, nie zmienił zdania.

Z Aleksandrem Lichodzkim sprawa była prostsza. Gdy do niego zadzwoniłem, nie pytając o nic zaprosił mnie na spotkanie do hotelu Marriott. Miałem szukać niewysokiego, siwiejącego, krótko ostrzyżonego mężczyzny. Opis był mało precyzyjny, ale odnalazłem go bez trudu. Siedział pod oknem w hotelowej restauracji i popijał herbatę. Mały, zmęczony człowiek. Pamiętam, że tak o nim pomyślałem, gdy zobaczyłem go po raz pierwszy: „mały, zmęczony człowiek". Jego wygląd, gęste, ostrzyżone krótko siwe włosy i głębokie bruzdy żłobiące twarz wskazywały, że mógł mieć ponad sześćdziesiąt lat. Wystarczyło jednak spojrzeć mu w oczy ukryte w grubych fałdach powiek, by zobaczyć nie zasuszonego staruszka, a energicznego, pełnego życia i wigoru człowieka. W oczy przenikliwe, rzucające twarde błyski, zdradzające jego prawdziwą naturę drapieżnika. Zawsze czujny, zawsze kontrolujący się, by nie powiedzieć za dużo, prawie nigdy nie mówił o sobie i z reguły nie odpowiadał na stawiane pytania. Mówił tyle, ile chciał, po czym znikał na całe tygodnie. To nie był facet, z którego łatwo było coś wycisnąć. Pod względem trudności wyciągnięcie wiedzy z Lichodzkiego było równie trudne, jak wyciągnięcie łososia z bagna. Trudno powiedzieć, by mnie czymś zaskoczył, ale z pewnością był jedną z bardziej tajemniczych postaci, jakie poznałem. A przecież miałem kontakty z różnymi ludźmi, wśród różnych środowisk, od polityków i biznesmenów, którzy wspięli się na szczyt dzięki ciężkiej pracy i wytrwałości, po bandytów, którym los nie dał szansy na pokazanie się z lepszej strony. Bez wątpienia Lichodzki na swój sposób wyróżniał się na ich tle, pociągał i jednocześnie odpychał, przez szereg miesięcy był niczym zamknięta księga.

Pierwsze informacje o przestępczości zorganizowanej przekazał mi po pół roku znajomości i były to informacje bardzo ogólnikowe. Dotyczyły bardziej „chłopców z ferajny", niż prawdziwej mafii. „Rewelacje" pułkownika traktowałem jako próbę zbycia. Same ogólniki, żadnych szczegółów. Jedyną dziennikarską zdobyczą z tego okresu było poszerzenie grona rozmówców – potencjalnych informatorów, którzy jednak, jak pokazał czas, nigdy moimi informatorami nie zostali. Najbardziej wartościowym „nabytkiem" wydawali się Irek Sakowski, pułkownik WSI, z którym przeszedłem na „ty", Józef Łangowski, jeden z bohaterów śledztwa CBŚ, którego dokumentację miałem właśnie przed sobą, i Andrzej Puławski, z którym także zawarłem znajomość „po imieniu", nazywany przez media „adwokatem mafii". Kluczowa w relacjach pomiędzy WSI i mafią pruszkowską wydawała się zwłaszcza ta ostatnia dwójka. Rola Łangowskiego nie była zagadką, gdyż nad wyraz precyzyjnie charakteryzowały ją dokumenty Centralnego Biura Śledczego. Działalność Puławskiego poznałem z autopsji, bo to przecież dzięki niemu poznałem cały zarząd „Pruszkowa", wszystkich najbardziej bezwzględnych przestępców w Polsce...

„Adwokat mafii", jak o nim mówiono, okazał się być „człowiekiem-encyklopedią" nie tylko w kwestii gangsterów z „Pruszkowa". Tych ostatnich bronił w różnych sprawach – jednych bardziej skutecznie, innych mniej – a z tymi, których nie bronił, po prostu się przyjaźnił. Zarabiał krocie, dzięki czemu stał się właścicielem kilku znanych warszawskich restauracji i licznych nieruchomości, formalnie „rozpisanych" na bliższą i dalszą rodzinę. Opowiadał, że ani praca, ani pieniądze go już nie cieszą i że jedyną rozrywkę znajduje w zwiedzaniu świata, zwłaszcza Chin. Dzięki temu „kontaktowi" uzyskałem możność wejrzenia za kurtynę hermetycznie zamkniętego świata, niedostępnego dla tzw. „dobrych obywateli", świata, w którym oficerowie służb tajnych żyli w symbiozie z regularnymi gangsterami, w którym trudno było się zorientować, kto jest kim, kto pilnuje przestrzegania prawa, a kto je łamie. Klienci mecenasa, przynajmniej niektórzy, okazali się dobrymi rozmówcami i w sposób zasadniczy powiększyli moją wiedzę o warszawskim – i nie tylko – półświatku... Sam Olek Lichodzki nie był w tym czasie zbyt rozmowny. Akurat to, o czym mówił, wiedziało każde dziecko, a już na pewno wiedział każdy dziennikarz śledczy. Wiedziałem także ja, chociażby z tego względu, że jako pierwszy dziennikarz dotarłem w 2003 roku do najbardziej wówczas tajnych materiałów dotyczących przestępczości zorganizowanej, tak zwanych „Akt Masy", zeznań najsłynniejszego świadka koronnego w Polsce, ujawniających kulisy powstania „mafii pruszkowskiej" oraz jej interesy na styku wielkiego biznesu i polityki. Byłem pierwszym dziennikarzem, który tę gangsterską historię opatrzoną klauzulą „ściśle tajne" przeczytał i streścił. Słuchając „rewelacji" pułkownika Lichodzkiego, przypomniałem sobie „opowieść" „Masy".

***

Według Sokołowskiego mafia nad Wisłą narodziła się w warszawskich dyskotekach: „Park" i „Stodoła". Do grupy „Masa" wszedł w 1990 roku, ale cztery lata wcześniej został ochroniarzem Wojciecha Kiełbińskiego pseudonim „Kiełbasa". Poznał go w dzieciństwie, pochodzili z jednego miasta. Na początku lat osiemdziesiątych jako jedyny z paczki miał samochód, Fiata 125. „Masa" przylgnął do niego, bo imponował mu jego luz, pieniądze i dziewczyny. To był zupełnie inny świat niż ten, w którym do tego momentu obracał się „Masa". W 1986 roku Kiełbiński zaproponował mu, żeby jeździł z nim na dyskoteki. Za jeden wypad płacił więcej, niż „Masa" zarabiał przez miesiąc w warsztacie samochodowym. Jeżdżąc na dyskoteki Sokołowski poznał Mirosława Danielaka „Maliznę" i Zygmunta Raźniaka, a z czasem także Andrzeja Kolikowskiego „Pershinga", Leszka Danielaka „Wańkę", Andrzeja Zielińskiego „Słowika", Mieczysława Wieczorka „Żabę" i wielu innych. Grupą kierowali cinkciarze spod Uniwersamu Grochów: „Malizna", „Wańka", „Pershing" i Raźniak. Nowi członkowie grupy mówili o nich „Starzy". W tamtych czasach grupa liczyła osiemdziesiąt osób, zbieranina z całej Warszawy, ale od początku rządzili ci z Pruszkowa. W tym czasie „Park" był jednym z tych miejsc, gdzie bawiły się osoby liczące się „na mieście". Początkowo rola „Masy" polegała na tym, by Kiełbińskiemu nikt nie przeszkadzał w zabawie. Zabawa to „wyrywanie" dziewczyn, które mu się podobały. Po kilku ostrych akcjach zdobyli sobie szacunek i później nikt im już nie przeszkadzał. Ochroniarze trzymali się od nich z daleka, przy wejściu kłaniali się, mówili „dzień dobry", zabiegali o ich względy. Doszło do tego, że ochroniarze z „Parku" stali się „żołnierzami" „Pruszkowa" na terenie klubu. Interweniowali na skinięcie palcem, gdy wydarzyło się cokolwiek, co wyprowadziło Kiełbińskiego z równowagi. Najczęściej wyprowadzali z dyskoteki nieszczęśnika, który przeszkadzał w poderwaniu upatrzonej dziewczyny i przed wejściem spuszczali mu tęgie lanie. Taki scenariusz powtarzał się na każdej dyskotece. Kłopotów w zasadzie nie było. Tylko raz, gdy Kiełbiński zaczął obściskiwać jakąś nieznajomą dziewczynę, nieuświadomiony cudzoziemiec, Arab, wyrwał się do niego z nożem. „Masa" wytrącił mu ten nóż kopniakiem, ochroniarze zrobili resztę. Cudzoziemiec przeżył, ale długo nie chodził o własnych siłach. Czasami „Masa" wykonywał też „zadania specjalne", jak jesienią 1988 roku, kiedy do „Kiełbińskiego" zgłosił się „Czarny", zaprzyjaźniony cinkciarz ze Śródmieścia. Opowiedział, jak na przyjęciu w willi na Saskiej Kępie skradziono mu złoty zegarek, a gospodarze to stali bywalcy „Parku". Szukali złodziei przez kilka tygodni, aż wreszcie znaleźli. Dwóch chłopaków i dziewczynę. Na oczach ochroniarzy wywlekli ich z dyskoteki i kazali wsiąść do samochodu. W dwa samochody pojechali do Nadarzyna, do barku „Karpik". „Bandziorek", jeden z chłopaków od Kiełbińskiego, miał ze sobą bejsbola. Wywlókł jednego z chłopaków i na dzień dobry dał mu otwartą ręką w twarz. Napanięty nie bronił się, wiedział, że nie ma szans. Kiedy upadł, „Bandziorek" kilkakrotnie przyłożył mu bejsbolem. Nie żeby zabić. Chodziło im o to, żeby nauczyć ich szacunku, ale oni szli w zaparte. Upierali się, że nie zabrali zegarka. „Masa" otworzył bagażnik, wyjął linkę holowniczą. „Bandziorek" przytrzymał leżącego chłopaka, „Masa" zawiązał linkę na jego rękach i przywiązał do haka fiata. Gdy „Kiełbasa" ruszył, „Bandziorek" „obrabiał" bejsbolem drugiego chłopaka. W pewnym momencie Kiełbiński rozpędził auto do około pięćdziesięciu kilometrów na godzinę, dziewczyna wpadła w histerię, zaczęła błagać o litość, spazmatycznie krzyczała, że oddadzą ten zegarek, że zrobi wszystko. Kiełbiński zatrzymał samochód, wysiadł i odszedł z tą dziewczyną na bok... Jeszcze tego samego wieczora ten pokiereszowany chłopak i jego kolega poszli do „Czarnego" i oddali zegarek. W dowód wdzięczności „Czarny" postawił „Masie" kolację. Pewność siebie rozzuchwalała coraz bardziej, czego przykładem był „Kuba", jeden z „kapitanów" „Pruszkowa". Odbiło mu na punkcie dziewczyn. Praktycznie na każdej dyskotece, na której się pojawiał, wyprowadzał jakąś dziewczynę i zmuszał do seksu. Nie miał w tym względzie opamiętania. Potrafił zgwałcić trzy dziewczyny w jeden wieczór. Podczas jednej z dyskotek „Masa" poznał drobną blondynkę. Ładna i miła. W pewnym momencie, nie pytając go o zgodę, „Kuba" wziął ją za rękę i wyprowadził. „Masa" nie zrobił nic, bo zwyczajnie bał się „Kuby". Był bezwzględny i nieobliczalny, non stop na prochach. Nieprzyjemna powierzchowność doskonale harmonizowała z jego naturą, nieokiełznaną i nie podporządkowaną nikomu. Z takim podejściem prędzej czy później był skazany na to, co nieuniknione, ale dopóki przynosił grupie określone zyski, „Starzy" przymykali oczy na jego wybryki. Któregoś razu jeden z ochroniarzy, postawny i sprawny, dobrze zbudowany gość, typ włoskiego amanta, wyszarpał Kubę, bo ten zgwałcił jego dziewczynę. Awantura miała miejsce w chińskiej restauracji na Mariensztacie. „Kuba" poskarżył się „Starym" i ochroniarz zniknął. „Maringe", pułkownik od „Starych", opowiadał później, że z kilkoma chłopakami wywiózł nieszczęśnika gdzieś pod Olsztyn, pod pretekstem wypoczynku. Pierwszego dnia wypłynęli skuterami na środek jeziora i wrzucili ochroniarza do wody. Wiedzieli, że nie umie pływać... Okres ochronny dla „Kuby" skończył się, gdy jego „wybryki" zrobiły się na tyle głośne, że zaczęły psuć „Starym" interesy. Pewnego dnia „Kuba" przepadł bez wieści. Ot, tak po prostu. Nigdy więcej nikt o nim nie słyszał... Pod koniec lat osiemdziesiątych „Masa" szybko piął się do góry. Jego pozycję umocnił drobny z pozoru fakt – wygrana w walce na rękę z Andrzejem Gołotą. Gołota był ochroniarzem „Pershinga", bokserskim mistrzem Polski wagi ciężkiej i wicemistrzem świata juniorów. Media wróżyły mu karierę, ale on nie przywiązywał do tego wagi. W tamtym czasie wolał dyskoteki, dziewczyny i ludzi przewożonych w bagażnikach – sport był dla niego dodatkiem do pracy u „Pershinga". Ich walka trwała niecałą minutę. „Gołota" był wściekły, „Pershing" też, bo postawił dużą kasę na swojego chłopaka. To wydarzenie zmieniło pozycję „Masy" w grupie, która na przełomie lat osiemdziesiątych i dziewięćdziesiątych rozrosła się do kilkuset osób. Awansował z „żołnierza" na kapitana. W tamtym okresie kształtowała się hierarchia grupy. Podział był prosty, jak w wojsku, tylko stopni mniej: „starzy", „pułkownicy", „kapitanowie" i „żołnierze". Po awansie „Masa" został dopuszczony do pierwszych tajemnic, do kradzieży srebra z zakładów pracy i kartek benzynowych z urzędów. Niedługo potem do kradzieży samochodów, napadów na tiry, haraczy od agencji i restauratorów, do odzyskiwania długów.

W tamtym czasie „pruszkowiacy" najlepiej wychodzili na samochodach, tirach i haraczach. Te pierwsze sprzedawali na setki, m.in. za pośrednictwem pewnego biskupa z Miodowej, z którym „Masę" poznał Janusz Kłosiński, kolega z Komorowa. Po kradzieży przebijali numery i rejestrowali auto w wydziale komunikacji na Ochocie lub na Woli. Tak „dopracowane" samochody sprzedawali klientowi, który je zamawiał, lub wstawiali do jednego z zaprzyjaźnionych komisów. Dużo wozów wstawili do komisu na Targówku, gdzie wspólnikiem był znajomy pilot LOT-u. „Masa" osobiście haraczował kantor w Hotelu „Warszawa", restauracje „Bambola" i „Falkon" w Alejach Jerozolimskich oraz dyskoteki „Trend" i „Olszynka". Wystarczyło kilku postawnych chłopaków, na pokaz, i płacili bez szemrania. Tylko z „Trendem" był mały kłopot. W pewnym momencie właściciel przestał płacić. Chłopaki wywołali kilka awantur, raz, drugi zdemolowali lokal i „opornik" przyszedł do nich sam. Poprosił o ochronę i dostał ją, ale musiał ponieść karę. Wcześniej płacił tysiąc dolarów miesięcznie, od tego momentu dwa tysiące. „Trend" zresztą nie przetrwał długo. Któregoś dnia „Zbynka", jednego z kapitanów, wyprowadzili z równowagi stojący na bramce, dorabiający po godzinach policjanci. Opowiadał, że szarpali się z nim, wezwali radiowóz, na koniec wylegitymowali. „Zbynek" chwalił się potem, że zebrał swoich chłopaków nazywanych „grupą kulturystów", weszli na dach i przez przewody wentylacyjne wlali benzynę. Cieszył się potem jak dziecko, że załatwienie „Trendu" kosztowało go raptem dwa kanistry benzyny...

Na początku lat dziewięćdziesiątych „Pruszków" rozwijał się z miesiąca na miesiąc i liczył już osiem tysięcy „żołnierzy". Dochody liczyli w milionach dolarów, działali na wzór wojskowy. Rozkazy przychodziły z góry do kapitanów, którzy przekazywali je swoim ludziom i określali sposób ich realizacji. Taka metoda gwarantowała bezpieczeństwo „Starym", którzy nie musieli kontaktować się z bezpośrednimi wykonawcami rozmaitych przedsięwzięć. Na usługach grupy pracowały setki policjantów, prawników, urzędników, zawodowych żołnierzy, lekarzy, strażników miejskich. Nie było instytucji, w której nie mieliby swoich ludzi. Nawet w aresztach i więzieniach. „Masa" zapamiętał jedną historię z żołnierzem, „Ziutkiem". Wpadł z dużą porcją narkotyków i według „wtyczek" w policji miękł w oczach, zgodził się sypać w zamian za wyrok w zawieszeniu. Postanowili działać, najpierw postraszyć, a gdyby zastraszenie nie wystarczyło, zadziałać bardziej zdecydowanie. „Ziutek" został umieszczony w areszcie na Białołęce, gdzie większość wychowawców i strażników była na żołdzie „Pruszkowa". Wychowawca „Ziutka" ostrzegł go, że jeżeli powie za dużo, trafi na inny pawilon, z którego już nie wyjdzie. Groźba poskutkowała.

Dysponując tak szerokim zapleczem, "Pruszków" mógł sobie pozwolić na ekspansję. Działali bezwzględnie. Opodatkowali licznych w okolicach Warszawy właścicieli cegielni i drobnych warsztatów, zakładów rzemieślniczych, a nawet budek warzywnych. Po tym, jak spalili kilka zakładów, płacili prawie wszyscy. Tylko nieliczni próbowali się skarżyć, ale o tych informowały nas policyjne wtyczki. Gdy „pruszkowiacy" cytowali opornym ich zeznania, które kilka godzin wcześniej składali policjantom, miękli w oczach. Haracze po kilkaset dolarów przemnożone przez kilkaset punktów dawały pokaźny zysk. Przejmowali kolejne interesy półświatka: narkotyki, przemyt spirytusu zza wschodniej granicy, przerzut kradzionych samochodów za wschodnią granicę. W tym okresie najlepiej wychodzili na handlu spirytusem i papierosami, ale niezłe pieniądze zarabiali też na różnych dziwnych interesach, na przykład na „Piramidzie", międzynarodowej firmie zajmującej się wyłudzaniem pieniędzy od naiwnych. Każdy naiwniak, który chciał wejść w „system", musiał zapłacić kilkaset marek, a odzyskać i pomnożyć te pieniądze mógł, namawiając do wejścia w „system" kolejnych naiwnych. Za każdego wprowadzonego płacono dwieście marek. Nabrały się miliony ludzi. Przez krótki okres działalności w Polsce niemieccy właściciele interesu zarobili na czysto ponad miliard dwieście milionów marek. Duże pieniądze miała zarobić także „grupa pruszkowska". Polskim przedstawicielom niemieckiej firmy dali wybór: odpalą dolę albo stracą cały interes. Wybrali pierwsze rozwiązanie i na „dzień dobry" wypłacili dwieście tysięcy marek. To była zaliczka, ale pierwsza rata okazała się zarazem ostatnią, bo niebawem polskie „odnogi" Niemców znalazły się za kratami i o naprawdę dużych pieniądzach „Pruszków" musiał zapomnieć.

Nieźle wychodzili za to na handlu ziemią. Wykorzystując znajomości w kilku miastach, głównie w radzie Warszawy, załatwiali za łapówki kupno działek, lokali i budynków, najczęściej na Mokotowie, Żoliborzu i w Centrum. Odsprzedawali je potem z zyskiem firmom krajowym i zagranicznym. Podobnie robili z blokami i domami, które kupowali razem z lokatorami do wysiedlenia. Któregoś razu „żołnierze" poskarżyli się, że na Mokotowie mają kłopoty z wysiedleniem lokatorów, a stosowane w takich razach standardowe „procedury", jak działalność bojówek wymuszających wyprowadzkę, nie przynoszą skutku. W tej sytuacji sięgnęli po przekupionych urzędników i to, czego nie udało się załatwić siłą, błyskawicznie przeprowadzili drogą urzędową. W odwodzie mieli jeszcze możliwość załatwienia mieszkań zastępczych, także poprzez układy w warszawskich gminach, ale z tej ewentualności korzystali niezwykle rzadko. Zwyczajnie nie było takiej potrzeby. Część interesów legalizowali. Mieli własne firmy transportowe, developerskie, dyskoteki, restauracje, własne pensjonaty nad morzem i hotele w Warszawie, Krakowie, Sopocie, Mikołajkach i Zakopanem. Wakacje spędzali na Dominikanie, w Arabii Saudyjskiej albo w Hiszpanii. Mieli największe domy, najlepsze samochody i najładniejsze dziewczyny.

Tych ostatnich nigdy im nie brakowało. Na tak zwane „czyste dziewczyny" jeździli do domów kultury. Po skończonych dogrywkach eliminacji do konkursu Miss Polonia czy Miss Polski w Warszawie, Krakowie czy Katowicach zawsze były setki młodych, ślicznych dziewczyn, które przyjeżdżały z małych miast i wsi gotowe na każde poświęcenie, które pozwoliłoby na wyrwanie się z nędzy. Młode dziewczyny o pustych oczach, których jedynym kapitałem była uroda, szukały swojej szansy na lepsze życie. Zupełnie świadomie odjeżdżały w podróż w nieznane. Najczęściej kończyły, jak Miss Łodzi '91, śliczna dziewczyna należąca do „Lutka", jednego z kapitanów „Pruszkowa", który pod koniec lat dziewięćdziesiątych zginął w egzekucji w barze „Gama" na warszawskiej Woli. Przez lata bita, gwałcona i poniewierana, rozmieniła na drobne swój jedyny kapitał i po śmierci „Lutka" wróciła, skąd przyszła. Podobnie skończyła inna miss, dziewczyna „Maringe", córka naczelnika jednej z warszawskich gmin. „Maringe" bił ją systematycznie, pod byle pretekstem i bez żadnego pretekstu. „Masa" wspominał, że na wczasach na Teneryfie dostawała lanie codziennie. Kilkakrotnie nosiła się z zamiarem odejścia od „Maringe", ale panicznie się go bała i przez długie lata wykonywała wszystkie jego rozkazy. Niektórym dziewczynom jednak się „udawało". Zostawały żonami „ludzi z miasta", rodziły im dzieci, inne sami kreowali na miss. W lipcu 1990 roku podczas wyborów Miss Polski w Sopocie sponsorowanych przez Ardomex, firmę należącą do Wojciecha Paradowskiego, wygrała Ewa Szymczak, jego dziewczyna. W tym samym konkursie trzecie miejsce zajęła przyszła żona „Kiełbasy". Nie mo-

gło być inaczej, skoro w jury byli wówczas kooperują-
cy z „Pruszkowem" odkrywcy oscylatora, Gąsiorowski
i Bagsik. Sponsorem i jednym z organizatorów konkursu miss był też Ryszard Bogucki, wspólnik w interesach „Starych". Epatował bogactwem. Jeździł czarnym
Ferrari Testarossa, wyprodukowanym w tzw. żałobnej
serii, w tamtym czasie było jedynie dwanaście takich
aut na świecie; nie poruszał się nigdzie bez ochroniarzy.
W 1993 roku fundował w konkursie nagrodę główną,
Forda Probe. Ówczesna Miss Polonia Ewa Wachowicz
i jej poprzedniczka, zwyciężczyni konkursu z 1992 roku
Karina Wojciechowska, miały wykonać sesję zdjęciową
na tle samochodu, a następnie Wachowicz miała zabrać
auto, jako nagrodę. Kiedy przyjechała na przegląd do
autoryzowanej stacji, okazało się, że samochód pochodził
z kradzieży. Wybuchł skandal i dopiero po perturbacjach
nowej miss udało się wyegzekwować od Boguckiego rów-
nowartość samochodu. Rok później Bogucki wziął ślub
z ówczesną Miss Polski Ewą Dziech, przcz co utraciła
tytuł i musiała oddać wszystkie nagrody.

W tamtym czasie „Pruszków" realizował szereg nowych inicjatyw, pozornie bezczelnych i szalonych. Tak
było z pomysłem „Zielonego Bingo", który Paradowski
zaczerpnął od rodziny ze Szwecji. Przedstawił swój pomysł „Kiełbasie", Raźniakowi i „Słowikowi". „Starzy"
niczego nie zostawiali przypadkowi. Nie ci ludzie! Dopiero jak spenetrowali rynek i zrobili analizy uznali, że
„Zielone Bingo" ma wszelkie dane, by wykosić z rynku
„Totolotek". Od tego momentu maszyna ruszyła pełną
parą. Działali metodycznie. Zaczęli od tego, że w Szwecji

kupili licencję. Oficjalnie przedsięwzięcie miała firmować rodzina Paradowskich, Stefan Pokorski i Danuta Wałęsa, żona Lecha Wałęsy – ówczesnego prezydenta RP. Pomysł zaangażowania żony prezydenta na członka zarządu przedsięwzięcia wypłynął od Stanisława Marca. Danuta Wałęsa miała figurować w radzie nadzorczej kasyna w Gdyni, którego właścicielem był Marzec, robili razem interesy, mieli do siebie zaufanie. W tamtym czasie możliwości Marca były praktycznie nieograniczone. Zrobił rozeznanie i zapewnił, że bez najmniejszego problemu załatwi pomoc rządu dla „Zielonego Bingo". „Starzy" wpadli wtedy na pomysł rozkręcenia biznesu, który łączyłby elementy gier losowych i ochrony środowiska na Śląsku. Jako przedsiębiorstwo prowadzące działalność ekologiczną, mieli uzyskać dotację Ministerstwa Środowiska na zakłady utylizacji śmieci, oczyszczalnie ścieków, oprzyrządowania do eliminacji zanieczyszczeń z kominów fabryk. Taka działalność miała spowodować, że „Zielone Bingo" przez jakiś czas będzie zwolnione z podatku. Zarobek na „ochronie środowiska" miał być dodatkowym bonusem. Podstawowym czynnikiem finansującym imprezę były dotacje załatwione przez Marca. Do tego niezbędny był wkład własny. Paradowski z Pokorskim załatwili kredyty i odpowiednie zezwolenia z Ministerstwa Finansów na prowadzenie działalności. W „Pruszkowie" uznano, że skoro wydawane są pieniądze Ministerstwa Środowiska i nikt tego nie pilnuje, stać ich na pompę. Część dotacji poszła na tzw. „działalność reprezentacyjną", co znaczyło tyle, że każda z osób zaangażowanych w przedsięwzięcie miała fortunę na wydatki pozbawione jakiejkolwiek kontroli. Pienią-

dze szły jak woda. Żeby nie wyszło, że wszystko prze-
puszczono, „Chłopcy z ferajny" nie pożałowali grosza
na kampanię reklamową. W ramach promocji w Katowicach, gdzie miało siedzibę „Zielone Bingo", wynaję-
li Studio S-11 i sfinansowali reklamy na tramwajach.
Jeździły pomalowane na zielono z logo przedsięwzięcia.
Z takim samym logo wyprodukowali koszulki i mnóstwo
innych gadżetów. Uzgodnili finansowe warunki współpracy ze znanym reżyserem Konstantynem Ciciszwilim,
a na inaugurację działalności „Zielonego Bingo" zapro-
sili gwiazdy: DJ Bo Bo, Stan Funkers i Roberta Choj-
nackiego z zespołem De Mono. Koncert był świetny, a do
tego nieźle zarobili. Tylko na sprzedaży praw do trans-
misji Telewizji Polskiej zainkasowali 25 tysięcy dolarów,
a łącznie na „Zielone Bingo" wydali około 4 milionów
złotych z samej dotacji. Najciekawsze w całej sprawie
było to, że wydanych milionowych dotacji nikt nigdy nie
rozliczył.

Innym ciekawym interesem grupy była współpraca ze
znajomym Paradowskiego, Wiktorem Kubiakiem. Miał
ogromne biuro w Hotelu Marriott, szastał pieniędzmi
na prawo i lewo, m.in. finansował musical Janusza Jó-
zefowicza „Metro" i wyprawę całego zespołu Metra do
Stanów Zjednoczonych na Broadway. Wspólne interesy z Kubiakiem nie trwały jednak długo. Wiktor zdążył
załatwić grupie wielomilionowe kredyty i tyle. „Starzy"
inwestowali je z głową, ale nie spłacili ani złotówki. Nikt
nie wiedział jak to możliwe, ale wiadomo, że dokładnie
tak właśnie było...

***

Z zamyślenia wyrwał mnie odgłos latarni morskiej. Choć dobiegał z oddali, w otaczającej ciszy wydał mi się głośniejszy niż dźwięk kościelnego dzwonu. Spojrzałem za okno – zmierzchało... Na czytaniu akt i analizowaniu ich treści spędziłem więc cały dzień. Zastanawiałem się, czy nadkomisarz pokazując mi materiały dotyczące „Pro Civili" wiedział, że znałem osobiście cały zarząd „Pruszkowa" i znajomość tę zawdzięczałem innym znanym mi osobom – ludziom pokroju Irka Sakowskiego, Olka Lichodzkiego, Józefa Łangowskiego *et consortes*?

Po namyśle doszedłem do wniosku, że to więcej niż prawdopodobne. Nie miałem jednak przekonania, czy to właśnie było przyczyną, dla której tu się znalazłem. Spróbowałem jeszcze raz, „na zimno", przeanalizować moje spotkania z Irkiem Sakowskim i Józefem Łangowskim, Starałem się odnaleźć jakiś klucz, który pasowałby do połączenia wszystkich elementów całej układanki, ale nic sensownego nie przychodziło mi do głowy. Pamiętałem, że najczęściej rozmawialiśmy w siedzibie Agencji Mienia Wojskowego, w której Irek Sakowski zajmował ważne stanowisko, a później nawet został jej prezesem, zaś Olek Lichodzki doradcą prezesa. Zadałem sobie pytanie, jaka rolę w tym układzie pełnił Józef Łangowski...

Poddałem się. Byłem zbyt zmęczony, by zebrać myśli. Resztkami woli sięgnąłem po ostatnie karty wypełniające zawartość pierwszej teczki. Konkluzja prowadzących śledztwo była jednoznaczna: po nieudanej próbie zorganizowania „Bezpiecznej Służby" powrócono do realizacji tej samej koncepcji w ramach nowego przedsięwzięcia – ale prowadzonego na wielokrotnie większa skalę – pod nazwą „Pro Civili". Dla realizacji tego samego celu: zbudowania gigantycznej sieci intratnych, przestępczych interesów.

W nie mniejszym stopniu dla osłony tych przedsięwzięć Wojskowe Służby Informacyjne wykorzystały wszystkie możliwe źródła osobowe, począwszy od „grupy pruszkowskiej" i współpracujących z nią międzynarodowych gangsterów, jak Jeremiasz Barański, Oleg Biały czy Igor Kopylow, po najwyższych rangą przedstawicieli służb tajnych i świata polityki, jak Bronisław Komorowski...

I nagle pozbyłem się wszelkich śladów zmęczenia. Nareszcie zrozumiałem. Pamiętałem zasadę, według której myślenie osobom do tego niewprawionym szkodzi, ale jak mi dać parę razy po głowie, potrafię dostrzec to, co widać gołym okiem. Znałem już odpowiedzi na swoje wcześniejsze pytania – dostarczyły mi ich ostatnie karty pierwszej teczki. Zawierały one informację, iż minister Obrony Narodowej, Bronisław Komorowski, w sposób szczególny traktował wszystkie kwestie wiążące się z Wojskową Akademią Techniczną i interesami tej uczelni. W materiałach zgromadzonych w teczce dokumentującej działania tak zwanej Komisji Oczkowskiego, powołanej na rozkaz szefa WSI płk Marka Dukaczewskiego, znajdowało się oświadczenie pułkownika Grzegorza Orzechowskiego z 12 grudnia 2001 roku, w którym informował on, że w grudniu 2000 roku podpułkownik

Janusz Mazur otrzymał od kierownictwa Zakładu Zabezpieczenia Technicznego (ZZT) WSI zadanie zgrania z poczty głosowej telefonu komórkowego posła Stanisława Głowackiego z AWS, przewodniczącego sejmowej Komisji Obrony Narodowej, zachowanego na tej poczcie nagrania. Miało chodzić rzekomo o groźbę. Podpułkownik Janusz Mazur z wyznaczonymi przez siebie porucznikiem Bohdanem Budziakiem i kapitanem Piotrem Maskiewiczem, w towarzystwie starszego oficera z centrali MON, udali się do Sejmu. Tam zostali zaprowadzeni do jednego z pokoi hotelowych „na piętrze", gdzie przyszedł poseł Głowacki, dysponent telefonu i wskazał pozostające na poczcie głosowej nagranie. W jego obecności kapitan Maskiewicz zgrał wskazane nagranie. Po zarejestrowaniu i sprawdzeniu jakości odtworzonej wiadomości telefon został zwrócony posłowi. Skasował on z telefonu przedmiotową wiadomość i opuścił pomieszczenie.

Z nagrania sporządzono stenogram. Notatkę wraz ze stenogramem i kasetą przekazano kierownictwu ZZT WSI. Według pułkownika Orzechowskiego materiały te zostały przekazane dalej jednemu z zastępców szefa WSI. Podczas wysłuchania nagrania kapitan Maskiewicz zaprzeczył, by w czasie wizyty w Sejmie doszło do jakiegokolwiek zgrania rozmowy z komórki. Twierdził, że fakt taki w ogóle nie miał miejsca. Zupełnie inaczej zeznał towarzyszący mu Bohdan Budziak, który zapamiętał, że nagranie na poczcie głosowej dotyczyło reformy szkolnictwa wojskowego, a dzwoniącym był dyrektor Departamentu Nauki i Szkolnictwa Wojskowego MON, dr Krzysztof Borowiak. Adresatem wiadomości był Stanisław Głowacki, Przewodniczący Sejmowej Komisji Obrony Narodowej. Dr Borowiak wyrażał głębokie zaniepokojenie z powodu faktu, iż kierownictwo MON nie zapraszało go, jako przedstawiciela MON zajmującego się tą tematyką, na spotkania dotyczące szkolnictwa wojskowego a także, iż bez przedstawiciela jego departamentu podejmowano decyzje o przyszłym kształcie systemu szkolnictwa wojskowego. 31 stycznia 2001 roku odbyło się posiedzenie Komisji Obrony Narodowej, na którym dyskutowane miały być propozycje zmian w szkolnictwie wojskowym w wyniku restrukturyzacji Sił Zbrojnych RP (w tym sprawy dotyczące „ucywilniania" uczelni wojskowych), a tym samym szerokiego otwarcia się Akademii Obrony Narodowej, Wojskowej Akademii Technicznej i Wojskowej Akademii Medycznej. Rozważano miedzy innymi koncepcje fuzji tych uczelni z ich cywilnymi odpowiednikami. Posiedzeniu przewodniczył Stanisław Głowacki. Podsekretarz Stanu w MON, Robert Lipka, przedstawił koncepcję przekształceń w szkolnictwie wojskowym, która w imieniu Ministerstwa Obrony Narodowej została przygotowana przez... Sztab Generalny. Spowodowało to ostry protest obecnego na tym posiedzeniu dyrektora Departamentu Nauki i Szkolnictwa Wojskowego MON, dr. Krzysztofa Borowiaka. Według podziału kompetencyjnego obowiązującego w resorcie Obrony Narodowej, to właśnie jego departament winien w imieniu ministerstwa przedłożyć projekt proponowanych zmian. Szkopuł jednak w tym, że Borowiak w ogóle nie został o takich pracach poinformowany. Ponadto stanowisko Departamentu Nauki i Szkolnictwa Wojskowego było całkowicie odmienne od tego przedstawionego przez Sztab Generalny. Zastosowane rozwiązania Krzysztof Borowiak uznał za niedopuszczalne i zażądał stosownych wyjaśnień. W efekcie tej interwencji spotkanie przerwano – i już nigdy go nie wznowiono.

Po posiedzeniu dr Krzysztof Borowiak został wezwany przez ministra Obrony Narodowej, Bronisława Komorowskiego, w celu wyjaśnienia zaistniałej sytuacji. W trakcie spotkania minister odtworzył Borowiakowi dostarczony przez Szefa WSI zapis wiadomości, jaką ten zostawił na skrzynce głosowej posła Głowackiego. Na tej podstawie Dyrektor Departamentu Nauki i Szkolnictwa Wyższego MON został oskarżony o działanie sprzeczne z interesami Ministerstwa Obrony Narodowej i ingerowanie w sprawy, które nie powinny go dotyczyć. Bronisław Komorowski przedstawił mu ultimatum – albo poprze projekt zmian dotyczących przekształceń na Wojskowej Akademii Technicznej, albo zostanie zwolniony. Prowadzący śledztwo oficerowie CBŚ nie wskazali wprost, czyje interesy reprezentował Bronisław Komorowski szantażując Borowiaka. W dokumentach zawarli jednak interesującą notatkę:

„Fakt, że minister Bronisław Komorowski nie skonsultował swoich propozycji z departamentem, który winien być ich autorem, wskazuje, że wykorzystując posiadaną pozycję próbował wdrożyć rozwiązania korzystne tylko dla określonej grupy interesów, związanej z Fundacją „Pro Civili". Nie można wykluczyć, że zastosowany szantaż miał związek z malwersacjami grupy prze-

stępczej skupionej wokół Fundacji „Pro Civili", która wyłudziła z WAT kwotę blisko 400 milionów złotych. Współodpowiedzialnym za taki stan rzeczy był Bronisław Komorowski. Użycie WSI do uzyskania nagrania telefonicznej rozmowy z przewodniczącym Komisji Sejmowej, a następnie używanie tego nagrania jako narzędzia presji na podwładnych pokazuje zarówno rolę WSI, która była używana do rozgrywek politycznych, jak i wagę interesów prowadzonych na WAT dla ówczesnych decydentów politycznych."

Nareszcie spadły mi łuski z oczu, bo wreszcie mogłem połączyć w całość fragmenty wielokrotnie toczonych w Agencji Mienia Wojskowego w mojej obecności rozmów. Choć prowadzonych półgębkiem i w sposób rwany, ale jednak mimo wszystko niekiedy prowadzonych przy mnie. W dyskusjach prowadzonych przez prezesa AMW, pułkownika Irka Sakowskiego, pułkowników Józefa Łangowskiego i Olka Lichodzkiego, a czasami także mecenasa Andrzeja Puławskiego postać Bronisława Komorowskiego pojawiała się dość systematycznie – częściej niż często. Wiele pytań nasuwało mi się w związku z tymi rozmowami, które niekiedy miały zastanawiający przebieg, ale – Bogiem a prawdą – dywagacje oficerów o przełożonym-ministrze nie były argumentem na cokolwiek. Podobnie myślałem o Lichodzkim – także jego wypowiedzi, w których powoływał się na bliskie relacje łączce go z ministrem, nie uważałem za argument na cokolwiek. Tak to przynajmniej wówczas w swojej naiwności sobie tłumaczyłem, nie potrafiąc, ba, nawet nie próbując połączyć urywanych fragmentów rozmów w całość...

„Dziennikarstwo śledcze" – pomyślałem z goryczą – a to dobre! Nie powinni mnie wypuścić z przedszkola, nie nadaję się do zmaganie ze złymi ludźmi na tym złym świecie. Jedyne, czego można ode mnie oczekiwać, to bym nauczył się chodzić nie łamiąc przy tym nóg. Oczywiście po płaskim. Wkrótce moje morale i szacunek do samego siebie skurczyły się tak, że trzeba by ich szukać pod mikroskopem elektronowym, dokonałem więc powtórnej analizy wydarzeń w nadziei, że znajdę coś, co mnie podtrzyma na duchu. Ale nie, dzierżyłem wspaniały niezrównany rekord: przez cały czas popełniałem tylko i wyłącznie błędy. Ciekawe, czy ktoś mi w tym kiedyś dorówna? Przez długi czas miałem przed sobą fakty mogące wskazywać na prowadzenie działań osłonowych przez ministra obrony narodowej, na rzecz przestępczej organizacji i nie potrafiłem ich dostrzec. Pocieszające było tylko to, że akta, które właśnie czytałem, stanowiły unikalną szansę powrotu do sprawy i do zbadania charakteru więzi łączących ministra obrony narodowej z kapitanem Polaszczykiem, pułkownikiem Lichodzkim i innymi. Szansę, z której zdecydowany byłem skorzystać. I tylko tego byłem w tej chwili pewien. Miałem szczery zamiar pogłówkować, bo dawno już powinienem wykazać choćby szczątkowe objawy inteligencji, ale nie wziąłem pod uwagę zmęczenia, panującego w pokoju ciepła, szklanki ginu z tonikiem i usypiającego zawodzenia wiatru, szemrzącego i świszczącego pośród rozkołysanych nadmorskich drzew. Pomyślałem więc o Darłówku.

O tym, jak bardzo lubiłem to miasteczko, o łączących mnie z tym miejscem wspomnieniach, i także o tym, ile bym teraz dał, by moja wizyta tutaj miała charakter prywatny.

Myślałem też o Bronisławie Komorowskim i o moich „dobrych znajomych" – pułkownikach z Agencji Mienia Wojskowego w Warszawie, z jednakowym podziwem dla każdego z nich. Zasługiwali na podziw, bo byli kilkakroć sprytniejsi ode mnie i takich jak ja. Wywiedli w pole opinię publiczną i wszystkich dookoła.

Świtało. Fosforyzująca tarcza mojego zegarka powiedziała mi, że jest za dwadzieścia ósma. Kiedy zaczynałem czytać akta, było wczesne przedpołudnie, a więc analiza zawartości pierwszej teczki zajęła mi dwadzieścia godzin.

Wgramoliłem się do łóżka i zasnąłem, nim jeszcze dotknąłem głową poduszki.

ROZDZIAŁ III

NIGDY SIĘ NIE PODDAWAJ

NIGDY SIĘ NIE PODDAWAJ

Czuję potrzebę snu, jak zresztą wszyscy ludzie. Po dwóch kolejnych nieprzespanych nocach dziesięć godzin odpoczynku, a nawet osiem, prawdopodobnie byłoby wystarczające, abym się odnalazł. Być może trudno byłoby mnie posądzać o optymizm w tych okolicznościach, ale z pewnością byłbym zdolny do myślenia, analizowania, a mój umysł osiągnąłby normalną – niską w ocenie niektórych moich byłych przełożonych, ale najwyższą, na jaką go było stać – sprawność.

Niestety, nie było mi dane dziesięć godzin snu. Obudziłem się w samo południe, a dokładnie, to wyrwał mnie ze snu podróżny budzik. Tylko jedno okno było odsłonięte, od strony morza. Ujrzałem ciemny pas wody, biały blask pokrytej śniegiem plaży, zachmurzone niebo, przez które próbowało przebić się słońce. Postrzępione ciemne chmury mknęły po tylko odrobinę mniej ciemnym niebie, od czasu do czasu odsłaniając niewielki fragment błękitu. Śnieg już nie padał, chociaż wisiał w powietrzu. Wyczuwałem to poprzez silną, swoistą woń morza i tych wszystkich rzeczy, które powodują, że nadmorskie okolice pachną podobnie wszędzie na świecie.

W pokoju było ciepło i duszno. Jedno spojrzenie w lustro potwierdziło stan mego zupełnego wyczerpania. Wyglądałem okropnie. Twarz blada, nieogolona, przekrwione i podkrążone oczy. Szybko odwróciłem głowę. Nie lubiłem takich widoków. Pomyślałem, że jeden rzut oka na moją twarz odstraszyłby każdego agenta ubezpieczeniowego, który chciałby mi sprzedać polisę na życie. Wziąłem szybki prysznic, ogoliłem się, włożyłem czarny marynarski golf, takież spodnie, i zszedłem na dół.

Nadkomisarz siedział w kuchni, przy suto zastawionym stole. Oczy miał czyste i wypoczęte, a policzki rumiane. Patrząc na niego czułem się okropnie. Odnosiłem wrażenie, że patrzy na mnie przyjaźniej, niż kilkanaście godzin wcześniej.

– Jak się czujesz? – zapytał z troską, chyba nawet szczerą.

Rozumiałem, że w pytaniu kryła się zawoalowana opinia na temat mojego wyglądu.

– Bywało lepiej. Chyba mam gorączkę, ale dam sobie radę.

A to co? – wskazałem na nakryty stół.

– Nie chciałem cię budzić, ale zrobiłem śniadanie. To wszystko dla ciebie. Na wypadek, gdybyś chciał zaryzykować i spróbować kuchni amatora – dorzucił z uśmiechem. Gigantyczne śniadanie złożone z jajek, mięsa, szynki i serów, trzech różnych rodzajów chleba i bez mała galonu kawy spożywałem w milczeniu. Jedzenie było znakomite. Może i nadkomisarz był kucharzem -amatorem, ale gdyby kiedyś chciał zrzucić policyjny mundur, w którym go zresztą nigdy nie widziałem, bez wątpienia miał przed sobą kulinarną przyszłość.

Podziękowałem za wyśmienity posiłek, podczas którego gospodarz nie przerwał mi ani razu, i poprosiłem o odrobinę ginu z tonikiem.

– Nie za wcześnie? – zapytał z przyganą w głosie.

Spróbowałem się uśmiechnąć, ale efekt nie był wart wysiłku.

– Zazwyczaj nie zaczynam dnia od tego, ale spałem niespełna cztery godziny, a poprzedniej nocy nie spałem wcale. To dla pobudzenia moich czerwonych krwinek – powiedziałem tonem usprawiedliwienia.

– Jasne – szare brwi uniosły się na milimetr. Jego umiejętność powstrzymania ciekawości zasługiwała na najwyższy podziw.

– No więc tak naprawdę, jak się czujesz? – powtórzył pytanie wręczając mi napełnioną szklankę.

– Okropnie. Mam wrażenie, że się zaraz rozsypię.

– I tak też wyglądasz – przyznał szczerze.

– Jakieś wnioski po wczorajszym dniu? – zagadnął, kończąc wątek mojego samopoczucia.

Cicho i szybko opowiedziałem o swoich przemyśleniach po całodziennej lekturze zawartości pierwszej z teczek. Opowiedziałem tak dużo, że nie chciałem opowiadać więcej. Zwłaszcza o moich podejrzeniach względem pułkowników Łangowskiego i Sakowskiego oraz ministra Komorowskiego – jedno było gorsze od drugiego.

Kiedy skończyłem, przetarł oczy i oburącz przesunął powoli po wysokim czole.

– To, co mówisz, jest niezwykle interesujące...

– Zastanawiam się tylko, czy powinienem się w to

pchać – przerwałem mu w pół zdania.

– Dlaczego?

– Żyję wystarczająco długo, by mieć wątpliwości, czy uda się kiedykolwiek postawić tych ludzi przed sądem.

Oczy nadkomisarza zwęziły się.

– Nie mogę cię zmusić, ale posłuchaj: to najpoważniejsza sprawa, jaką zajmowałem się w życiu. Tu nie chodzi o rozjechanego kota, ale o ludzi na szczytach władzy. Jeżeli nie dla takich spraw warto być dziennikarzem śledczym, to dla jakich? Jeżeli nie uda się nam nagłośnić tej historii, będzie pozamiatane.

– Przekonywanie mnie, że woda jest mokra jest zbyteczne. Z czysto dziennikarskiego punktu widzenia, to kapitalna historia. Zastanawiam się po prostu, czy nie przeceniasz moich możliwości. No i czy moja praca nie będzie zwyczajnym marnowaniem czasu i niepotrzebnym ryzykiem.

– Po prostu przejrzyj te materiały do końca – gospodarz nie dawał za wygraną.

– Jestem na początku drogi, ale widzę jasno, że mam podjąć sprawę, z którą nie poradziła sobie najmocniejsza agenda policyjna w tym kraju. Jesteście „polskim FBI" i nie daliście rady, a kim ja jestem?

– Nie daliśmy rady, bo nie wolno nam zajmować się działalnością kontrwywiadowczą, a jestem prawie pewien, że tu tkwi clou tej łamigłówki. WSI i ABW takie możliwości miały, ale nie zrobiły nic, i nic już nie zrobią. I kto ci do cholery powiedział, że będziesz w tym sam?

Milczałem.

– Oczywiście zrobisz, jak zechcesz. W tej robocie nie dają medali, ale wierzę, że w każdej sytuacji najważniejsze jest, by nigdy, przenigdy, milion razy nigdy po prostu się nie poddawać.

Czułem się coraz bardziej nieswojo. Tak naprawdę decyzję już podjąłem, ale potrzebowałem jeszcze chwili, by się w niej utwierdzić. Nadkomisarz nie dawał mi jednak luksusu w postaci czasu do namysłu. Chciałem już mieć tę rozmowę za sobą.

– Wiesz dobrze, że nigdy się nie poddam i zrobię co trzeba.

– Wiem.

***

W towarzystwie mojego gospodarza spędziłem pięć godzin, by później wieczór poświecić na uporządkowanie notatek. Cała historia w trakcie naszej rozmowy zaczęła nabierać przejrzystości. Pokazywała, jak bardzo rzeczywisty wizerunek Wojskowych Służb Informacyjnych oraz najważniejszego polityka, który służb tych bronił, z konsekwencją godną lepszej sprawy, odbiega od wizerunku wykreowanego.

Dochodziła dwudziesta, gdy sięgnąłem po drugą teczkę wypełnioną aktami śledztwa prowadzonego przez oficerów „polskiego FBI" – Centralnego Biura Śledczego. Jej lektura potwierdzała, że choć każdy polityk ma swojego trupa w szafie, to Bronisław Komorowski miał całe cmentarzysko.

Z całościowej analizy zebranego materiału wynikało, że minister był na bieżąco informowany przez podległe mu służby o sytuacji na Wojskowej Akademii Technicznej. Mimo to nie tylko nie podjął żadnych działań, które położyłyby kres pandemonium, ale wprost przeciwnie – usuwał przeszkody, które powstawały na drodze działalności „Pro Civili".

Funkcjonariusze CBŚ ustalili też, że Rosjanin posługujący się personaliami „Igor Kopylow" – organizator procesu wyłudzania ogromnych kredytów bankowych na rzecz „Pro Civili", współdziałający z WSI i grupą pruszkowską – miał niezbędne pełnomocnictwa wydane przez Ministerstwo Obrony Narodowej do zapoznawania się z pracami badawczymi na WAT, sięgającymi nawet tajemnic państwowych. Świadkowie potwierdzili, że Igor Kopylow regularnie kontaktował się z kapitanem Piotrem Polaszczykiem, który z kolei według relacji tych samych świadków miał dostęp do Bronisława Komorowskiego. Kopylow był też inicjatorem factoringu, zwanego systemem satelitarnym, który polegał na zakładaniu fikcyjnych spółek na fałszywe tożsamości lub na „ludzi-słupy", w zamian za określoną gratyfikację. Osoby te, bądź firmy, zaciągały kredyty w bankach, głównie w IV Oddziale PKO BP w Warszawie. Po krótkim czasie spółki ogłaszały bankructwo lub upadłość, a zaraz potem upadały spółki, które poręczały im kredyty, jak Korporacje „Adar", „Petimpex", „Parsley Company Limited", „Kipron", „Czok", „Kiumar" czy „Glicor". Wszystkie te spółki były kapitałowo i osobowo powiązane z Igorem Kopylowem. Kwota wyłudzeń dokonanych tylko w ten sposób przekroczyła sto milionów złotych, a przecież był to tylko drobny zakres działalności „Pro Civili". Pieniądze transferowano z Polski za pośrednictwem Korporacji „Adar" i „Parsley Company Limited", zarejestrowanej na Cyprze, do państw byłego Związku Radzieckiego, głównie Rosji. Przykład takiego działania stanowiła umowa w sprawie zakupu jachtu motorowego przez „Adar" od firmy „Parsley" o wartości sześciu milionów dolarów. „Adar" zawarła umowę z WAT na leasing jachtu na sześć lat, której łączna wartość wynosiła trzydzieści sześć milionów złotych plus podatek VAT. Jednak już kilka miesięcy później zawarto kolejną umowę leasingu tego samego jachtu, której wysokość określono na dwadzieścia jeden milionów złotych plus VAT. Wartość każdej z tych umów była zatem wyższa od wartości jachtu, który po okresie leasingowania i tak miał pozostać własnością „Parsley". W tym samym czasie „Adar" za pośrednictwem Wojskowej Akademii Technicznej kupił od „Parsley" platformę wiertniczą za sto dwadzieścia pięć milionów dolarów. Z uwagi na fakt, iż pieniądze wypłacone w wyniku obu umów – za jacht i za platformę – miały zostać wysłane na to samo konto w banku na Cyprze, stanowiły one prostą i szybką drogę do wytransferowania pod osłoną WSI ponad stu trzydziestu milionów mafijnych dolarów poza Polski system bankowy. Niezależnie od skutków finansowych, jakie wynikały z powyższych kontraktów, umowy te zawierały również klauzule umożliwiające kontrahentowi dostęp do informacji stanowiących co najmniej tajemnicę służbową. Dotyczyło to przede wszystkim możliwości wglądu w budżet i bilans finansowy Wojskowej Akademii Technicznej, w tym zakres i budżet finansowania prac naukowych, badawczych oraz wdrożeniowych na zapotrzebowanie Sił Zbrojnych i Komitetu Badań Naukowych.

Ni mniej, ni więcej oznaczało to, iż posługujący się kilkoma tożsamościami, powiązany z obcym wywiadem, międzynarodowy przestępca Igor Kopylow mógł otrzymywać informacje o stopniu zaawansowania ściśle tajnych prac badawczych oraz o procesach ich wdrażania na potrzeby Sił Zbrojnych Rzeczypospolitej Polskiej. Ustalono, że szczególnie interesował go nowoczesny system rakietowy. Tuż przed odebraniem śledztwa przez Wojskowe Służby Informacyjne oficerom Centralnego Biura Śledczego – czyli tuż przed przerwaniem śledztwa – prowadzący je policjanci próbowali dociec, jak to możliwe, że Bronisław Komorowski, który o działalności Igora Kopylowa był informowany na bieżąco i miał w tej kwestii pełne rozeznanie, nie zrobił kompletnie nic, by położyć jej kres. Odbierając śledztwo policji Wojskowe Służby Informacyjne nie dopuściły do pełnego zrealizowania tego wątku śledztwa.

Konkluzja oficerów Centralnego Biura Śledczego odnosząca się do tego fragmentu śledztwa była jednoznaczna: Wojskowe Służby Informacyjne, które odpowiadały za kontrwywiadowczą osłonę technologii rozwijanych w ramach projektów badawczych na Wojskowej Akademii Technicznej, same przekazały je w obce ręce. Zdaniem prowadzących śledztwo oficerów CBŚ kluczowymi postaciami, których działania, bądź zaniechanie działań, doprowadziły do takiej sytuacji, a nadto do wyłudzenia z WAT setek milionów złotych, byli kierujący resortem szef MON, Bronisław Komorowski, generał Andrzej Ameljańczyk oraz zastępca komendanta WAT do spraw ekonomiczno-organizacyjnych pułkow-

nik Janusz Łada. Ten ostatni, przekraczając zresztą
swoje uprawnienia, wyraził pisemną zgodę na zało-
żenie rachunku bankowego w IV Oddziale PKO BP
w Warszawie – do czego upoważniony był tylko komendant WAT – a następnie założył w tym oddziale rachunek udzielając przy tym pełnomocnictw do korzystania
z konta osobom powiązanym z „Pro Civili". Na tak funk-
cjonującym koncie bankowym dokonywano, poza ewi-
dencją WAT, szeregu operacji, dotyczących fikcyjnych
transakcji gospodarczych pomiędzy „CUP WAT" i licznymi firmami, m.in. „Budomix", „Transatlantic Finance
Division", „Korporacja Adar", „Glikor", „Sicura", „Kiumar" czy „Nasz Dom". Co ciekawe, pułkownik Łada
zataił przed Urzędem Kontroli Skarbowej fakt istnienia
tego konta, ułatwiając tym samym przeprowadzenie operacji służących do dokonania wyłudzeń. Przeprowadzane
transakcje uwiarygodniały przed bankami kooperujące
z WAT firmy, co z kolei skutkowało zaciąganiem kolejnych kredytów, które nigdy nie zostały spłacone. Tylko
na tej jednej operacji kooperujące z „Pro Civili" banki straciły ponad siedemdziesiąt dwa miliony złotych,
z kolei na współpracy z „CUP WAT" tylko jeden oddział
tylko jednego banku – IV Oddział PKO BP w Warszawie – stracił kolejnych sto trzynaście milionów złotych.
Przy takim poziomie defraudacji, rzecz jasna, trudno
było zamieść sprawę pod dywan, więc, jak to zwykle
w takich razach bywa, poświęcono najsłabsze ogniwo.
W zamian za skompromitowanego pułkownika Janusza
Ładę na stanowisko zastępcy komendanta Wojskowej
Akademii Technicznej do spraw ekonomiczno-organizacyjnych oddelegowano pułkownika WSI Romualda Mier-

nika, byłego zastępcę dowódcy Oddziału 36. Zarządu III WSI, w którym powstał specjalny zespół operacyjny do spraw malwersacji na WAT.

W opinii policyjnych oficerów prowadzących śledztwo w sprawie „Pro Civili" pułkownik Miernik utrudniał im pracę, jak tylko mógł. Po objęciu urzędu regularnie meldował osobom zaangażowanym w działalność Fundacji o wszystkich posunięciach prokuratury i Urzędu Kontroli Skarbowej w sprawie śledztwa na WAT. Podejmował też kroki zmierzające do skierowania postępowania prokuratorskiego na boczne wątki.

W efekcie jego działań m.in. przeprowadzono przeszukanie u pułkownika rezerwy Krzysztofa Biernata, prezesa Centrum Innowacji i Technologii WAT. Pułkownik Biernat podjął szereg działań mających udowodnić bezzasadność dokonanego u niego przeszukania, włącznie z wykorzystaniem swoich politycznych koneksji. Informacja ta wywołała popłoch wśród prowadzących procedurę, powstało bowiem realne zagrożenie interwencją z zewnątrz i możliwością przeprowadzenia śledztwa w sposób rzetelny. W ocenie kierownictwa „Pro Civili" uznano, iż – jak to ujęto w wewnętrznej notatce – „należy domniemywać, iż z przedmiotową sytuacją mogą wiązać się pewne naciski ze strony osób powiązanych z elitami rządzącymi. Spowodować one mogą określone reperkusje w śledztwie. O uzyskanych danych należy poinformować grupę operacyjną Zarządu III WSI oraz Prokuraturę Okręgową."

Powyższa notatka, do której dotarli oficerowie CBŚ prowadzący śledztwo, dobrze obrazowała relacje Zarządu III WSI z Prokuraturą Okręgową w Warszawie prowadzącą śledztwo w sprawie malwersacji na WAT i stanowiła potwierdzenie, że prokuratura odgrywała podrzędną rolę względem WSI, które miały zadbać, by sprawa została wyciszona a następnie umorzona. I tak też ostatecznie się stało.

Konkluzja była porażająca: przez siedem lat udawało się pozostawiać śledztwo na etapie postępowania przygotowawczego, w którym nie podjęto decyzji o postawieniu komukolwiek zarzutów. Gdy po tym czasie funkcjonariuszom „polskiego FBI" udało się odkryć wątki prowadzące do obnażenia mafijno-agenturalnej struktury, nieomal natychmiast – trzy miesiące po pierwszym meldunku oficerów CBŚ do Komendanta Głównego Policji o sukcesach w prowadzonym śledztwie – w Ministerstwie Obrony Narodowej zainicjowano działania prowadzące do zamknięcia prowadzonego przez policję śledztwa przeciwko „Pro Civili". W celu zapobieżenia potencjalnemu niebezpieczeństwu szef WSI, generał Tadeusz Rusak, podjął otwartą walkę z organami ścigania, żądając przekazania śledztwa w sprawie Fundacji Wojskowym Służbom Informacyjnym i zakazując policji podejmowania jakichkolwiek dalszych działań przeciwko „Pro Civili". W liście do zastępcy komendanta głównego policji generał Rusak napisał między innymi:

„Uprzejmie informuję Pana Komendanta, że z uwagi na względy operacyjne oraz proceduralne dalsze czynności – w stosunku do osoby rozpoznawanej – Wojskowe

Służby Informacyjne będą realizowały we współdziałaniu z Urzędem Ochrony Państwa. Nadmieniam, iż Zarząd Kontrwywiadu I WSI nawiązał roboczy kontakt z podległymi Panu Komendantowi funkcjonariuszami Biura do Walki z Przestępczością Zorganizowaną w celu wyjaśnienia sytuacji związanej z działalnością Fundacji ,Pro Civili'."

Po otrzymaniu pisma tej treści i „konsultacjach" policja została zmuszona do odstąpienia od wszelkich działań dotyczących „Pro Civili" oraz klubu „Planete", i to mimo że sprawa była rozwojowa, a zgromadzony materiał bardzo szczegółowy. Doszło do tego, choć na gruncie prawa nie istniała taka możliwość, by generał Tadeusz Rusak mógł wydawać Komendantowi Głównemu Policji polecenia, a ten się do nich stosować. A jednak w obu przypadkach tak się dokładnie stało.

Dopięte do akt analizy wskazywały, że interwencja w postaci przywołanych w piśmie „konsultacji" musiała odbyć się za poziomie ministerialnym – Ministra Obrony Narodowej oraz Ministra Spraw Wewnętrznych. Powierzenie dalszych działań w tej sprawie specjalnej grupie operacyjnej Zarządu III WSI gwarantowało, że żadna z osób winnych wielomilionowych nadużyć nie zostanie pociągnięta do odpowiedzialności. W ramach działań zespołu operacyjnego Oddziału 36. Zarządu III WSI, dla wywołania wrażenia rzetelnego śledztwa, prowadzono kilka oddzielnych procedur nakierunkowanych na poszczególne osoby pojawiające się w sprawie malwersacji na Wojskowej Akademii Technicznej. Przykładem była

sprawa radcy prawnego WAT, mecenasa Marka Gnie-
waszewskiego, bliskiego współpracownika pułkownika
Janusza Łady, z którym mecenas systematycznie latał
na Cypr do Igora Kopylowa. Sprawa była o tyle ciekawa,
że mecenas Gniewaszewski nie tylko reprezentował Wojskową Akademię Techniczną, ale był także pełnomocnikiem Karola Gilskiego i Korporacji „Adar", a więc osoby i firmy, które kooperowały z WAT z fatalnym dla tej
uczelni skutkiem. Zainteresowanie mecenasem nie wynikało jednak, rzecz jasna, z podejrzewania go o udział
w zorganizowanej grupie przestępczej działającej na
niekorzyść WAT, lecz z powodu rzekomego naruszenia
ustawy o ochronie informacji niejawnych. Sprawa, prowadzona zresztą na bardzo niskim szczeblu, miała być
potwierdzeniem, że WSI autentycznie zaangażowały się
w śledztwo. W rzeczywistości było odwrotnie – wszystkie siły skierowano na działania dezinformujące i osłonowe. Między innymi wydano zakaz podejmowania
jakichkolwiek aktywnych działań operacyjnych, a aseku-
ranctwo doprowadzono do takiego poziomu absurdu, że
oficerowie prowadzący śledztwo nie zostali nawet poinformowani o postępowaniach prowadzonych w tej sprawie przez prokuraturę, tak wojskową, jak cywilną.

W efekcie przez siedem lat prowadzący śledztwo nie
zdołali ustalić żadnych szczegółów dotyczących nielegal-
nych działań w „Pro Civili", o czym świadczyły meldunki
z lat 2000 i 2004, nie różniące się absolutnie niczym,
za wyjątkiem daty. Świadczyło to o całkowitym braku
postępów w tej sprawie. Zdaniem funkcjonariuszy „polskiego FBI" postępów nie było, bo w działaniach pozo-

rowanych być nie mogło. Całości obrazu dopełniał szokujący fakt, że formalne prowadzenie procedury śledczej przez WSI pozwoliło oficerom tej służby na podejmowanie działań operacyjnych (obserwacji, zakładania podsłuchów, zabezpieczania operacyjnego), jednak stosowano je nie w odniesieniu do przestępców z „Pro Civili", lecz w odniesieniu do tych, którzy dla „Pro Civili" stanowili zagrożenie.

Potwierdzenie pozornych działań WSI w sprawie „Pro Civili" policjanci odkryli m.in. w meldunkach generała Tadeusza Rusaka do koordynatorów służb specjalnych oraz w raportach do przewodniczących Sejmowej Komisji ds. Służb Specjalnych. Treść meldunków wskazywała, że jedynymi podejrzanymi przez WSI z całej opisanej powyżej przestępczej organizacji byli cudzoziemcy. W meldunkach zabrakło jednak jednej, za to podstawowej informacji: że wszystkie wymienione w nich osoby, rzekomo objęte rozpracowaniem WSI i UOP, w rzeczywistości... nigdy nie istniały. Zostały zwyczajnie wymyślone.

Konkluzja prowadzących śledztwo oficerów CBŚ była równie krótka, co porażająca: prowadzenie procedury śledczej na poziomie centrali WSI, z poparciem szefa tej służby, generała Tadeusza Rusaka, oraz ministra Bronisława Komorowskiego, pozwoliło na przejęcie od policji faktycznej kontroli nad działaniami organów ścigania w sprawie „Pro Civili", a ten z kolei fakt doprowadził do tego, że prowadzone przez Prokuraturę Okręgową śledztwo w sprawie tajemniczych zgonów, wykradania tajemnic państwowych oraz wyłudzenia tylko z Wojskowej

Akademii Technicznej blisko czterystu milionów złotych zostało zawieszone.

Oficerowie CBŚ pozyskali również dowody, że pełną wiedzę na temat działalności „Pro Civili" miał także generał Marek Dukaczewski, ówczesny podsekretarz stanu w Biurze Bezpieczeństwa Narodowego, który systematycznie kontaktował się w tej sprawie z Markiem Gniewaszewskim, byłym prokuratorem i radcą prawnym WAT. Gniewaszewski miał przekazywać Dukaczewskiemu szczegółowe informacje o przestępczych mechanizmach funkcjonujących na WAT, ale generał także nie zrobił nic, by działalności tej przeszkodzić. O patologiach w WAT i ogólniej w wojskowym szkolnictwie wyższym informował generała Dukaczewskiego – jako przedstawiciela zwierzchnika sił zbrojnych, prezydenta Kwaśniewskiego – również wspomniany już dyrektor Departamentu Nauki i Szkolnictwa Wojskowego MON, dr Krzysztof Borowiak.

W opinii oficerów CBŚ parasol ochronny roztoczony nad mafijną działalnością WSI przez decydentów MON za kadencji Bronisława Komorowskiego to właśnie jego czynił odpowiedzialnym za rezultaty malwersacji na Wojskowej Akademii Technicznej i ochronę przestępców, którzy ich dokonali. Odpowiedzialność ta wynikała nie tylko z obowiązku ministra sprawowania nadzoru nad WSI, ale także z całkowitej pasywności w tej sprawie. W efekcie Wojskowe Służby Informacyjne w pełni kontrolowały sytuację poprzez siatkę swoich współpracowników, zacierając ślady prowadzące do Zarządu III.

Uwagę zwracał fakt, że w operacji zacierania śladów uczestniczyli także gangsterzy i regularni mordercy powiązani bezpośrednio z Igorem Kopylowem, którzy fizycznie eliminowali osoby stanowiące zagrożenie dla działalności „Pro Civili". Ostatecznie Wiesław Bruździak zawiesił działalność tej Fundacji i został szefem ochrony w Coutts Banku w Szwajcarii. Skarb Państwa nigdy nie odzyskał ani utraconych przez Wojskową Akademię Techniczną setek milionów złotych, ani miliardów złotych zdefraudowanych przez „Pro Civili" w wyniku działań prowadzonych z innymi licznymi kooperantami, firmami i osobami. Oficerowie policji nie ustalili, gdzie dokładnie ostatecznie trafiły wyprane pieniądze, które transferowano na Cypr. Wiadomo jedynie, że do Rosji, gdzie rozdzielono je na dziesiątki firm-krzaków, które utworzyły „spółki-córki", a te kolejne „spółki-córki". Dokumentacja kończyła się przypomnieniem, że administratorem aktywów Coutts Banku był Peter Vogel vel Piotr Filipczyński, ułaskawiony przez Aleksandra Kwaśniewskiego morderca znany bliżej jako „kasjer lewicy" (uzasadnienia aktu łaski nigdy nie podano), a z kolei na konto banku, który reprezentował Peter Vogel, a potem ostatni szef Fundacji Wiesław Bruździak, wpłynęły trzy miliony dolarów niewiadomego pochodzenia. Szwajcarscy prokuratorzy potwierdzili istnienie ponad trzydziestu rachunków w Coutts Banku i Banku EFG w Zurychu, przez które transferowano środki na łapówki dla polityków i innych osób wspierających działalność Fundacji „Pro Civili", łącznie ponad pięćdziesiąt milionów franków szwajcarskich. Wszystkie postępowania karne w sprawie działalności „Pro Civili", w tym także dotyczące malwersacji na Wojskowej Akademii Technicznej, zakończyły się umorzeniem.

Z punktu widzenia WSI cała operacja zakończyła się pełnym sukcesem: banki nigdy nie odzyskały wierzytelności z wyłudzonych kredytów, podobnie jak ograbiony Skarb Państwa nie odzyskał wyłudzonych setek milionów bezprawnie naliczonych zwrotów z tytułu podatku VAT, a co najważniejsze, dzięki protekcji decydentów z MON nikt z uczestników mafijnego procederu nie poniósł odpowiedzialności karnej. Dokumentację wieńczyła informacja, że ukradzione pieniądze zostały wyprane i obecnie stanowią kapitał do kolejnych, zakrojonych na jeszcze szerszą skalę, działań przestępczych...

***

Pochłonięty mroczną lekturą nie zdawałem sobie sprawy z upływu czasu. Zasnąłem, gdy było już zupełnie widno, a mimo to dokładnie w cztery godziny po zaśnięciu byłem już zupełnie przebudzony. To było dziwne uczucie: obudzić się w absolutnej ciszy. Nasłuchiwałem. Odwróciłem głowę i spojrzałem na zegarek, który położyłem wczoraj na stoliku obok łóżka. Dwanaście po pierwszej. Nigdy nie należałem do rannych ptaszków i trudno mi było wstać bez przynajmniej dwóch budzików. Teraz jednak zbudziłem się sam.... Czułem się jeszcze gorzej, niż poprzedniego ranka. Nastawiłem wodę na kawę, a później wziąłem prysznic. Przy najmniejszym dotknięciu baterii z termostatem woda zamieniała się z wrzątku na lodowato zimną.

Za oknem znów padał śnieg. Choć był dopiero początek grudnia, termometr wskazywał dziesięć stopni poniżej zera. Włożyłem ubranie i zszedłem na dół, gdzie, podobnie jak dzień wcześniej, czekał już na mnie mój gospodarz. Tym razem jednak, w przeciwieństwie do dnia wczorajszego, miał ponurą minę, sprawiał wrażenie przygnębionego. Pomyślałem, że widocznie nosi zbyt ciężki, jak na policjanta po przejściach, krzyż. Niemniej nie byłem w nastroju, by troszczyć się o jego samopoczucie. Rankiem, zanim zasnąłem, przez dobrą godzinę rozmyślałem o tym i owym, a jedyny możliwy wniosek wypływający z mojego dumania był przerażający. Nie należę do strachliwych, lecz wiem, kiedy trzeba się bać – najlepsza ku temu okazja nadarza się wówczas, gdy człowiek dowiaduje się, że ma do czynienia z czystym złem. A ja miałem właśnie się zdecydować, by na własne życzenie mieć z czymś takim do czynienia. Byłem głęboko poruszony tym, co przeczytałem – przed sobą mogłem to przyznać – ale mimo wszystko byłem zdecydowany na prowadzenie dziennikarskiego śledztwa w tej sprawie. Świadomość o podjętej decyzji też nie działała na mnie dobrze.

– Źle wyglądasz – ton głosu nadkomisarza pasował do mojego samopoczucia i temperatury na zewnątrz. Pomyślałem, że grunt, to oryginalność. Ponieważ jednak nie byłem w nastroju do rozmów typu vide film pt. „Dzień świstaka", w którym bohater po wielokroć przeżywa ten sam dzień, to samo robiąc i to samo mówiąc, a już tym bardziej nie byłem w nastroju do rozmów o niczym, postanowiłem skrócić jałowy dialog i zagrać w otwarte karty.

– Mam kilka pytań i potrzebuje jasnych odpowiedzi.

– Ok, to zamiast „dzień dobry"? Kolejna krótka nocka?

– Nie jestem bardzo inteligentny, ale nie jestem także zupełnym idiotą. I może, gdybym nie był tak zmęczony życiem, wymyśliłbym, w jaki sposób dobrać się do tych wszystkich złych ludzi i posłać drani za kratki. Mówiłeś, że nie będę w tym sam, a czuję się bezradny, jak dziecko...

– Też jestem rozdrażniony, gdy czuję się bezradny – mruknął... – Ostatnio zdarza się to coraz częściej. Ale w porządku, co chcesz wiedzieć? – zapytał krótko.

– Czy możemy przestać kręcić się w kółko? Dlaczego oglądam te materiały dopiero teraz, skoro śledztwo odebrali wam wiele miesięcy temu? I dlaczego w ogóle je oglądam? Tylko konkretnie, bez owijania w bawełnę. Ciekawi mnie też, dlaczego się tym zajmujesz, skoro to nie jest już twój problem – ani twój, ani twoich kolegów.

Spojrzał na mnie przeciągle i rozgrzał głos do temperatury niewiele wyższej od tej, w której topnieje lód.

– Sądziłem, że wyjaśniliśmy to sobie już wczoraj. Ale dobrze, spróbuję jeszcze raz. I spróbuję być konkretny. Jedz śniadanie – wskazał nakryty, podobnie jak dzień wcześniej, stół. Poczekał, aż zrobię kanapkę z szynką i naleję kawy do kubka.

– Kiedy otrzymaliśmy informacje, że w obrębie tak ważnej struktury, jaką w każdym kraju jest Ministerstwo Obrony Narodowej, zawiązano spisek, podjęliśmy śledztwo. Pracowaliśmy intensywnie, by zweryfikować nasze informacje i uwierz mi, że zadanie to wykonaliśmy jak należy. Potwierdziliśmy, co było do potwierdzenia.

Od tego momentu nasza rola miała polegać już tylko na uporządkowaniu uzyskanych informacji. Potem chcieliśmy przekazać je prokuratorowi, który powinien wnieść akt oskarżenia. To bardzo jasny układ i prosty mechanizm.

Skinąłem głową.
– Podczas ostatniego zebrania grupy podsumowaliśmy postępy w śledztwie. Wszystko miało się odbyć zgodnie z prawem, bez względu na to, kogo prawo ściga. Wierzyłem w prawo, w to, że nie ma równych i równiejszych. Żadnych świętych krów.
– Oczywiście – przyznałem tonem, który sugerował, że w przeciwieństwie do mojego rozmówcy nigdy nie wierzyłem, że w III RP prawo jest równe dla wszystkich. Było dokładnie odwrotnie. Uważałem, że „Folwark zwierzęcy" Orwella idealnie pasował do realiów III RP, zwłaszcza fragment o tym, że „wszystkie zwierzęta są równe, ale niektóre są równiejsze"...
– Krok za krokiem zbliżaliśmy się do finału. I wówczas zaskoczyli nas. – Oczy nadkomisarza zwęziły się.
– Rusak zażądał oddania naszego śledztwa Wojskowym Służbom Informacyjnym i zakazał nam podejmowania jakichkolwiek dalszych czynności. Nie miał do tego prawa, ale tak to się dokładnie odbyło. Oczywiście nie pogodziliśmy się z tym i dalej robiliśmy swoje... powiedzmy, że nie do końca oficjalnie. Liczyliśmy, że jeszcze wrócimy do gry – ciągnął nadkomisarz tonem usprawiedliwienia, a może tylko tak mi się wydawało.
Na wszelki wypadek znów skinąłem głową w geście zrozumienia.

– Kiedy straciliśmy nadzieję, wytypowaliśmy kilku dziennikarzy śledczych, z opcją „sprzedania" newsa. Przyznam szczerze, że nie byłeś na szczycie naszej listy.

– To co tutaj robię? – spytałem spokojnie.

– Jesteś *freelancerem*, zablokują cię w jednym miejscu, opublikujesz w drugim.

– Właśnie dlatego zostałem *freelancerem* – rzuciłem cierpko.

– Poza tym uznaliśmy, że chyba naprawdę nadajesz się do tej roboty – przez chwilę milczałem dając mu do zrozumienia, że z trudem hamuję słowa, które mi się cisną na usta. W końcu z rezygnacją wzruszyłem ramionami. Stwierdzenie nadkomisarza nic nie wnosiło do sprawy i niewiele miało wspólnego z tematem.

– Nie schodziłeś poniżej pewnego poziomu, jak może jeszcze kilku innych, ale w przeciwieństwie do kontrkandydatów, którzy zniszczyli wielu niewinnych ludzi, nie poszedłeś na służbę ABW. No i w przeciwieństwie do dawnych redakcyjnych kolegów nie przeszedłeś na drugą stronę. Ale jak mówiłem, ostatecznie – oprócz, rzecz jasna, tego, że się znamy – zdecydowały twoje kwalifikacje. Zwłaszcza teksty o „Pruszkowie" i rosyjskim korpusie szpiegowskim zrobiły dobre wrażenie. Ten ostatni mocno zdenerwował naszych „bohaterów" od „Pro Civili" – Komorowskiego, Rusaka i kilku innych.

Wiedziałem, o czym mówi nadkomisarz. Kilka lat wcześniej pracowałem w dzienniku „Życie", w pierwszym w polskich mediach zespole dziennikarzy śledczych. Z dwoma kolegami – którzy niedługo później „przeszli na drugą stronę", odeszli do PR bronić za wielokrotnie większe pieniądze także tych, których wcześniej opisywali – dotarliśmy do informacji o rozbudowanej siatce rosyjskich agentów działających pod przykrywką dyplomatycznej działalności.

Lista rosyjskich dyplomatów, w rzeczywistości szpiegów, oficerów wywiadu wojskowego GRU, Służby Wywiadu Rosji (KGB) oraz FAPSI, służby koordynującej działalność rosyjskiego wywiadu elektronicznego, obejmowała 23 nazwiska. Znajdowali się na niej między innymi Aleksander Poroszin, attaché wojskowy, Aleksander Prichopdko, zastępca attaché wojskowego, Aleksander Wasilcow i Walerij Cyganow, radcy w ambasadzie rosyjskiej w Warszawie, Nikołaj Wasiliew, pierwszy sekretarz ambasady, Witkor Kaługin i Aleksander Owodow, zastępcy przedstawiciela handlowego, Walerij Burienkow, sekretarz radcy ambasady, Władimir Siemienow, pierwszy sekretarz ambasady, Siergiej Charczew, ekspert przedstawicielstwa handlowego, Elferius Kasztallanowas, sekretarz wydziału konsularnego, Nikołaj Prilepa, konsul w Krakowie, Walery Szwiec, konsul generalny w Poznaniu, Andriej Woroblew, konsul w Szczecinie, Grigorij Jakimiszyn, drugi sekretarz ambasady w Warszawie, Jurij Kaszlew, były ambasador Rosji w Polsce, Oleg Brykin, konsul rosyjski w Polsce. Listę szpiegów uzupełniało zestawienie 28 kolejnych „dyplomatów" – „szpiegów prawdopodobnych". Sercem i mózgiem rosyjskiej agentury w Polsce był Jurij Kaszlew, rosyjski ambasador w Polsce, dysponujący rozległymi kontaktami wśród polityków z nieomal wszystkich partii politycznych w Polsce. Oficerowie ci byli specjalistami nie tylko w zbieraniu informacji, ale także w dezinformacji, prowokacjach, które miały psuć obraz Polski na Zachodzie, czy też w grach operacyjnych, które miały być użyteczne dla konkretnych celów rosyjskiej polityki. Jak polskie władze reagowały na działalność tak rozbudowanej siatki szpiegowskiej? Otóż do momentu naszej publikacji nie reagowały prawie wcale, w ogóle nie przeciwdziałając agenturalnej, rosyjskiej działalności w Polsce. Na wniosek polskich specsłużb wydalono tylko jednego rosyjskiego dyplomatę, o nazwisku Łomakin, podejrzanego o działalność szpiegowską, który kontaktował się z Markiem Zielińskim, Polakiem skazanym za szpiegostwo na rzecz Rosji. Łomakinowi dano 48 godzin na opuszczenie terytorium RP. Wyjechał po 24 godzinach, ale na jego miejsce przyjechał inny oficer GRU, Aleksander Poroszin, oficjalnie attaché wojskowy. Wiedziałem, że Rosjanie mogli i na dobrą sprawę nadal mogą – bo niewiele się w tej kwestii zmieniło – prowadzić działalność szpiegowską w Polsce praktycznie bez przeszkód. Dysponowali w największych miastach dziesiątkami ludzi i nieporównywalnie większymi środkami, niż polskie służby specjalne. Pamiętam, jak jeden z oficerów służb tajnych UOP, z którym rozmawiałem, opowiadał, jak kiedyś mieli obserwować dwóch dyplomatów, którzy najprawdopodobniej wybierali się na spotkanie z agentem. Do obserwacji polski kontrwywiad przeznaczył pięć samochodów, na wypadek, gdyby Rosjanie rozdzielili się. Tymczasem o spodziewanej porze z ambasady wyjechało, nieomal jednocześnie, jedenaście samochodów. Ci, którzy mieli być obserwowani, mogli być w każdym z nich. W podobnych sytuacjach oficerowie kontrwywiadu byli bezradni, nawet jeśli ich przełożeni mieli szczera wolę, by powierzone zadanie na odcinku rosyjskim wykonać szczerze. A często nie mieli...

Z zebranych przez nas informacji wynikało, że Rosjanie mieli swoich ludzi w Warszawie zainstalowanych w najważniejszych kluczowych ministerstwach, ze szczególnym uwzględnieniem Ministerstwa Obrony Narodowej. Rosyjska agentura w Polsce nie ograniczała się tylko do jakiejś konkretnej dziedziny życia w Polsce – zbierali dane o wszystkim, co się działo w naszym kraju, od gospodarki po politykę, od życia towarzyskiego elit politycznych, biznesowych i naukowych po informacje dotyczące Ministerstwa Spraw Wewnętrznych i zwłaszcza Ministerstwa Obrony Narodowej. Tutaj rosyjska agentura było ulokowana szczególnie głęboko.

Po naszej publikacji nastąpił krótkotrwały wstrząs – siedemnastu rosyjskich „dyplomatów"-szpiegów wyrzucono z Polski, dając im na opuszczenie naszego kraju 48 godzin, a w rewanżu Rosjanie wydalili z Moskwy dokładnie tylu samo dyplomatów polskich, z 48 godzinnym nakazem opuszczenia terytorium Federacji Rosyjskiej. Z moich informacji wynikało, że wkrótce sytuacja wróciła do „normy" – w miejsce wyrzuconych oficerów GRU przyjechali inni „dyplomaci" -agenci GRU, którym już nikt w „pracy" nie przeszkadzał – i wszystko pozostało po staremu.

Kiedy pytałem informatorów o motywy przekazania materiałów o rosyjskiej agenturze w Polsce, usłyszałem: „opinia publiczna powinna być poinformowana o szpiegowskiej działalności Rosjan. Polskie władze nie wykazują najmniejszej woli, by tę działalność powstrzymać".

A teraz dowiadywałem się, że nasza publikacja na ten temat „zdenerwowała bohaterów od ,Pro Civili', Komorowskiego, Rusaka *et consortes.*"

Robiło się coraz bardziej interesująco...

Z zamyślenia wyrwał mnie głos mojego rozmówcy.

– Mam kolegę, bliskiego, prawie przyjaciel. Brytyjczyk z polskimi korzeniami. Zawsze chciał mieć rodzinę, nie chciał skończyć jak inni. To miało być jego ostatnie zadanie, planował się wycofać, ale Rosjanie złapali go. Opowiadał mi, że o tym, iż leci na wschód, zorientował się obserwując gwiazdy. Potem pracowali nad nim. Nawet nie wiedział jak długo. Tygodnie, może miesiące. Są sytuacje, w których upływ czasu przestaje mieć jakiekolwiek znaczenie. To była jedna z takich sytuacji. Wytrzymał długo, tyle, ile się dało. Zyskał czas, by inni zdążyli uciec. A potem powiedział im wszystko... Po dwóch latach wymienili go. Wrócił, jako wrak człowieka. Ale i tak miał szczęście – nie wszyscy wracają. Zapytałem go, skąd czerpał siły, by tyle wytrzymać? I wiesz, co mi powiedział ten wrak człowieka? „To się nazywa obowiązek" – tak powiedział. – Nadkomisarz westchnął głęboko.

– Chciałbym, byś wiedział, że w normalnej sytuacji nigdy nie przyszłoby mi do głowy zaproponowanie dziennikarzowi takiej historii.

– W normalnej sytuacji zrobiłbyś wszystko, żeby trzymać dziennikarzy jak najdalej od takiej historii.

– Właśnie.

– Powtórzę pytanie: dlaczego ja?

– Niektórzy mówią, że nie cofasz się przed niczym. To się chyba nazywa obowiązek, pod tym względem nie ma między nami różnicy.

– Nie ma?

– Nie. Czy mówiąc ściśle różnice, które mogą się pojawić, nie dotyczą zasady. „Pro Civili", to jest nie tylko fundacja o charakterze przestępczym, to zagrożenie dla bezpieczeństwa państwa. Ci ludzie wciąż działają, wyprali zdefraudowane miliardy, pozmieniali nazwy i nazwiska, przepoczwarzyli interesy, ale wciąż działają. Trzeba ich zatrzymać i pociągnąć do odpowiedzialności. W tym punkcie się zgadzamy?

Kolejny raz potwierdziłem skinieniem głowy.

– Powtórzę: gdyby to było zwykłe policyjne śledztwo w sprawie zwykłego przestępstwa, nie rozmawialibyśmy. Ale to nie jest zwykłe policyjne śledztwo. Sytuacja jest wyjątkowa.

Milczałem przez chwilę. Analizowałem sytuację.

– Jestem cholernie wściekły. Jestem wkurzony na państwo, WSI i tych drani, którzy zamordowali kilkanaście osób, a potem ukradli górę forsy i śmieją się w głos, bo mają na pasku ludzi na wysokich stołkach. Uwierz mi, kiedy mówię, że zrobię wszystko, by ponieśli karę! – ze zdumieniem zauważyłem, że spod cienkiej warstwy uprzejmości przebijała autentyczna wściekłość.

– Nawet posuwając się do przestępstwa polegającego na dopuszczeniu mnie do ściśle tajnych informacji?

Popatrzył na mnie przez chwilę bez słowa, po czym wstał i zrobił w tył zwrot. Nieomal bezgłośnie zamknął za sobą drzwi.

Za oknem znów zaczynał sypać śnieg. Zbliżał się zmierzch.

ROZDZIAŁ IV

NOC BEZ BRZASKU

NOC BEZ BRZASKU

Zdecydowałem się iść pieszo, bo nie miałem samochodu, a od dawna byłem wyczulony na taksówki. Wciąż było jeszcze widno, więc chciałem nacieszyć się krajobrazem mojego ulubionego nadmorskiego miasteczka, do którego rokrocznie przyjeżdżałem z rodziną. Po lewej stronie nie było nic do oglądania – krajobraz nadmorski zimą nie jest stworzony do wprawiania turysty w ekstazę. Po niespełna trzydziestu minutach szybkiego marszu dotarłem do pierwszych zabudowań. Kilkaset metrów dalej skręciłem w prawo, w kierunku głównego deptaka i wkrótce potem zatrzymałem się na małym placyku, jakby żywcem wyjętym z widokówki. Na placyku była poczta, a przed nią budka telefoniczna. Fosforyzująca tarcza mojego zegarka podpowiedziała mi, że jest za kwadrans trzecia. O tej porze miałem wykonać telefon. Zrobiłem, co do mnie należało i okazało się, że mam trochę wolnego czasu. Rozejrzałem się dookoła. Miasto wydawało się ciche i spokojne. Poszedłem w kierunku dzielnicy portowej, zorientowałem się, gdzie jestem i ruszyłem dalej. Wiatr przybrał na sile i ochłodziło się znacznie. Postrzępione ciemne chmury mknęły po tylko odrobinę mniej ciemnym niebie. Patrzyłem na port, który jeszcze niedawno pełen był rybackich kutrów. Kiedyś były ich tu dosłownie setki, od małych kilkumetrowych, po potężne, pływające w rejsy dalekomorskie. Tymczasem od kilku lat kutry można było policzyć na palcach obu rąk. Nawet w środku letniego sezonu nie widziałem więcej, a przecież bywałem tu każdego roku. Patrząc na smutny port, niczym krajobraz spustoszenia, zadawałem sobie pytanie, jak to możliwe, że na terenach Niemieckiej Republiki Demokratycznej, po połączeniu z Republiką Federalną Niemiec, nie zlikwidowano ani jednej stoczni, gdy tymczasem w Polsce zlikwidowano wszystkie. Jak to możliwe, że tak jak rybołówstwo, zlikwidowano w Polsce wszystko inne i z dziesięciu tysięcy wielkich przedsiębiorstw zatrudniających od kilku do kilkunastu tysięcy osób przetrwało niespełna trzysta? Jak to możliwe, że największe przetargi, największe kontrakty, największe inwestycje na drogi, mosty, rurociągi, a nawet obiekty sportowe prawie zawsze przypadały firmom zakładanym lub powiązanym z Wojskowymi Służbami Informacyjnymi. III RP z jej pseudoelitami i załganymi decydentami, mającymi pełne gęby wyświechtanych frazesów jawiła się, niczym kraj opisany w „Potopie" Henryka Sienkiewicza, przedstawiony w rozmowie Bogusława Radziwiłła z Andrzejem Kmicicem: „Polska to wielkie czerwone sukno, trzeba rwać, by jak najwięcej pozostało w rękach, a reszta jest bez znaczenia"...

Poza stłumionym zawodzeniem wiatru i cichym skrzypieniem oraz chrobotem kilku stateczków, kiedy poruszane wiatrem stateczki ocierały się łagodnie o chroniące ich burty przed uszkodzeniem nadbrzeżne opony, panowała absolutna cisza.

Miasto było jak wymarłe.

Przeszedłem przez zwodzony most, minąłem główny deptak i po kilkuset metrach wdrapałem się na spadzistą, porośniętą trawą wydmę, z której mogłem wyjrzeć na ośnieżoną plażę. Rześka bryza niebieszczyła i przyciemniała wody Bałtyku. Poszedłem na długi spacer plażą. Tu w Darłówku, na plaży, na której rokrocznie bywałem od czterdziestu lat, zawsze ogarniała mnie nostalgia, nad którą nawet nie próbowałem zapanować. Umysł jest mozaiką zawierającą skarby: myśli, sekrety, wspomnienia, do których sięgamy za rzadko, bo to wymaga przekopania się przez sterty spraw bieżących w poszukiwaniu pojedynczego, ukrytego skarbu. Większość skarbów przemija, nawet te przeniesione na papier zostają zapomniane i po latach stają się jedynie anonimowym numerem na anonimowej liście, która prędzej czy później i tak gdzieś się zawieruszy. Wspomnienie. Mam siedem lat. Jesteśmy z rodzicami na plaży w Darłówku. Leżę na brzuchu na gorącym piasku, obserwuję przepływające w oddali rybackie kutry, słońce piecze mnie w plecy. Moja dwunastoletnia, dziś już nieżyjąca, siostra Ania nad samym brzegiem morza bawi się z naszym psem, Kamą. Wraz z nią goni uciekające falę i sama ucieka, gdy wracają. Kama głośno szczeka i macha ogonem. W pewnym momencie Ania odwraca się i patrzy na mnie, a jej uśmiech mówi: „jesteś moim bratem i kocham cię". Tak wiele dobrych rzeczy ginie. Odchodzi bez słowa protestu, najwyżej cichy szept pozostaje tam, gdzie kiedyś istniało coś namacalnego. Pomyślałem o wielu wyjątkowych osobach, które kiedyś były w mojej rodzinie, w krainie mojego dzieciństwa i młodości, w moim mieście, w moim życiu. Nigdy już nie zobaczę tak wielu wspaniałych, bliskich mi ludzi. Najtrudniej jest chyba średniej córce – też Ani. Któregoś dnia, gdy byliśmy wieczorem sami na tej samej plaży, na której jestem teraz, wręcza mi list. Mówi, że chciałaby mi to wszystko opowiedzieć, ale że łatwiej było jej to napisać. Wręcza mi kartkę.

– Tato, przeczytaj to teraz, przy mnie.

Rozłożyłem kartkę i czytałem: „To historia o Tobie, dla mnie bardzo ważna, dlatego proszę, przeczytaj ją uważnie. Gdy myślę o Tobie Tato, przypominam sobie, jak kiedyś dostałam na urodziny pamiętnik. Jego pierwsza strona opatrzona była napisem: „mojej córce, pisarce". Łzy stanęły mi w oczach. Uściskałam Cię serdecznie. Może nie jesteś najlepszym ojcem na świecie. Jesteś przecież tak często nieobecny, wciąż zabiegany i zapracowany, z licznymi kłopotami, z którymi często sobie nie radzisz. Widzę to. Ale wiem też, że bardzo się starasz, że jesteś moim Przyjacielem i wiem, że mnie kochasz. Powiedziałeś mi, żebym w pamiętniku pisała rzeczy, które chciałabym zapamiętać, dobre rzeczy, moje sekrety i wspomnienia. Tak robię i mam nadzieję, że kiedyś w przyszłości będziesz mógł to przeczytać. Dziękuję Ci za ten pamiętnik, bo dzięki niemu nic, co jest dla mnie ważne, już nie zniknie bezpowrotnie".

Co można powiedzieć po przeczytaniu takiego listu od własnego dziecka? Ja nie umiałem wydusić z siebie słowa, bo łzy same napływały mi do oczu. Przytuliłem córkę. Pan Bóg niejednokrotnie nas doświadczył, ale jednocześnie jakże hojnie obdarzył: mamy wspaniałe dzieci! Zastanawiałem się, dlaczego w każde wakacje od lat ciągnęło nas do Darłówka. Przecież tak wielu ludzi za podobne pieniądze wypoczywa w miejscach, gdzie mają gwarancję ładnej pogody i ciepłe morze. Dlaczego więc nie my? Po raz kolejny uświadamiam sobie, że miejsca dla mnie i moich bliskich od zawsze miały wielka wagę. Miejsca, to wspomnienia o wydarzeniach i o ludziach, których często już nie ma. Pewnie dlatego starzy ludzie powracający do miejsc dzieciństwa są tak często tak bardzo wzruszeni. Kto wie, być może właśnie to jest tym nieokreślonym „czymś", co jest tak ważne dla każdego wrażliwego człowieka, tak trudne do wyrażenia słowami, a co nas tak bardzo obchodzi i chwyta za gardło. Być może właśnie to nazywa się tożsamością? Darłówek był w naszych oczach jakby krewnym, toteż porzucając go czułbym się, jak ktoś, kto porzuca kogoś drogiego. Ostatniego lata, gdy jak co roku szliśmy na spacer w Darłówku utartymi, nadmorskimi szlakami, zagadnąłem żonę.

– Czy przyszło ci kiedyś do głowy, że cały nasz świat, to tylko Podlasie, Darłówek i Tatry. Nie zażyliśmy nigdy słońca i ciepłego morza, a przecież dziś to niejednokrotnie tańsze, niż pobyt nad Bałtykiem. Czy to nie głupie?

– Co nie głupie?

– No, że jako rodzina, właściwie nigdzie nie byliśmy.

– Mnóstwo ludzi nie było.

– Ale to nic nie znaczy. Moglibyśmy pojechać gdzieś, gdzie jest gwarancja ładnej pogody.

– Moglibyśmy, ale czy nam źle nad Bałtykiem?

– Dobrze, ale tak tylko pytałem..

Nie wracaliśmy więcej do tego tematu...

Poczułem, że wraca gorączka i robi się coraz zimniej. Wyszedłem z plaży na wysokości ośrodka wczasowego Róży Wiatrów i wróciłem na ulicę, która była zupełnie pusta. Nikt za mną nie szedł, ale Bogiem a prawdą nie musiał, bo jeśli mój telefoniczny rozmówca nie mylił się, ci, co pilnowali interesów „Pro Civili", wiedzieli już dokąd zmierzam i gdzie mogą mnie znaleźć. A ja z kolei wiedziałem, że oni to wiedzą. Miałem jedynie nadzieję, iż nikt nie wie, że wiem.

Przez parę minut stałem przed ośrodkiem rozglądając się bacznie z miną człowieka, który oczekuje pojawienia się tego, kto ma go śledzić, ale widocznie nastąpiło zniechęcenie, bo doszedłem bez niczyjego towarzystwa do miejsca, z którego wyszedłem. Chociaż przy zapadających ciemnościach przestałem się wzdrygać na widok każdego cienia, który pojawiał się w pobliżu, obejrzałem się, ale nie zauważyłem nikogo.

Poszedłem dalej. Trząsłem się przy tym jak galareta, po trosze z narastającej gorączki i zimna, po trosze zapewne z narastającego zdenerwowania, który pojawiło się nagle, nie wiadomo skąd, i już mnie nie opuszczało. Czas mijał, a był to czas przejmującego chłodu, dygotania, udręki. Myślałem, że nie może być mi już zimniej, ale się myliłem, bo około dziewiętnastej pociemniało i wzmógł się śnieg.

Śnieg nigdy jeszcze nie wydawał mi się tak zimny. Do tej pory owa odrobina ciepła, która mi jeszcze zostawała w ciele, jakoś częściowo osuszała moją górną odzież, bo solidna kurtka od Cammela stanowiła jako taką ochronę, ale od pasa w dół przemarzłem niemiłosiernie.

Darłówko jest małym miasteczkiem, ale kiedy zaczynamy się rozglądać za kimś, nie mając pojęcia, gdzie się znajduje, i kiedy ten ktoś wędruje tu i ówdzie jednocześnie z nami, nawet najmniejsze miasteczko może się stać kłopotliwie rozległe. Najszybciej jak mogłem to uczynić, nie zwracając na siebie uwagi, przemierzyłem wszystkie uliczki miasteczka i nie znalazłem śladu człowieka, którego szukałem.

Szukając, czego szukałem, zastanawiałem się, ile to już razy znajdowałem się w podobnej sytuacji, gdy umawiałem się na podobne spotkania. Na pewno dziesiątki, a może setki? Pierwszy był oficer straży granicznej, który – jak mówił później – modlił się, by na swojej drodze spotkać kogoś, komu mógłby zaufać. Padło na mnie. Zwyczajnie byliśmy sobie wzajemnie potrzebni. Mój oficer potrzebował pomocy, bo na kilkaset rocznie wychwytywanych na granicy w Terespolu kradzionych samochodów ponad połowę wykrywał on sam. To mogło oznaczać tylko jedno: pozostali funkcjonariusze albo byli nieudolni, albo nieuczciwi. Ja z kolei potrzebowałem jego pomocy jako jednego ze źródeł informacji o przekrętach na terespolskiej granicy, które stanowiły przedmiot mego dziennikarskiego śledztwa. Największym plusem historii było to, że na bazie historii „terespolskiej ośmiornicy" poznałem Zbyszka Kardaszewskiego, oficera policji z warszawskiego wydziału Przestępczości Zorganizowanej. Zbyszek co prawda nigdy nie został moim informatorem – i tylko dlatego wolno mi go wspominać – ale wprowadził mnie w świat policji i Urzędu Ochrony Państwa. Po kolejnych kilku miesiącach współpraca z jego kolegami z wydziału PZ Komendy Głównej Policji, już moimi informatorami, zaowocowała kolejnymi

„kontaktami osobowymi". I tak to się zaczęło...

Spacerując po Darłówku byłem już dosyć bliski cichej desperacji i nie baczyłem na głos wewnętrzny mówiący mi, że pewnie coś źle usłyszałem, a jeszcze bardziej trapił mnie fakt, że musiałem prowadzić poszukiwania nie zdradzając najmniejszego pośpiechu. Zacząłem obchodzić sklepy i kawiarnie, chociaż nie spodziewałem się tam znaleźć człowieka, którego szukałem. Nie mogłem jednak sobie pozwolić na przeoczenie żadnej możliwości. Sklepy i kawiarnie nic nie dały – a obszedłem wszystkie otwarte, to znaczy mniej niż pięć. Z kolei mogłem zataczać coraz szersze koncentryczne koła, jeśli można określić takim geometrycznym terminem labirynt chaotycznych uliczek, jakim jest Darłówek. I oto za ostatnim z tych zakrętów, przeszedłszy kolejny kawałek drogi, natrafiłem na przydrożny wielki budynek, którego szyld głosił, że jest to hotel. Pulchna recepcjonistka spytała, czy chcę zjeść kolację, lecz dałem jej do zrozumienia, że mam inne pilniejsze potrzeby. W niektórych hotelach mają przemiły zwyczaj napełniania zawartości kieliszków po same brzegi, toteż kelnerka przypatrywała się ze zdumieniem i niemałym niepokojem, jak moje rozdygotane dłonie próbują podnieść podany płyn do ust. Nie rozlałem więcej, niż połowę, ale widziałem, że kobieta zastanawia się, czy nie wezwać policji albo pomocy lekarskiej, ażeby zajęła się alkoholikiem cierpiącym na *delirium tremens*. Jednakże okazała się zacną osobą, bo na moją prośbę przyniosła mi drugi kieliszek ginu z tonikiem. Tym razem nie tylko nie uroniłem ani kropli, ale też wyraźnie poczułem, że resztka moich czynnych czerwonych ciałek dźwiga się na nogi i zabiera energicznie do działania. Gdy zastanawiałem się, czy zamówić trzeci kieliszek, zobaczyłem go. Ulga moja była niewiele większa od poczucia własnej lekkomyślności. Znalazłem go bowiem tam, gdzie powinienem był szukać od razu, gdybym ruszył głową tak, jak on to uczynił...

Zobaczył mnie, ale nie dał tego po sobie poznać. W pewnym momencie wstał od stolika i ruszył w stronę drzwi. Podążyłem za nim. Wzdłuż skrajnej łączki biegł żywopłot i roztropnie kryłem się za nim, trzymając się o dwadzieścia metrów w tyle. Doszedł do zaparkowanej na tyłach hotelu Skody Octavii. Po chwili siedzieliśmy w niej już razem. Ruszyliśmy. O tym, że nie ruszyliśmy sami, przekonałem się – niestety – dopiero kilkadziesiąt minut później... Przy skręcie na Darłowo, o dwa kilometry od hotelu, spojrzałem przez tylne okienko. Jakaś taksówka jechała ponad sto metrów za nami. Wtedy pomyślałem, że to mógł być tylko zbieg okoliczności. Później przekonałem się, że to był błąd. Nie pierwszy i nie ostatni tego dnia...

Po drodze nie odzywaliśmy się do siebie. Minęliśmy miasto i zaparkowaliśmy przed kawiarnią naprzeciw pięknej, poniemieckiej gotyckiej katedry. Weszliśmy do wnętrza restauracyjki, usiedliśmy w kącie i zamówiliśmy po kawie. Byliśmy jedynymi klientami tego przybytku.

– Tu masz wszystko, co chciałeś. – Krzysztof, oficer ABW, lat czterdzieści cztery, odstawił kubek z kawą i spoglądał na nielicznych przechodniów po drugiej stronie witryny. Patrzył, jak mijają kawiarnię, lecz nie obserwował nikogo z osobna.

Poznałem go przed kilku laty, na długo przed zawarciem znajomości z innymi oficerami tej służby – takimi jak Tomek Budzyński, szef Agencji Bezpieczeństwa Wewnętrznego w Lublinie, z którym moja znajomość kilka lat później stała się tajemnicą poliszynela. W przeciwieństwie jednak do Tomka Budzyńskiego, który był mi tylko kolegą i niczym więcej, Krzysztof był jednym z moich najlepszych informatorów. W strukturach służb specjalnych był oficerem wysokiego szczebla i już kilkukrotnie okazał się ważnym szczegółem dla uzupełnienia mojej wiedzy na temat interesów Wojskowych Służb Informacyjnych. Spotkaliśmy się kilka razy i obie strony były z tych spotkań zadowolone. Ostatni raz pracowaliśmy wspólnie przed kilkoma miesiącami, gdy próbowałem potwierdzić informacje uzyskane od pułkownika Aleksandra Lichodzkiego. Historia była frapująca. Okazało się, że podczas przeszukań znaleziono dokumenty Zarządu Łączności i Informatyki Sztabu Generalnego, Dowództwa Wojsk Lądowych oraz Dowództwa Wojsk Lotniczych i Obrony Powietrznej Kraju, dotyczące przetargów na dostawy dla wojska. Zatrzymano kilka osób, w tym zastępcę szefa logistyki Dowództwa Wojsk Lądowych. Masterbiuro S.A. było obok Banpolu i Bipromaszu jednym z filarów Euro Holdingu Krzysztofa Suskiego. Spółka miała siedzibę pod tym samym adresem, co Banpol. Oficjalnie Masterbiuro handlowało detalicznie sprzętem biurowym i maszynami do pisania. Naprawiało też maszyny liczące i sprzęt komputerowy. Co wspólnego z wojskiem miała firma, która oficjalnie zajmuje się handlem sprzętem biurowym? Według moich informatorów handel spinaczami był zwyczajną przykrywką do handlu bronią i sprzętem wojskowym. Mechanizm ustawiania przetargów miał być prosty. Firma Masterbiuro dawała wojskowym łapówkę. Potem zgodnie z prawem ogłaszano przetarg na dostawy dla wojska, ale jego warunki określano tak, by wygrać mogła właśnie firma Masterbiuro. Tego typu zagrywki były łatwe do przeprowadzenia, ale warunkiem były – jak zawsze – odpowiednie kontakty w wojsku. A w „grupie Suskiego" nie brakowało ludzi, którzy jeszcze niedawno zasiadali na wysokich stołkach.

Jednym z nich był dyrektor Banpolu, a wcześniej generał brygady Ryszard Żukowski. Niedługo przed tym, jak generał trafił do Banpolu, był m.in. szefem Sztabu Generalnego Wojska Polskiego, szefcm wojsk inżynieryjnych Dowództwa Wojsk Lądowych i prezesem Stowarzyszenia Saperów Polskich, uhonorowanym krzyżami Komandorskim, Oficerskim i Kawalerskim Orderu Odrodzenia Polski. W Banpolu generał pełnił funkcję dyrektora ds. strategii i obrotu specjalnego. W wojskowej terminologii „obrót specjalny" oznacza handel bronią i sprzętem wojskowym. Gdy zapytałem generała, jak trafił do Banpolu, odpowiedział krótko: „Była okazja, to się zatrudniłem" – i odłożył słuchawkę. Generał Żukowski nie był zresztą osamotniony w „grupie Suskiego", w której aż roiło się od byłych wysokich rangą oficerów Wojska Polskiego i służb specjalnych. Nie trzeba było grzebać specjalnie głęboko, by w tej firmie znaleźć Romana Maniszewskiego, byłego szefa Wydziału V Zarządu Śledczego Urzędu Ochrony Państwa, czy Jerzego Gajdowskiego, byłego wiceszefa zarządu śledczego UOP. Czy można się dziwić, że mając oparcie w tego typu ludziach, „grupa" mogła prowadzić rozliczne interesy na śliskim gruncie, jakim jest rynek handlu bronią, i wychodzić obronną ręką ze spotkań z przedstawicielami wymiaru sprawiedliwości?

Bez Krzysztofa nie ułożyłbym tej i wielu innych układanek i dlatego przed ponad tygodniem spotkaliśmy się znów... Krzysztof znalazł czas, choć „wywołałem" go nagle i niespodziewanie – znalazł, bo miał względem mnie pewien „dług honorowy". Chodziło o to, że po wyborach parlamentarnych jesienią 2005 roku konkurencyjna grupa w specsłużbach wyrobiła Krzysztofowi czarny PR u Zbigniewa Wassermana, koordynatora służb specjalnych. Znaliśmy się z Wassermanem dobrze od lat i lubiliśmy, a na dobre zbliżyła nas i połączyła identyczna ocena sprawy najgłośniejszej i zarazem najbardziej tajemniczej zbrodni PRL, opatrzonej klauzulą najwyższej tajności i zakłamanej także w III RP – sprawy morderstwa na księdzu Jerzym Popiełuszce.

Wskazałem koordynatorowi kilka faktów, które nie pasowały do układanki spreparowanej przez fałszywych oskarżycieli Krzysztofa, i to wystarczyło, by ocalić mu skórę. Ostatni raz spotkaliśmy się przed tygodniem i wówczas poprosiłem mojego informatora o pewną przysługę, która w odniesieniu do „Pro Civili" pozwoliłaby mi zrealizować żelazną w dziennikarstwie śledczym regułę: nigdy nie opieraj się na jednym źródle.

Nie tryskał entuzjazmem ani z powodu krótkiego terminu, ani tym bardziej perspektywy wyjazdu nad Bałtyk w grudniu, ale zgodził się.

– W tych materiałach znajdziesz wszystko, co w tak krótkim czasie mogłem zebrać – powtórzył. – Dopijam kawę i spadam – rzucił krótko.

– Nie pogadamy? – zaprotestowałem zdziwiony krótkotrwałością spotkania.

– W ogóle nie powinno mnie tu być. Nie w tej sprawie – mówiąc to podał mi prawicę, wstał, włożył kurtkę i ruszył w stronę drzwi. Wyglądał na przestraszonego. Wiem, czym jest strach. I wiem też, że choć jest uczuciem naturalnym, może zniszczyć człowieka. A jednak byłem zszokowany, bo widziałem jasno, że nerwy mojego informatora są napięte do ostateczności. Znaliśmy się kilka lat, ale pierwszy raz widziałem go w takim stanie.

– Zaraz! Co się u diabła dzieje? – krzyknąłem równie zaskoczony, co poirytowany formą spotkania i pożegnania.

Zauważył to i wrócił do stolika. Cały czas wyglądał, jakby się czegoś obawiał.

– Dlaczego się w to pakujesz? – zapytał krótko.

– Bo taką mam pracę – odpowiedziałem w taki sam sposób.

– A wiesz przynajmniej, w co się pakujesz?

– Wiem, że to bagno. – Pokręcił z niedowierzaniem głową, zdjął kurtkę i ponownie usiadł.

– Posłuchaj mnie uważnie, pięć minut, nie więcej. Nie wiem jakie są twoje zamiary, ani kto cię wspiera. Ale odpuść sobie. Masz taką szansę, jak ktoś, kto próbuje wygnać złego ducha szaleństwa przy pomocy chłosty. To nieskuteczne. Masz do czynienia ze znakomicie kierowaną organizacją przestępczą, to niewątpliwe, ale z organizacją, która ma w sobie element psychopatyczny, prawie uniemożliwiający normalne przewidywanie. Ci ludzie nie cofają się przed niczym i jeżeli gdzieś widzą zagrożenie, eliminują zagrożenie. To raz. Dwa – osłaniają ich możni protektorzy i ludzie na wysokich stołkach, od generałów wojskowych służb tajnych, po polityków i ministrów. I najważniejsze: wszystkie istotne nitki w tej sprawie biegną na Wschód. Wiesz, o czym mówię? Potwierdziłem skinieniem głowy.

– Jeśli się uprzesz, w tej teczce znajdziesz odpowiedź na większość twoich pytań, ale opowiem ci pokrótce o genezie Fundacji. Zapamiętaj zwłaszcza dwa nazwiska: Piotr Polaszczyk, Igor Kopylow.

– Trafiłeś na ich dossier?

– Jeśli się pogrzebie przy tej fundacji, nie sposób nie trafić. Pierwszy, to znajomy grubych ryb, na dziś nie do ruszenia. Drugi naprawdę nazywa się Walerijus Baskowas, choć według danych Interpolu legitymował się także paszportami na nazwiska Petera Pelli, Kanstantinosa Pelivanidisa, Rudokasa Rajmundasa, Elenys Vaidotasa i Grzegorza Dąbrowskiego. Paszport na to ostatnie nazwisko załatwili mu koledzy z WSI. Odpowiednio oprócz obywatelstwa rosyjskiego, „Kopylow" vel „Baskowas" miał także dokumenty potwierdzające, że jest obywatelem Litwy, Grecji i Słowacji. To człowiek-widmo, najprawdopodobniej agent GRU, współpracujący z siatką wyjątkowo bezwzględnych zabójców. Jednego z jego ludzi zastrzeliłem osobiście. To opowieść na długą zimową noc.

– Masz prawo do zastępowania ramienia sprawiedliwości?

– Zawsze będę je miał w tych wszystkich przypadkach, kiedy będzie tylko jedna możliwość: on albo ja.

– Przepraszam.

– Nie szkodzi, ale nie przerywaj.

– Naturalnie – odpowiedziałem bez przekonania.

– Nie pytaj mnie o to, jak taki człowiek wszedł w posiadanie pełnomocnictwa wydanego przez Ministerstwo Obrony Narodowej, upoważniającego do zapoznawania się z tajnymi pracami badawczymi na Wojskowej Akademii Technicznej. To pytanie do Bronisława Komorowskiego.

– Czy można tu zapalić? – głośne pytanie było skierowane do kelnerki stojącej za kontuarem.

– Zazwyczaj nie, ale proszę. Jesteście panowie jedynymi klientami, a zaraz zamykamy – odpowiedziała młoda kobieta, uderzająco podobna do francuskiej aktorki, Sophie Marceau, z tym, że ładniejsza. Piękna brunetka, ale nie tym mdłym i pustym niedojrzałym rodzajem urody, który wygrywa konkursy o rożne tytuły Miss. Miała delikatnie ukształtowaną budowę kostną, czyste rysy i niewątpliwie cechy inteligencji, dzięki którym pozostałyby piękna nawet w dwadzieścia lat po tym, jak zwiędłe wczorajsze zwyciężczynie konkursów Miss od dawna już zrezygnowałyby z nierównego współzawodnictwa. Ta dziewczyna z pewnością przyciągała wzrok przybywających tu w sezonie i poza sezonem turystów płci męskiej – ale nie moją. I to nie tylko dlatego, że małżeńska wierność zawsze była na szczycie moich priorytetów. Dzisiejszego wieczora to, co piękne i dobre, musiało ustąpić pierwszeństwa temu, co złe i ponure, mrocznym stronom tego świata.

– Wszystko, co mam do powiedzenia, jest ściśle tajne. Cała ta historia, podobnie jak wszystko inne, zaczęła się od rzeczy małych. – Pstryknęło kółko zapalniczki i Krzysztof zaciągnął się papierosem. – Kiedy przyszła demokracja, a wraz z nią wolny rynek, ludzie na wysokich stołkach, grupa oficerów WSI i rosyjskich „śpiochów" wiodła zupełnie zadowalający żywot działających na ograniczoną skalę biznesmenów, pozornie całkowicie oddanych rozbudowie legalnych przedsięwzięć handlowych, w ramach pozornie dynamicznie rozwijającej się polskiej gospodarki rynkowej. W miarę, jak Fundacja „Pro Civili" rozwijała swoją działalność, organizacja rozkwitała. Nie stało się tak z dnia na dzień, nie stało w ciągu roku. By uczynić duży krok od ograniczonej działalności biznesowej do wielkiego przestępczego biznesu, oficerowie postpeerelowskich służb specjalnych oraz ich kooperanci z GRU potrzebowali ludzi pewnych, dyskretnych, odznaczających się determinacją i siłą. Mieli takich na podorędziu, wywodzących się z dawnej agentury SB i WSI. Tak narodził się „Pruszków". Oficerowie WSI byli gotowi odpalać dolę gangsterom za ich determinacje i siłę, bądź dopuszczać ich do mniej znaczących interesów. Jednocześnie trzymali ich na uwięzi. Dla WSI to były drobne, ale z punktu widzenia „mafii bazarowej", jaką kiedyś był „Pruszków", zapłata była olbrzymia. Tak olbrzymia, że bandyci ograniczali swoją działalność w tych obszarach, w których WSI żądały ograniczenia. Gdzie nie pomagała łagodna perswazja, oficerowie WSI dołączali do swej „oferty" elegancko zamaskowaną groźbę, a że mieli zaplecze na Wschodzie, prawie zawsze skutkowało. Oczywiście nie byli na tyle głupi, by stosować groźby tam, gdzie nie były potrzebne. To są ludzie interesu. Wiedzą, że jak każdy dobry biznes, największą korzyść przynoszą interesy robione w ciszy, wynikające z przelicytowywania konkurentów czy niedopuszczania ich do rynków zbytu. Ponieważ zaczynali od stosunkowo niewygórowanych kwot i ponieważ nie wierzyli w reklamę, polegali na własnych kontaktach. Zawsze posługiwali się logiką, która z reguły okazywała się nieodparta. Nie wszyscy dawali posłuch rozsądkowi i łagodnej perswazji. Nie wszyscy chcieli słuchać, jeśli rozmówcy wyjaśniali z najwyższą cierpliwością, co i jak. Po rozmowach z takimi ludźmi rozkładali ręce w akcie desperacji i wtedy do akcji wkraczali ludzie Kopylowa. Później okazywało się, że ktoś zmarł na atak serca, albo spotkał go taki los, jak jednego popędliwego biznesmena z Warszawy, mającego wiarę w policję. Zwrócił się do władz ze skargą na „Pro Civili", jednakże zanim sprawa nabrała biegu, człowiek ów popełnił samobójstwo, pozostawiając osamotnioną żonę i czwórkę małych dzieci. Nie rozumiał, że w tym kraju wielkie biznesy nie powstają pracowitością i siłą talentu, tylko się nimi stają. Tak właśnie było z „Pro Civili", fundacją, która zapewniła sobie monopol w wielu dziedzinach i która rozrosła się do niebotycznych rozmiarów dzięki kooperacji z MON. I tu dochodzimy do działalności osłonowej szefów WSI i ministra Bronisława Komorowskiego...

Powoli, z rozmysłem, oficer zdusił niedopałek papierosa i wypił łyk kawy.

Nie przerywałem mu.

– Wiedzieli o działalności Fundacji w MON i nie zrobili nic, by jej przeciwdziałać, a wprost przeciwnie... Początek tej historii zaczyna się w roku 1989, gdy powstawały podwaliny polskiego kapitalizmu i gdy cementował się nowy układ oparty o stare służby i ludzi starej władzy. Ale tak naprawdę wszystko zaczęło się znacznie wcześniej. Sięgnij do czasów, gdy Komorowski poznał przyszłą żonę, Annę Dembowską. Jej ojciec nie bez przyczyny piastował stanowisko w związanym ze Służbą Bezpieczeństwa Biurze Techniki Operacyjnej Ministerstwa Spraw Wewnętrznych. Podobnie matka, która z dobrym wynikiem ukończyła kurs specjalistyczny Biura „C" Służby Bezpieczeństwa w MSW – była wyróżniającą się pracownicą grupy specjalnej biura. Wiele przemawia za tym, że to żona mogła wprowadzić Komorowskiego na wojskowe salony. Szczegóły znajdziesz tutaj – sięgnął po plastikową, składaną teczkę i pchnął ją w moja stronę. – W tych papierach. Masz tu zdjęcia z pierwszych po czerwcu 1989 roku obchodów Dnia Niepodległości. Zwróć uwagę zwłaszcza na te ukazujące Annę Komorowską w towarzystwie oficerów – także tych z WSW. Są fotografie, które więcej mówią o relacjach, niż jakiekolwiek słowa. Znajdziesz tu kilka takich.

Krzysztof dopił kawę i wstał od stołu.

– Powodzenia. – Włożył płaszcz.

– Jeszcze chwila...Skąd to wszystko wiesz? To o „Pro Civili"...

Mój rozmówca wzruszył ramionami.

– Wielu ludzi o tym wiedziało. To była operacja, w której udział brały dziesiątki oficerów WSI. Większość poleceń przekazywano ustnie. Nic nie pozostawio-

no przypadkowi. – Popatrzył na mnie przeciągle.
– Pamiętaj, w tej historii nici biegną na Wschód, sprawdziliśmy to idąc tropem transferów. Na mnie już czas. – Szybko wymienił ze mną uścisk rąk, potrząsnął głową i mruknął. – Tylko tyle mogę dla ciebie zrobić. Uważaj na siebie.

Nie zareagowałem na jego słowa. A szkoda, bo powinienem go wysłuchać. W interesie moim i mojego rozmówcy. Myślałem, że jeszcze wrócimy do tej rozmowy, ale niestety, nie wiedziałem, że było to nasze ostatnie spotkanie. Spojrzałem przez szybę, by sprawdzić, jak bardzo jest mu przykro. Ale jego już nie było.

***

Zapłaciłem Sophie Marceau za kawę i mimowolnie zdążyłem jeszcze zauważyć, że ma zbliżoną do klepsydry figurę. Nie sposób było tego nie zauważyć, bo nosiła mocno opinające ją ubranie, pod którym nie zdołałaby ukryć nawet kapiszona. Po tej myśli czym prędzej ruszyłem w drogę. Ruszyłem pieszo, bo chciałem wszystko sobie poukładać, a w perspektywie miałem kolejną bezsenną noc nad papierami. Przeszedłem poboczem drogi około kilometra, czyli mniej więcej jedną trzecią odległości pomiędzy Darłowem i Darłówkiem, gdy zobaczyłem światła jadącego z naprzeciwka samochodu. Zbliżał się – jak mi się wydawało – z niewielką prędkością. Nie zwróciłem na niego szczególnej uwagi i być może nigdy już na nic nie zwróciłbym szczególnej uwagi, bo trudno zwracać uwagę na coś, gdy jest się martwym, gdyby nie to, że w pewnym momencie coś mnie tknęło i podniosłem głowę patrząc w lewo. Odskoczyłem w bok instynktownie, dosłownie w ostatniej chwili. Tylko dlatego zamiast uderzyć centralnie, jadący na mnie samochód jedynie otarł moją lewą nogę na wysokości uda, tuż nad kolanem. Leżałem na plecach w przydrożnym rowie, mając nad głową gwiazdy. Byłem oszołomiony. Jak przez mgłę usłyszałem otwierane drzwi samochodu, które równie szybko otworzyły się, co zamknęły i... samochód odjechał. Wciąż znajdując się w całkowitym szoku próbowałem powstać, ale szybko znów znalazłem się na ziemi. Uderzenie wyrządziło co prawda większa szkodę mojemu ubraniu, niż mnie samemu, ale ostry, piekący ból nogi sprawił, że mimowolnie chwyciłem za nią ręką. Mam tylko dwie nogi i do obu jestem bardzo przywiązany, a jedna z nich bolała mnie coraz bardziej. Byłem chłodno i trzeźwo świadomy, że jeżeli nie uczynię czegoś i to bardzo prędko, samochód może zawrócić, a wtedy Bóg jeden wie, co się może wydarzyć. To dodało mi sił i po trzydziestu kolejnych sekundach ponownie spróbowałem stanąć na nogach. Tym razem się udało. Mimo obaw o powrót samochodu-widma usiłowałem odszukać teczkę z dokumentami, którą wypuściłem z rąk w trakcie skoku na pobocze. Nie byłem jednak w stanie jej odnaleźć. Sytuację utrudniał fakt, że księżyc znów skrył się za chmurami i wokół panował gęsty mrok. Po kwadransie – cały czas uważnie obserwując, czy samochód widmo nie wraca – i przeszukaniu każdego najdrobniejszego skrawka połaci ziemi w promieniu kilku metrów, poddałem się. Trudno znaleźć coś, czego nie ma, a teczki z dokumentami nie było. Po prostu ktoś ją zabrał. W tamtym momencie nie chciałem nawet zastanawiać się, kto i dlaczego to zrobił. Jeżeli bowiem do tego momentu mógłbym mieć resztki nadziei, że całe to wydarzenie miało charakter przypadkowy, to teraz musiałem przestać się łudzić. Mimo woli moja wyobraźnia zaczęła wyrabiać nadgodziny i właściwie jedyne pytanie, jakie sobie zadawałem, brzmiało: dlaczego jeszcze żyję?

Tego wszystkiego było zdecydowanie za wiele. Przynajmniej jak dla mnie. Miałem dość. Dość wszystkiego, a w szczególności „zabawy" w detektywa. Kuśtykając w stronę miasteczka myślałem o tym, jak makabryczne jest uczucie bycia zagonionym, niczym dzikie zwierzę, a tak się dokładnie czułem. Po raz pierwszy w życiu żałowałem, że na spotkanie z informatorem nie wziąłem ze sobą telefonu komórkowego, bo przecież mógłbym powiadomić policję, ale brak telefonu na takich spotkaniach był żelazną regułą. Kiedyś zastanawiałem się, skąd wziął się mit o „bezpiecznych" telefonach? Odpowiedzi udzielili mi moi informatorzy, oficerowie specsłużb. Po prostu ani operatorom komórkowym, którzy skutecznie wmówili milionom klientów na całym świecie, że używanie „komórek" w żaden sposób nie stanowi zagrożenia dla naruszenia ich prywatności, ani tym bardziej wszystkim rodzajom służb specjalnych na całym świecie nie zależy na niszczeniu tego mitu, zależy zaś bardzo na utrwaleniu stereotypowego przekonania o „gwarancjach prywatności". Konia z rzędem temu, kto wie, na czym miałyby polegać owe gwarancje. Ale jeżeli ktoś pozwala się nabierać, to jego sprawa. Osobiście poznałem wielu oficerów służb specjalnych i żaden z nich nigdy nie zabierał na ważne spotkania „komórki". Kto jak kto, ale ktoś taki jak ja musiał wiedzieć, że paraorwellowska inwigilacja jest faktem, czy to się komuś podoba, czy nie...

Byłem w desperacji i chyba tylko dzięki temu resztkami sił doczłapałem do domu na wzgórzu. Spojrzałem na zegarek. Za dwadzieścia pierwsza. A więc kuśtykałem przez ponad trzy godziny. Minęła dobra minuta, nim nadkomisarz otworzył drzwi.

– Pohulało się dziś wieczorem, co? – zapytał surowo przyglądając mi się z ukosa. – Czyli podoba ci się nad morzem.

– Słucham? – jeszcze nie do końca doszedłem do siebie.

– Długo cię nie było.

– Napadnięto mnie. Ktoś chciał mnie zabić. Jestem w szoku! – krzyknąłem. – Musimy zadzwonić na policję!

Nadkomisarz z miejsca spoważniał.

– Ja jestem z policji. Uspokój się. Wiedz, że gdyby ktoś naprawdę chciał cię zabić, już byś nie żył. Usiądź. Zrobię ci drinka, napij się i opowiedz mi wszystko po kolei.

Po chwili trzymając kieliszek z calvadosem opowiedziałem mu. Opowiedziałem, co się wydarzyło i co o tym sądzę. Naturalnie zreferowałem mu akurat tyle, ile uznałem za stosowne. Opowiedziałem więc o wydarzeniach tego wieczora, unikając zbędnych szczegółów i wszelkich nazwisk, począwszy od mojego spotkania z informatorem, po zderzenie z samochodem-widmem i utratę dokumentów. W efekcie bardzo chaotycznie wyjaśniłem, co się stało, a w każdym razie przedstawiłem subiektywną wersję wypadków.

Moje opowiadanie nie było przekonujące. Przeszkadzał kontrast – spokój ciepłego pokoju w zderzeniu z nieludzkim chłodem oraz poczuciem zagrożenia, które stało się moim udziałem. Pomyślałem, że przepaść między nimi mogło wypełnić tylko doświadczenie. Wciąż byłem w szoku, ale w pewnym momencie zacząłem irracjonalnie sam do siebie się uśmiechać. Mój rozmówca patrzył na mnie nic nie rozumiejąc, albo zastanawiając się, czy przypadkiem nie oszalałem, a ja cieszyłem się, bo nagle dotarło do mnie, że mogłem już nie żyć – a wciąż żyłem. Była to bowiem noc, która nie wyglądała na taką, po której nastąpi jakiś poranek... Chyba jeszcze nigdy nie czułem się tak dobrze.

A potem równie nagle jak radość, poczułem zmęczenie, straszliwe zmęczenie. Przez cały ten czas czułem na sobie wzrok nadkomisarza, który nie przerwał mi ani razu, słuchał w burzliwym milczeniu. Ani jeden mięsień nie drgnął na jego twarzy, tylko palce wybijały werbel na powierzchni stołu. W pewnej chwili powstał i podszedł wolnym krokiem do dużego okna. Popatrzył w ciemność, po czym odwrócił się i znów obrzucił mnie badawczym spojrzeniem.

– Teraz niemal żałuję, że ci nadałem tę robotę – powiedział spokojnie, głosem niezdradzającym śladu podenerwowania, choć przecież czułem przez skórę, jak bardzo jest wzburzony. – Przyciągnęliście ogon i Bóg jeden wie, co z tego wyniknie. Wracamy do Warszawy. Teraz, zaraz.

– A policja? – zaprotestowałem nieśmiało.

– Żadna policja. Co im powiesz? Że gdzie tu mieszkasz, co tu robisz? To nie przejdzie. Dość błędów na dziś.

Nie odpowiedziałem, bo też nie miałem nic do powiedzenia. Poszedłem do swojego pokoju i spakowałem się. Przed podróżą do Warszawy wziąłem jeszcze prysznic. Gdy spojrzałem w lustro, zobaczyłem twarz własnego dziadka – twarz dziadka na łożu śmierci. Pomyślałem, że wykonywanie zawodu dziennikarza śledczego nie wpływa na mnie dobrze. Utwierdziłem się w tym przekonaniu, gdy w jasnym świetle obejrzałem moją lewą nogę. Była na swoim miejscu i to jedyne dobre, co mogłem o niej powiedzieć, bo poza tym przedstawiała okropny widok. Tuż nad kolanem widniała szeroka rana, która krwawiła. Noga była opuchnięta od kolana w górę, sina, przecięta kilkoma obrzydliwymi sińcami. Niebieski, zielony, fioletowy, wyglądało na to, że nie brakowało żadnego z kolorów tęczy. A jeśli któregoś brakowało, to nie mogłem się zorientować, którego. Wyglądało na to, że szybko nie znikną...

W godzinę później byliśmy w drodze do Warszawy. Prawie nie rozmawialiśmy, więc skupiłem uwagę na przeklinaniu samego siebie. Jeżeli ktoś szuka kandydata na łatwe wywiedzenie w pole – myślałem z wściekłością – to Sumliński jest tym, kogo mu trzeba. Z powodu odczuwanego dyskomfortu prawie zapomniałem o bolącej nodze. Przypomniałem sobie za to zachwyty moich wykładowców ze studiów psychologicznych nad siłą umysłu człowieka i nad potęgą pozytywnego myślenia, polegającego na tym, że jeśli po tysiąckroć wmawiać sobie optymizm i pogodę ducha, to osiągnie się jedno i drugie. Zamiast więc samobiczowania, spróbowałem tej metody, ale w moim przypadku myślenie pozytywne najwyraźniej nie skutkowało. Co gorsza, zaczynały mi się zwidywać demony WSI w każdym mijającym nas samochodzie jadącym z przeciwka, co oznaczało, że potrzebowałem snu, więc rozłożyłem oparcie przedniego fotela i zamknąłem oczy. Na moment przed zaśnięciem spojrzałem jeszcze na prowadzącego wóz nadkomisarza. Wyglądał na człowieka zagubionego w ponurym, niekończącym się koszmarze, człowieka ściganego przez demony i przekonanego, że nigdy nie zdoła im się wymknąć. To było ostatnie, co zapamiętałem. A potem zasnąłem. I spałem długo.

ROZDZIAŁ V

SPOTKANIE

SPOTKANIE

Rozpocząłem pracę siadając przy redakcyjnym biurku, które było do dyspozycji. Siedziałem tak dłuższą chwilę w bezruchu, nie bardzo potrafiąc zabrać się za zadanie. Potem włączyłem komputer. Odkąd sięgam pamięcią, zawsze pracowałem w terenie, a teksty pisałem w domu. Tak było zawsze, jeszcze w latach dziewięćdziesiątych, gdy byłem dziennikarzem „Życia", i później, gdy pracowałem we „Wprost" czy w Telewizji Polskiej. Jako dziennikarz śledczy, w redakcji nie miałem nic do roboty. Nigdy nie byłem dziennikarzem pracującym zza biurka czy oczekującym, aż jakiś cwany polityk we własnym interesie potraktuje mnie jak pocztę polską i dostarczy jakąś „wrzutkę" – plik dokumentów gotowych do publikacji. Wszystkie moje teksty czy materiały do reportaży telewizyjnych starałem się „wychodzić" i potwierdzić w kilku źródłach, a to wymagało codziennych rozmów, spotkań i długich knajpianych nasiadówek, często tylko po to, by po wielu godzinach rozmów o niczym uzyskać jedną bezcenną informację. Mimo takiego charakteru pracy starałem się nie tracić kontaktu z redakcją i spędzać w niej dzień lub dwa w tygodniu. Redakcja programu śledczego „30 minut" nie była duża, pracowało w niej zaledwie kilku dziennikarzy i researcherów, siłą więc rzeczy panowały tu cisza i spokój. Było to dobre miejsce do przeanalizowania wieloźródłowego materiału, o zebranie którego, po powrocie z Darłówka, poprosiłem kilku informatorów. Zabrałem się za stertę papierów, na którą składały się materiały źródłowe, notatki, wycinki prasowe, wyroki sądowe, tajne raporty i korespondencja, czyli to wszystko, co zebrałem w ciągu tygodnia od powrotu znad morza. Wolałem dmuchać na zimne, dlatego podszedłem do kopiarki i skserowałem to, co wydawało mi się ważne. Całość obejmowała ponad tysiąc stron, więc wykonanie kopii zajęło mi prawie dwie godziny. Na oddzielną kupkę odłożyłem informacje, które miały związek z tajnymi służbami. Był to plik składający się z około stu stron. Włożyłem je do dwóch oddzielnych kopert, z których jedną zostawiłem w redakcji, a drugą zabrałem ze sobą. Po „przygodach" w Darłówku uznałem, że trzeba się liczyć z każdą ewentualnością...

Przełom w moim myśleniu o sprawie „Pro Civili" nastąpił cztery dni wcześniej. Po powrocie z Darłówka tu i ówdzie zasięgnąłem języka, ale bez przekonania. Cały czas miałem wątpliwości, czy dalej angażować się w tę sprawę, która zwyczajnie mogła mnie przerastać i która w dodatku wyglądała na potencjalnie szalenie niebezpieczną. Mój zawód, jeżeli ktoś wykonuje go sumiennie i uczciwie, polega na ponoszeniu ryzyka, nawet narażaniu się na niebezpieczeństwo, ale nie na tym, by grać rolę skończonego idioty o samobójczych skłonnościach. Zwłaszcza, że miałem na ukończeniu pisany na zamówienie Agencji Filmowej Telewizji Polskiej scenariusz serialu telewizyjnego o tajemnicy śmierci Księdza Jerzego Popiełuszki. Po wielu miesiącach rozmów udało mi się przekonać prezesa Telewizji Polskiej, Andrzeja Urbańskiego, i dyrektora Agencji Filmowej TVP, Sławka Jóźwika, że wszystko, co dotąd wmówiono opinii publicznej na temat tej zbrodni, poza miejscem i czasem uprowadzenia księdza Jerzego, jest kłamstwem – i teraz miała nastąpić pointa w postaci realizacji 10-odcinkowego serialu telewizyjnego. Prezes Andrzej Urbański liczył, że będzie to „okręt flagowy" TVP najbliższego sezonu... Zagłębiając się w zagadnienia związane z WSI, „Pro Civili" *et consortes*, siłą rzeczy ryzykowałem, że nie zdążę z napisaniem scenariusza w terminie zawartym w kontrakcie z Agencją Filmową TVP. Gdy więc w trzy dni po powrocie znad morza byłem już prawie zdecydowany na odstąpienie od tematu „Pro Civili", zadzwonił telefon.

– Dziś o siedemnastej, tam, gdzie ostatnio. Nie przyjeżdżaj samochodem – głos w słuchawce zamilkł i rozmówca rozłączył się. Choć dzwonił z numeru zastrzeżonego, za pośrednictwem urządzenia zmieniającego barwę głosu, poznałem go od razu.

W kilka godzin później czekałem przy restauracji „Rusałka" na Kępie Potockiej w sercu Żoliborza. Nie czekałem długo. Nadkomisarz był punktualny. Jak zawsze.

– Chodzi o morderstwo – zaczął bez zbędnych wstępów.

– Jakie morderstwo?

– Informację otrzymałem dziś rano i nie mam jeszcze wszystkich danych, ale nie wierz w oficjalny komunikat, według którego to był wypadek.

– Jakie morderstwo? Cholera, wyduś z siebie, o co chodzi.

– O twojego znajomego znad morza.

– Mojego znajomego?

– Urywanie zdań i powtarzanie po dwakroć tego samego może być ciut męczące, nie uważasz?

– Uważam. Ale dość już tego kluczenia. Mów, do cholery, co się dzieje. O co chodzi z tym znajomym? Kawa na ławę.

– Ok. Oficer ABW, twój informator, jak podejrzewam, zginął dziś w nocy w wypadku samochodowym. Tylko że to nie był wypadek.

Poddałem się. Miałem ochotę położyć się na ziemi, jak hazardzista kładzie na stół ostatnią przegraną kartę. Czułem łomotanie serca, które waliło mi niczym kafar. Zapisałem sobie w pamięci, że wszelkie brednie, jakoby tlen był niezbędny do życia, należy włożyć między bajki. Ja w ogóle przestałem oddychać, bo zwyczajnie – zatkało mnie.

– Czy ten zmarły ma jakieś nazwisko? – Wydusiłem z siebie z trudem pytanie, które było beznadziejnym chwytaniem się nadziei, tam gdzie nadziei nie było. Wiedziałem bowiem dobrze, że jeśli nadkomisarz mówi to, co mówi – to wie, co mówi. A jednak irracjonalnie do końca liczyłem, że chodzi o kogoś innego, niż mój informator. Słowa z trudem przeciskały mi się przez gardło, a wysuszone język i usta nie sprzyjały jasności wysławiania się.

Nadkomisarz podał nazwisko – to nazwisko.

– Przykro mi – powiedział krótko patrząc mi prosto w oczy. Pomyślałem, że już to gdzieś niedawno słyszałem, ale tak naprawdę przestałem myśleć i czuć, bo dla mnie czas zatrzymał się w miejscu. Wysłałem na śmierć człowieka. Naturalnie nieświadomie, ale odpowiedzialność moralna spadała na mnie. Przecież to był mój i tylko mój pomysł, by poprosić go o pomoc. Rozwiałem wszelkie obiekcje, przezwyciężyłem wątpliwości i sceptycyzm, by poprosić mojego informatora o zbadanie działalności „Pro Civili", a w najbliższych dniach zamierzałem spotkać się z nim po raz wtóry, by poprosić o odtworzenie zawartości teczki, którą utraciłem. A teraz on już nie żył. Ufał mi ślepo i zrobił, co chciałem, a teraz był martwy. Wysłałem dobrego człowieka na śmierć i nie można było tego cofnąć. Musiałem nauczyć się z tym żyć.

– Jeżeli w tej sytuacji wycofasz się, nikt nie będzie mógł mieć do ciebie pretensji. – Pomyślałem, że nadkomisarz najwyraźniej potrafi czytać w myślach.

– Czy po tym wszystkim nadal chcesz zajmować się tą sprawą?

– Bardziej, niż kiedykolwiek – odpowiedziałem, bo nagle do mnie dotarło, żc klamka właśnie zapadła i że w tej sytuacji nigdy, przenigdy, milion razy nigdy nie wolno mi się wycofać. I wiedziałem, że żadna siła nie zmusi mnie do zmiany tej decyzji.

**

Na dobrą sprawę moje dziennikarskie śledztwo dopiero się rozpoczynało, ale po wydarzeniach ostatnich dni miałem chłodne i jasne przekonanie, że ONI już wiedzą, że śledztwo w ogóle trwa i że jeżeli nie uczynię czegoś, i to bardzo prędko, zabawa ta może mieć tylko jeden koniec i koniec ten musi nadejść rychło.

Ci, co pilnowali interesów „Pro Civili", wiedzieli już dokąd zmierzam i gdzie mnie mogą znaleźć. A ja z kolei wiedziałem, że to wiedzą. Miałem jedynie nadzieję, iż

ONI nie są jeszcze na sto procent pewni, że wiem.

ONI – uświadomiłem sobie, że ostatnio używałem tego słowa coraz częściej. Tak często, że aż któregoś razu moja córka, Ania, zapytała mnie z naciskiem.

– Kim są ci ONI, tato?

Nie odpowiedziałem. Zastanawiałem się, jak wyjaśnić dziecku, że to ludzie, którzy zamiast informować – dezinformują, zamiast zwalczać kłamców – zwalczają tych, którzy kłamstwa demaskują, zamiast pilnować bezpieczeństwa Państwa, pilnują bezpieczeństwa tych, którzy Państwo niszczą i prowadzą na dno przepaści.

– Kim są ONI? – dopytywała córka.

– Porozmawiamy o tym później – odparłem stanowczo, chcąc zyskać na czasie. Po namyśle doszedłem do wniosku, że skoro dzieci zadają takie pytania, jak to, kim są ONI, to jest to dowód, iż dorastają. Zdecydowałem, że porozmawiam z córką. Wyjaśniłem, że pod pojęciem ONI klasyfikuję grupę ludzi, od wysokiej rangi urzędników państwowych po funkcjonariuszy służb specjalnych, którzy dla nich pracują, że ludzie ci coraz częściej zajmują się nie tym, do czego zostali wybrani i powołani, że zwalczają tych, którzy głośno im o tym przypominają i że oskarżenia o przestępstwa korupcyjne pod moim adresem były tylko wybiegiem, ponieważ ONI udają, że jest demokracja i dlatego nie chcą przyznać, że sprawa ma charakter polityczny. Na twarzy córki malowała się ulga. Moje wyjaśnienia były zgodne z tym, czego uczyliśmy nasze dzieci: za ideały trzeba niekiedy płacić wysoką cenę...

Choć moje dziennikarskie śledztwo rozpoczęło się na dobre zaledwie kilka tygodni wcześniej, postanowiłem nie czekać dłużej. Wiedziałem, że nie mam jeszcze wszystkich elementów tej układanki, ale intuicyjnie czułem, że jeżeli nie zrobię czegoś szybko, to nigdy nie będą ich miał, albo będą mi kompletnie niepotrzebne. Tak, jak żadne informacje nie były potrzebne mojemu informatorowi, który potrzebował już tylko modlitwy... Poza wszystkim wiedziałem, że nagłaśniając tę historię mam szansę zahamować działania potworów, kimkolwiek byli. Być może jedyną szansę. Przez chwilę pomyślałem, że towarzystwo wszelkiej maści potworów, jakie widziałem w filmach, byłoby mi teraz dużo milsze, niż osobników, z którymi miałem do czynienia. Jestem dużym chłopcem i nie boję się potworów. Bałem się natomiast ludzi pozornie odpowiedzialnych za bezpieczeństwo państwa... Włączyłem redakcyjną nagrywarkę i wystukałem na klawiaturze numer telefonu Bronisława Komorowskiego. Po czwartym sygnale odezwał się znany mi głos marszałka Sejmu.

– Halo, kto mówi?

– Dzień dobry. Nazywam się Wojciech Sumliński, pracuję w Telewizji Polskiej dla programu „30 minut" i chciałem poprosić pana o spotkanie i o rozmowę na temat Wojskowych Służb Informacyjnych – wyrecytowałem przygotowana formułkę, na tyle ogólną i pojemną, by mogła zawierać w sobie szereg zagadnień. – Przez chwilę w słuchawce panowała głucha cisza.

– No dobrze, a w czym konkretnie mogę panu pomóc?

– W ostatnim czasie wielokrotnie publicznie wypowiadał się pan na temat Wojskowych Służb Informacyjnych. Przygotowujemy program o działalności WSI i w związku z tym chciałbym nagrać pańską wypowiedź.

Bardzo zależy nam na czasie. – Znów zapadło milczenie.

– Chwileczkę... – głos w słuchawce zdradzał lekkie podenerwowanie, a może tylko tak mi się wydawało. – Sprawdzę swój terminarz. – Znów chwila milczenia.

– To może za trzy dni, w czwartek, o dwunastej, w moim gabinecie w Sejmie. Tutaj nikt nie będzie nam przeszkadzał.

– Dziękuję. Będę z ekipą telewizyjną punktualnie o dwunastej.

– Do widzenia.

– Do widzenia.

Krótko i na temat.

Umawiając się na spotkanie słowem nie wspomniałem, że będę chciał rozmawiać o „Pro Civili". Ale też nie skłamałem: rozmowa miała dotyczyć Wojskowych Służb Informacyjnych, a wspomniana Fundacja została założona przez żołnierzy tej służby, więc awizowany temat rozmowy obejmował także i „Pro Civili". Przynajmniej w moim przekonaniu...

Trzy dni później, gdy z kamerzystą i dźwiękowcem TVP przyjechaliśmy do Sejmu, okazało się jednak, że Bronisław Komorowski miał na ten temat zupełnie inne zdanie.

Od pierwszej chwili było widać, że marszałek nie miał ochoty na tę wizytę. Być może uznał, że odmowa przyniesie potencjalnie trudne do ocenienia wizerunkowe straty, a być może o wyrażeniu zgody na nasze spotkanie przesądziło coś innego. Tak czy inaczej, przyjął nas uprzejmie, aczkolwiek z wyczuwalnym dystansem.

– Dziękuję, że poświęcił nam pan czas – powiedziałem

na powitanie. Podaliśmy sobie dłonie. Gospodarz otworzył drzwi do swojego gabinetu i wskazał mi miejsce w wygodnym fotelu przy stole pod oknem. – Napijecie się panowie kawy? Przywołał asystenta i poprosił o cztery kawy.

– „30 minut"... to program śledczy, prawda? – na poły stwierdził, na poły zapytał marszałek. – Prowadzicie panowie jakieś dziennikarskie śledztwo?

– Można tak to ująć ...

– No dobrze, w czym mogę pomóc?

Wyjąłem notes i otworzyłem go. Operator kamery i dźwiękowiec dali znać, że możemy zaczynać...

– Na początek poproszę pana o ocenę decyzji Sejmu, który rozwiązał Wojskowe Służby Informacyjne. Był pan jedynym posłem Platformy Obywatelskiej, który głosował przeciwko rozwiązaniu WSI. Dlaczego?

– Ponieważ decyzja o rozwiązaniu tych służb była z gruntu zła i wysoce szkodliwa. Żadne państwo na świecie nie pozwoliłoby sobie na likwidację służb tajnych, przynajmniej żadne z tych, które znam. Taka likwidacja, to czysty absurd. Przypomnę tylko, że Amerykanie po II wojnie światowej przejęli niemiecką agenturę ulokowaną w Europie Wschodniej i korzystali z niej przez wiele lat, z pożytkiem dla siebie i powojennych Niemiec Zachodnich. Przejęli agenturę wrogów, bo tego wymagał interes Stanów Zjednoczonych. A co my zrobiliśmy? Zlikwidowaliśmy świetnie funkcjonujące wojskowe służby tajne, by w zamian nie zyskać nic! W moim przekonaniu ludzie, którzy podjęli taką decyzję, popełnili straszliwy błąd i powinni ponieść konsekwencje tego błędu. To niewybaczalne.

Przez kilka następnych minut Bronisław Komorowski wyjaśniał obszernie, jak wielka krzywda i niesprawiedliwość spotkała żołnierzy WSI, którzy dobrze służyli państwu polskiemu. Mówił długo i zwięźle. Gdy skończył, zadałem mu pytania dotyczące wątku, o którym mówił.

– Panie marszałku, jeżeli były to tak dobrze działające służby kontrwywiadowcze, jak pan twierdzi, to jak wytłumaczyć fakt, że od początku istnienia Wojskowe Służby Informacyjne nie złapały w Polsce ani jednego rosyjskiego szpiega. Może to z mojej strony mało skromne, ale przez cały okres III RP jedynymi wyrzuconymi z Polski rosyjskimi szpiegami byli dyplomaci ujawnieni w wyniku mojej i kolegów publikacji w dzienniku „Życie", a to chyba mierna rekomendacja dla WSI. Jak w tym kontekście wyjaśni pan fakt, że przez ten sam okres czasu, w którym WSI nie zlokalizowały i nie zneutralizowały ani jednego rosyjskiego szpiega, brytyjskie służby kontrwywiadowcze MI5 złapały kilkudziesięciu rosyjskich szpiegów, a niemieckie czy nawet czeskie po kilkunastu? Czy mamy wierzyć, że w Polsce rosyjskich szpiegów nie ma?

– Wojskowe Służby Informacyjne były zdecydowane zrobić wszystko, co trzeba na tym kierunku. Nie jest jednak tak, że wszystkie działania zawsze kończą się sukcesem. Nie zmienia to w niczym mojej oceny, że WSI wykonywały swoje zadania skutecznie i profesjonalnie – stwierdził spokojnie.

Rozmowa zaczynała się robić jałowa, przeszedłem więc do konkretów, czyli do tematu, dla wyjaśnienia którego naprawdę tu przyszedłem.

– Panie marszałku, czy słyszał pan o Fundacji „Pro Civili"? – zapytałem krótko.

Gospodarz wlepił we mnie wzrok, a jego usta ściągnęły się powoli.

– Umawialiśmy się na rozmowę o Wojskowych Służbach Informacyjnych.

– Fundacja „Pro Civili" została założona przez żołnierzy WSI. Dlatego powtórzę pytanie: czy zna pan Fundację „Pro Civili" i czy coś pana z nią łączyło?

Przeszyły mnie szare oczy. Marszałek milczał. Miły nastrój sprzed chwili prysł, niczym mydlana bańka. W powietrzu nieomal w sposób namacalny pojawiło się napięcie.

– Panie marszałku, w takim razie następne pytanie: czy docierały do pana, jako Ministra Obrony Narodowej, informacje o specyficznej kooperacji Wojskowej Akademii Technicznej z Fundacją „Pro Civili"?

– Mam nadzieję, że pan wie, co robi? – za pytaniem czaiła się realna groźba i nie było to tylko moje odczucie, bo jak sprawdziłem później, podobnie do mnie ocenili słowa marszałka koledzy z ekipy telewizyjnej. Siląc się na spokój odparłem:

– Wiem doskonale, panie marszałku. Czy odpowie pan na moje pytanie?

– Ma pan minutę na opuszczenie mojego gabinetu, a potem wezwę straż.

Mocne słowa, żadnego owijania w bawełnę. Ktoś tu wyraźnie tracił nerwy, a przecież nawet na jotę nie zbliżyliśmy się do konkretów. Marszałek wymienił porozumiewawcze spojrzenie ze swoim współpracownikiem, który opuścił gabinet, nie potrafiłem jednak odczytać sensu tego spojrzenia.

– Dlaczego nie chce pan ze mną rozmawiać? Przyszedłem do pana w imieniu opinii publicznej, która ma prawo wiedzieć...

– Pół minuty...

Gospodarz podwinął rękaw marynarki i ostentacyjnie spoglądał na zegarek.

– Chciałbym zadać tylko kilka pytań...

Marszałek zignorował moje słowa. Wstał zza biurka, obszedł gabinet, podszedł do drzwi i otworzył je szeroko.

– Wyjdzie pan sam, czy ma panu pomóc straż?

– Panie marszałku... – podjąłem desperacką próbę przeprowadzenia rozmowy, ale gospodarza już nie było.

– Dziękuję, że poświęcił mi pan swój czas. To była bardzo interesująca i pouczająca rozmowa – rzuciłem do wychodzącego marszałka, ale nie wiem, czy mnie usłyszał.

Wraz z kolegami z ekipy telewizyjnej zostaliśmy w gabinecie sami. Nie zdążyliśmy się nawet spakować, gdy w drzwiach stanęli sejmowi strażnicy...

Gdy wracaliśmy do telewizji myślałem o tym, że mam o jednego wroga więcej. Nie niepokoiło mnie to jednak. Byłem chłodno świadomy faktu, że właśnie przekroczyłem Rubikon, ale uważałem, że po prostu staram się rzetelnie wykonywać swoją pracę, która często bywała mało przyjemna, zarówno dla mnie, jak i dla moich rozmówców. W tamtym czasie wierzyłem jeszcze w jej sens, a może nawet w misję.

Myślałem o tym, że udało mi się zaskoczyć mojego rozmówcę, ale – musiałem to przyznać – on także zaskoczył mnie. Nie spodziewał się takich pytań, a i ja nie spodziewałem się aż takiej reakcji. „Wrócę do tej rozmowy i następnym razem nie dam się tak spławić" – obiecałem sobie. Czy mogłem wtedy przypuszczać, że następnego razu nie będzie ?

ROZDZIAŁ VI
HISTORIA, KTÓRA TRWA

HISTORIA, KTÓRA TRWA

Tego dnia po kolacji wróciłem do redakcji. Od razu poszedłem do swojego pokoju i choć oprócz mnie w redakcji nie było nikogo, zamknąłem za sobą drzwi. Chciałem wszystko raz jeszcze sobie przemyśleć, z uwagą przejrzeć wszystkie materiały i biorąc pod uwagę fakt, że człowiek, który pomagał mi je zbierać, już nie żyje, a tym samym nie może pomóc w znalezieniu odpowiedzi na pytania bez odpowiedzi

Musiałem też rozstrzygnąć, czy w materiałach jest coś, co mogłoby stanowić punkt wyjścia do dalszego badania poszczególnych wątków.

Włączyłem swój komputer i rozpocząłem pracę...

W ciągu kilku następnych dni napłynęły do mnie informacje z trzech niezależnych źródeł. Wszystkie potwierdzały, że Fundacja „Pro Civili" jest wyjątkową organizacją przestępczą. Wszystkie zalecały wyjątkową ostrożność przy zajmowaniu się tym tematem. I wszystkie zwracały uwagę na tajemniczą rolę związaną z działalnością Fundacji byłego ministra obrony narodowej, Bronisława Komorowskiego. Niezależne źródła przedstawiały zupełnie inny obraz byłego szefa MON, niż ten, który był znany opinii publicznej. Czytając opracowania mogłem prześledzić drogę kariery byłego ministra, pełną zadziwiających wydarzeń, od wykładowcy w Seminarium w Niepokalanowie, gdzie według relacji jego ówczesnych słuchaczy stał się zarzewiem buntu kleryków, co ostatecznie doprowadziło do zawieszenia całego roku, po kontakty z szemranym biznesmenem Januszem Paluchem i generałami WSI. Było coś niepojętego w tym, że ten zasłużony działacz opozycji demokratycznej tak łatwo wchodził w relacje z wysokimi rangą oficerami Wojskowych Służb Wewnętrznych, późniejszych Wojskowych Służb Informacyjnych. Na przykład taki generał Tadeusz Rusak: w PRL aktywny w inicjatywach ukierunkowanych na zwalczanie opozycji demokratycznej, w III RP za kadencji przewodniczącego Sejmowej Komisji Obrony Narodowej, a zaraz potem ministra Obrony Narodowej, Bronisława Komorowskiego zrobił błyskawiczną karierę i został szefem WSI. Jak to możliwe, że działacz opozycji solidarnościowej zawiązał relacje z takim oficerem wojskowych służb tajnych?

Albo Bolesław Izydorczyk. Gdy Bronisław Komorowski został ministrem Obrony Narodowej, doprowadził do tego, że ten były szef WSI otrzymał certyfikat bezpieczeństwa NATO. Wydarzenie jawiło się jako absolutnie skandaliczne i szokujące, bo przecież Izydorczyk był kursantem szkoleń wywiadowczych GRU w Moskwie i z tamtych czasów datowały się jego bardzo bliskie związki z rosyjskimi szpiegami – na tyle bliskie, że w oparciu o wiele poszlak podejrzewano nawet, iż mógł zostać zwerbowany przez rosyjski wywiad. Ustalono na przykład, że latem 1992 roku generał Izydorczyk spotkał się w Zakopanem z rezydentem służb rosyjskich w okolicznościach, które jednoznacznie wskazywały na spotkanie wywiadowcze. Było to oczywiste do tego stopnia, że nawet generał Tadeusz Rusak, nie chcąc się „podkładać", odmówił wydania Izydorczykowi certyfikatu. Na skutek jednak nacisków ze strony ministra Bronisława Komorowskiego – o których mówił w kilku gremiach – uległ i ostatecznie zgodę podpisał. Tak więc dzięki szefowi MON generał Izydorczyk uzyskał certyfikat bezpieczeństwa NATO do dokumentów oznaczonych klauzulą „ściśle tajne" i mógł wyjechać do Brukseli, gdzie objął funkcję Dyrektora Partnership Coordination Cell (PCC) w Mons. Przebywał tam do 2003 roku, mając dostęp do informacji stanowiących najwyższe tajemnice NATO. Jak wytłumaczyć fakt, że Bronisław Komorowski aż do tego stopnia, nawet wbrew decyzji szefów WSI, zaangażował się w walkę na rzecz udostępnienia generałowi Izydorczykowi certyfikatu bezpieczeństwa NATO? Czy mógł nie wiedzieć o faktach, które znane były co najmniej kilkunastu jego podwładnym? Meldunki tych ostatnich, które miałem teraz przed oczami, wskazywały jednoznacznie, że to niemożliwe. Bronisław Komorowski, jako minister Obrony Narodowej, był dokładnie poinformowany o wszystkich podejrzeniach względem Izydorczyka, a mimo to do końca nalegał na wydanie mu certyfikatu bezpieczeństwa NATO i ostatecznie dopiął swego. Wieloźródłowe informacje wzajemnie się potwierdzały i uzupełniały. Im więcej czytałem o Komorowskim, tym bardziej byłem poruszony stopniem jego kontaktów i relacji z oficerami Wojskowej Służby Wewnętrznej, którą w 1991 roku przemianowano na Wojskowe Służby Informacyjne.

Wszystko to było tak porażające, że nie sądziłem, iż cokolwiek może mnie jeszcze zaskoczyć. A jednak nie doceniłem „zdolności zapoznawczych" Bronisława Komorowskiego, bo kolejna notatka wbiła mnie wprost w fotel. Zawierała informację, iż w listopadzie 1989 roku Bronisław Komorowski miał wizytować należące do Rosjan nieruchomości w Alejach Szucha. Po spotkaniu do oczekującej na zewnątrz osoby miał wedle jej relacji powiedzieć: „teraz moja kariera pójdzie jak z płatka." Jak wytłumaczyć takie słowa w takim kontekście? Czy można je wyjaśnić przechwalaniem się, czy jakąś zadziwiającą odmianą mitomanii? A jednak wiele wskazywało, że za tymi słowami kryła się prowadzona przez potężne moce logiczna gra, która w krótkim czasie wywindowała dawnego opozycjonistę „na salony" i do błyskawicznej kariery politycznej – właśnie „jak z płatka".

Uważnie raz, drugi i trzeci przeczytałem kupkę otrzymanych dokumentów i po kilku godzinach analizy spróbowałem dokonać syntezy: z takich czy innych powodów Bronisław Komorowski uwikłał się w relacje z oficerami WSI – to nie ulegało najmniejszej wątpliwości. Relacje te pogłębiły się na początku lat dziewięćdziesiątych – to także było pewne. Na ile zapoczątkowały je kontakty Anny Komorowskiej, a na ile doszło do nich wskutek innych sytuacji – tego w tamtym momencie nie potrafiłem ocenić. Informacji o zadziwiających więziach Bronisława Komorowskiego – którym zainteresowałem się w sposób całkowicie przypadkowy, w kontekście śledztwa w sprawie „Pro Civili" i wskutek wskazania przez dwa niezależne źródła jego roli dla funkcjonowania tej Fundacji – było coraz więcej i wiele one mi wyjaśniały, zaś jego osoba intrygowała mnie coraz bardziej. Każda jednak z pozyskanych informacji zawierała luki, które nie domykały układanki. Zastanawiając się, gdzie może tkwić klucz do tej układanki, przypomniałem sobie spotkanie z pewnym informatorem, z którym odbyłem zadziwiające rozmowy, gdy zbierałem materiały do filmu o siatce pedofilów w Polsce...

***

Dokumentowanie informacji szło jak po grudzie, bo siatka była głęboko zakonspirowana. Od jednego z informatorów otrzymałem wiadomość, że zna odpowiedniego człowieka, kapitana służb tajnych, który w latach osiemdziesiątych i jeszcze po weryfikacji w pierwszej połowie lat dziewięćdziesiątych robił z pedofilów swoich informatorów i być może zgodziłby się przekazać materiały na ten temat. Po kilku dniach otrzymałem potwierdzenie, że kapitan zgadza się na rozmowę. Pojechałem zatem na spotkanie z człowiekiem, o którym wiedziałem, że pracując przez lata w resorcie spraw wewnętrznych, gdy zatrzymywał przestępcę pedofila, puszczał go wolno w zamian za podpisanie zobowiązania do współpracy. Jeszcze przed spotkaniem przeżyłem zaskoczenie. Budynek, który odnalazłem pod wskazanym adresem, nie był domem jak inne domy, raczej rezydencją przypominającą gabarytami pałac namiestnikowski, z piękną werandą, ogrodem i liczącą na oko ćwierć hektara działką. Przed wejściem fontanna i dwa nowiutkie terenowe jeepy. Całość otaczał blisko trzymetrowy mur. Taka posesja, w samym sercu Mokotowa, to majątek wart wiele milionów, i to niekoniecznie w polskiej walucie.

Wcisnąłem przycisk domofonu, uśmiechnąłem się do świdrującej mnie kamery i po chwili wszedłem na teren posesji. Drzwi otworzyła mi kobieta, która miała na sobie ciemną suknię, a jej ciemne włosy, ciemne oczy, nieomal greckie rysy i oliwkowy odcień cery wskazywały, że nie pochodzi z Polski. Pomyślałem, że trzeba by strawić najlepsze lata życia, by znaleźć podobną piękność.

– Proszę wejść. Gospodarz już czeka na pana. – Jej głos był niski i ochrypły i nieco kontrastował z wizerunkiem.

Wprowadziła mnie do pomieszczenia, które nazwała „gabinetem" i już jej nie było. Gabinet mojego rozmówcy nie kontrastował z resztą budynku i, tak jak cała reszta, w niczym nie przypominał pokoju, jaki sobie wyobrażałem zastać w domu „ubeka". Był to dość duży pokój, może nieco ponury, ale funkcjonalny, umeblowany głównie regałami na książki i stalowoszarymi szafkami na akta, ze stalowoszarym stołem i stalowoszarymi fotelami. Ten wystrój nie rozpraszał, raczej zmuszał do koncentrowania się na omawianej sprawie – nie było tam niczego, co odciągałoby uwagę czy wzrok.

– Dzień dobry – odezwał się od progu niski, ostry głos.

Obróciłem się i popatrzyłem na człowieka, który tam stał, wysokiego mężczyznę w dobrze skrojonym ciemnym garniturze, z chłodnymi, przenikliwymi szarymi oczami i twarzą, którą mógłbym nawet uznać za sympatyczną, gdybym tylko zapomniał o okolicznościach, w jakich się tu znalazłem. Jednym słowem mój rozmówca nie wyglądał na tępego ubola, przeciwnie, wyglądał bardzo fachowo. Twardy i wyglądający na przebiegłego osobnik po pięćdziesiątce. Glina, i to nie taki, którego można by lekceważyć. Zamknął drzwi i podszedł do mnie lekkim sprężystym krokiem. Przedstawił się.

– Nieczęsto przyjmuję gości tutaj, ale wiele o panu słyszałem i chciałem, abyśmy obaj czuli się swobodnie – zagadnął.

Zastanowiłem się chwilę, co odpowiedzieć, ale postanowiłem nie komentować tego, co usłyszałem. Uśmiechnąłem się i uścisnąłem mu dłoń.

– Proszę, niech pan siada – zagadnął gospodarz. – Napije się pan czegoś?

– Może latte, jeśli łaska.

Kapitan skrzywił się, jakbym popełnił jakieś świętokradztwo, uniósł pytająco brwi i zerknął na mnie bacznie.

– Naprawdę nie napije się pan czegoś mocniejszego ?

– Nie dziś. Zaparkowałem tu niedaleko, no i pora zbyt wczesna.

– A ja się napiję...

Podniósł się z fotela i zgarniając po drodze pustą szklankę pogalopował z powrotem w stronę hallu, niczym zdychający z pragnienia wielbłąd do najbliższej oazy.

Po chwili wrócił w towarzystwie ciemnowłosej piękności, która postawiła przed nami szklankę wypełnioną jakimś trunkiem i caffè latte. Kobieta cicho zamknęła drzwi i po chwili znów byliśmy sami.

– A więc, co pana do mnie sprowadza? – Zaczął bez zbędnych wstępów.

– Pan to już wie. Inaczej nie wpuściłby mnie pan tutaj.

– Może bym wpuścił, a może nie. Intrygował mnie pan od jakiegoś czasu i byłem ciekawy pana osoby. Obserwowałem pana i pańskie dziennikarskie dokonania. Zresztą nie ja jeden.

– Co pana tak ciekawiło?

– Szczerze?

– Proszę bardzo.

– Od chwili, kiedy zacząłem się panu przyglądać, popełnia pan same błędy – odpowiedział cedząc słowa.

– Ale mój drogi redaktorze, jeżeli mnie pan lekceważy i myśli, że mógłby mnie do czegokolwiek wykorzystać, to w tym momencie popełnia pan największy. Jeżeli zdecyduję się panu opowiedzieć coś na temat, który, jak słyszałem, tak bardzo pana interesuje, to wyłącznie dlatego, że taka będzie moja decyzja, a nie dlatego, że pan będzie tego chciał. Rozumiemy się?

– Mówi pan dość jasno. Ale dlaczego mam wrażenie, że pan mi w zawoalowany sposób grozi?

– Tak pan odebrał to, co powiedziałem?

– Mniej więcej.

– Zagrajmy zatem w otwarte karty. Mógłbym pana wyrzucić z telewizji jednym telefonem, tylko po co? I nie grożę panu, tylko informuję, że znam dość ludzi, by skutecznie obrzydzić panu życie. O ile oczywiście będzie taka potrzeba. Ale wiem, że nie będzie, bo wbrew temu, co o panu słyszałem, wygląda pan na rozsądnego człowieka.

– Dziękuję. Czy możemy przejść do rzeczy?

– Czyli chce pan rozmawiać o brudach tego świata.

– Taką mam pracę, niestety.

– Współczuję, ale rozumiem, bo sam kiedyś siedziałem w brudnej robocie. Czy przyszło panu na myśl, panie

Sumliński, że normalni ludzie nie zajmują się takimi sprawami, jak pan?

– Może jestem ponadnormalny.

– A może ma pan ukryty dyktafon lub inny sprzęt nagrywający.

Rozpiąłem marynarkę i rozchyliłem ja szeroko.

– Niech pan nie żartuje. Może pan to mieć w zegarku albo długopisie. Tak naprawdę nie powinienem z panem rozmawiać albo rozmawiać w basenie lub saunie, ale niech tam. Mam dług wdzięczności wobec naszego wspólnego znajomego, który pana protegował, i tylko dlatego w ogóle rozmawiamy.

Milczałem, bo i co tu było do dodania?

– Myślę, że właśnie czeka pan na moją reakcję – powiedział zmęczonym głosem. – Ale proszę mi wierzyć, zrobiłem duży postęp. Jeszcze jedna mała sprawa, jeżeli to panu nie przeszkadza.

– Proszę.

– Niech pan nie sądzi, że byłbym takim idiotą, aby oskarżyć samego siebie. Niech pan nie wyobraża sobie, że chcę być gwiazdorem za wszelką cenę.

Kapitan nie tylko wyglądał na przebiegłego, był przebiegły.

Nie próbowałem być tak przebiegły, jak on i w krótkich słowach powiedziałem mu, po co przyszedłem. Pod koniec spotkania, gdy atmosfera nieco się rozluźniła, obiecał pomóc. Swoją obietnicę spełnił jednak dopiero podczas naszego trzeciego spotkania i to połowicznie, rzucając garść drugorzędnych informacji. Zapewniał, że nic więcej nie wie i był w swoich zapewnieniach wiarygodny. Tak wiarygodny, że prawie uwierzyłem, iż on sam wierzy w to, co mówi.

Mnie w tym momencie intrygowało już jednak co innego. Pod koniec trzeciego spotkania, w trakcie którego na stół wjechała już butelka calvadosa, w pewnej chwili rozluźniony gospodarz pokazał na stojącą w rogu pokoju pancerną szafę mówiąc:

– Z tego, co tam mam, wykształciłem i ustawiłem w życiu dzieci, a teraz ustawiam wnuki. Oczywiście tu trzymam tylko kopie, oryginały dokumentów znajdują się w bezpiecznym miejscu, za granicą. – Na moment zamyślił się i uśmiechnął do swoich myśli. – I jeśli kiedyś w drewnianym kościele spadnie mi na głowę cegła, te materiały wypłyną, a wówczas wiele osób będzie miało problem, oj, wiele. Zapewne modlą się codziennie o moje zdrowie i długie życie. Przynajmniej ja na ich miejscu bym tak robił.

W tym momencie zauważyłem, że jego głos stał się twardy i smagający, niczym bicz, a oczy stały się zimne. W ciągu kilku sekund zmienił się tak dalece, że zupełnie już zapomniałem o jego wcześniejszym wizerunku.

– Pan tych ludzi szantażuje?

Było to pytanie żałosne, brutalne w swojej głupocie, zupełnie niepotrzebne. Demaskowało stan napięcia nerwowego, w jakim się znajdowałem. Sądzę, że byłbym zadowolony, gdyby zaprotestował. Ale nie, mój gospodarz nawet się nie zdenerwował i odpowiedział zupełnie spokojnie, jakby mówił o sprawie zupełnie błahej, niedotyczącej jego ofiar, którymi szantażowani przez niego ludzie w jakiejś mierze przecież byli.

– Panu tych ludzi szkoda? Przecież to pedofile.

– Wszyscy?

– No nie, tylko niektórzy. Ale pozostali też coś kiedyś przeskrobali, inaczej nie mielibyśmy ich w naszych aktach.

Zastanowił się przez moment i uśmiechnął do swoich myśli.

– Gdyby tacy jak ja ujawnili wszystkie te rzeczy, ten kraj rozleciałby się w drzazgi. Ale po co to robić? Dla mnie to tylko interes. Prawo popytu i podaży, nic osobistego.

Oczyma wyobraźni zobaczyłem świat, w którym ten człowiek i jego ofiary funkcjonowali od lat. Ilu ich mogło być? Pięćdziesięciu? Siedemdziesięciu? Jak zostali tajnymi współpracownikami Służby Bezpieczeństwa? Kiedyś w przeszłości popełnili błąd, a może całą serię błędów. Pomijając tych, którzy wykorzystywali dzieci – co mogli zrobić pozostali? Chcąc otrzymać paszport donieśli na przyjaciela, któremu donos zniszczył życie: może nawet popełnił samobójstwo, a może „tylko" rozpadła mu się rodzina? A może zrobili coś innego – spowodowali wypadek po pijanemu, w wyniku którego ktoś poważnie ucierpiał lub zginął? Może uczestniczyli w jakiejś esbeckiej prowokacji, rozpracowaniu lub innej podłości, która skończyła się więzieniem albo innym dramatem wielu osób? W rzeczywistości pytania ograniczały się do zaledwie kilku, ale ich warianty osiągały cyfrę astronomiczną.

Jeśli mieli wtedy dwadzieścia lub trzydzieści lat, to dziś mają lat pięćdziesiąt lub sześćdziesiąt i znajdują się u szczytu aktywności zawodowej i kariery. Wtedy byli na dorobku, studentami, doktorantami, klerykami – dziś mogą być ministrami, profesorami, szanowanymi biznesmenami, może biskupami lub autorytetami moralnymi? Ujawnienie kompromitujących informacji dla wielu z nich mogło być końcem wszystkiego, tak jak to się stało w przypadku arcybiskupa Paetza, który po ujawnieniu danych z jego teczki z dnia na dzień został odsunięty w cień i znalazł się na marginesie życia, jakie dotąd wiódł. Nie było więc takiej ceny, jakiej szantażowani nie zapłaciliby swojemu szantażyście, bo stawką w tej rozgrywce *de facto* było życie. Ofiary mojego gospodarza z pewnością musiały być osobami zamożnymi lub wpływowymi. Przynajmniej na tyle, by on mógł pławić się w luksusie i wieść życia rentiera – milionera...

– Gdybym ja miał takie dokumenty, a ci ludzie o tym wiedzieli, nie uważałbym, że jestem zbyt bezpieczny – zagadnąłem.

W odpowiedzi wskazał ręką szafę z segregatorami.

– Mam ich dobrą setkę z dokumentami. Oni wszyscy o tym wiedzą i dbają, by nic mi się nie stało. Są bezpieczni tak długo, jak długo ja jestem bezpieczny.

Wzdrygnąłem się. Naprzeciw mnie znajdowała się cała szafa piekła. Dziesiątki segregatorów wypełnionych teczkami, a każda z nich zawierała czyjś honor i spokój ducha. Skutecznie użyte mogły spowodować setki ludzkich tragedii.

Przyjrzałem się bliżej potworowi, z którym miałem do czynienia, a który w innych ludziach widział tylko szpetotę i strach. Poznał tylko jedną stronę natury ludzkiej i myślał – był pewien – że nie ma nic innego. Przyglądałem mu się wnikliwie, ale jego twarz nie wyrażała żadnych emocji. Nawet oczy – także te były spokojne i zimne, niczym oczy rekina.

Pod najbłahszym pretekstem szybko opuściłem dom kapitana-szantażysty z przekonaniem graniczącym z pewnością, że już nigdy tutaj nie wrócę. Nie brałem taksówki, musiałem ochłonąć.

Chyba dopiero w tym momencie dotarło do mnie, jak straszliwą bronią jest wiedza o innych ludziach, bronią niszczącą zarówno tych, których dotyczy, jak i jej posiadaczy. Idąc rozmyślałem o innej historii, którą oprócz mnie znają jeszcze tylko dziennikarz tygodnika „wSieci" Grzegorz Górny, dyrektor Telewizji Polskiej w Lublinie Tomek Rakowski oraz jeszcze jeden człowiek – i tak już pozostanie. Człowiek ów odznaczał się wielką odwaga, bo być może potrzeba odwagi, by wychowywać dużo dzieci, ale – najprawdopodobniej – zaplątał się w kontakty z WSI. Gdy koledzy dziennikarze, ludzie szlachetni i prawi, mówili, że trzeba mu pomóc, zapewniając, że padł ofiarą pomyłki, spotkałem się z nim.

– Czy ktoś pana szantażował? – zapytałem.

– Skądże znowu. Dlaczego ktoś miałby mnie szantażować?

Wyciągnąłem kartkę papieru i przesunąłem w jego stronę. Rozmówca wciągnął głęboko powietrze i cały zesztywniał.

– Jezu Chryste! – powiedział cicho.

– Nie wiedział pan, że WSI to wszystko udokumentowało?

– Nie wiedziałem. Co się z tym stanie?

– Koledzy gwarantują, że padł pan ofiarą pomyłki. I chcą panu pomóc, więc będzie dobrze.

– Dziękuję panu. Jestem kolegów i pańskim dłużnikiem do końca życia.

Nie patrzył na mnie, gdy to mówił. A ja wiedziałem, że nie ma na świecie takiej siły, która mogłaby powstrzymać tego człowieka od znienawidzenia mnie. On wiedział, że ja wiem, a to powodowało, że odtąd, jeśli się jeszcze kiedyś spotkamy, będzie rozdzielać nas niewidzialny mur. I nie pomyliłem się. Gdy kilka miesięcy później spotkaliśmy się na ulicy, mój rozmówca przyspieszył kroku udając, że mnie nie dostrzega – i minął bez słowa...

Gdy po rozmowie z kapitanem-szantażystą wracałem pieszo z Mokotowa na Żoliborz, myślałem o tym wszystkim. Zrozumiałem, że właśnie wyłoniła się przede mną zupełnie nowa okoliczność, obalająca wszystkie moje dotychczasowe przekonania. Potrzebowałem trochę czasu, aby zrozumieć i uspokoić się, a także pokonać przygnębienie, które mnie nagle ogarnęło. Pojąłem to, co powinienem był pojąć dawno temu: żyjemy w kraju, w którym przeszłość zniewoliła teraźniejszość, w którym historia nie jest historią, lecz czymś, co wciąż trwa. Oczywiście już wcześniej miałem świadomość, że tzw. „teczki" mają wpływ na postawy wielu ważnych ludzi, na to co mówią i co robią. Ale nie przypuszczałem, że skala zjawiska jest tak duża. Przecież ja tak naprawdę rozmawiałem z oficerem średniej rangi, czyli w hierarchii służb tajnych nikim, z żadnym decydentem. Jeżeli zwykły kapitan służb tajnych był w posiadaniu teczek, dzięki którym stał się milionerem i zabezpieczył finansową przyszłość swoich bliskich na kilka pokoleń naprzód, to jakie teczki mieli w swoich rękach jego przełożeni pułkownicy, jakie ich przełożeni generałowie, jakie generałowie Czesław Kiszczak i Wojciech Jaruzelski, jakie wreszcie teczki znajdowały się w Moskwie? Ile w Polsce i Rosji jest takich szaf, jak ta kapitana? Ile osób mających wpływ na funkcjonowanie i kluczowe decyzje dla całego kraju żyje w strachu przed ujawnieniem przeszłości i zachowuje się jak bezwolne kukły pociągane za sznurki, podążające za wolą tego, który dzierży koniec sznurka?

***

Czy podobnie było z ludźmi na wysokich stołkach działającymi na rzecz „Pro Civili"? Czy ktoś taki, jak „mój" kapitan pomachał im przed nosem jakimś świstkiem? A może wydarzyło się jeszcze coś innego? Co spowodowało, że do połowy lat osiemdziesiątych z pasją i przekonaniem wyrażali poglądy antykomunistyczne, którym niedługo później z nie mniejszą pasją i przekonaniem przeczyli, publicznie relatywizując rzeczywistość i głosząc, że wszędzie są ludzie dobrzy i źli, a o tym, czy ktoś został komunistą czy antykomunistą, decydował często przypadek i ślepy los? Tak jak Bronisław Komorowski, który wchodząc w bliskie relacje z oficerami służb tajnych PRL zdawał się przeczyć swojej wcześniejszej działalności. Kto wyjaśni ten niezwykły paradoks?

***

Kolejny raport, który czytałem, zawierał opis zdumiewającego biznesu, w który Bronisław Komorowski zaangażował się wraz z aktorem Maciejem Rayzacherem, znanym widzom Telewizji Polskiej z mało sympatycznej roli kapitana Knote w kultowym serialu z lat siedemdziesiątych pt. „Czarne chmury", a później zastępcą dyrektora departamentu oświatowo-kulturalnego MON. Na biznesowym przedsięwzięciu, inwestycji w parabankową działalność Janusza Palucha – tak zwany „Bank Palucha" – Komorowski i Rayzacher wyszli niczym Zabłocki na mydle i stracili 260 tysięcy marek niemieckich. Na początku lat dziewięćdziesiątych, gdy przeciętny Polak zarabiał niespełna dwieście marek niemieckich miesięcznie, była to prawdziwa fortuna.

Skąd nauczyciel Niższego Seminarium w Niepokalanowie i jego kolega z opozycji mieli 260 tysięcy marek niemieckich? – pozostawało zagadką. Według „notatki służbowej" z 14 kwietnia 1995 roku, sporządzonej przez kapitana Piotra Lenarta z Wydziału II Oddziału Kontrwywiadu Pomorskiego Okręgu Wojskowego, Bronisław Komorowski i Maciej Rayzacher w okresie 1991-92 powierzyli agentowi WSI pseudonim „Tomaszewski" wysokie sumy pieniędzy, by ten wpłacił je do tak zwanego „banku Palucha" za pośrednictwem pułkownika Janusza Rudzińskiego. W notatce zawarto informację, że „udało się odzyskać pieniądze przy pomocy oficerów kontrwywiadu wojskowego".

Agenta o pseudonimie „Tomaszewski", który pośredniczył w przekazywaniu pieniędzy, Komorowski poznał jeszcze w latach osiemdziesiątych. Po bankructwie „banku Palucha" Komorowski i Rayzacher, jako jedyni z pokrzywdzonych, w zdumiewający sposób odzyskali zainwestowane pieniądze.

Odłożyłem czytaną dokumentację... Informacja o „banku Palucha" była znana mi już wcześniej, w szczegółach wyłożył mi ją, niczym karty na stół, nadkomisarz podczas naszego rendez-vous w Darłówku. Nasza rozmowa w tym wątku miała quasi-ironiczny przebieg:
– Skąd na początku lat dziewięćdzicsiątych Komorowski miał taka kasę? – spytałem, gdy nadkomisarz powiedział mi o inwestycji.
– Zgaduj. Może ma bogatych rodziców. Albo mama miała krewnych w Ameryce i odziedziczyła fundusz.
– Nawet idiota nie kupiłby tej bzdury.
– I słusznie!

Ważne i zasadne pytanie o pochodzenie źródeł fortuny, jaką Komorowski i „kapitan Knote" zainwestowali w „bank Palucha", pozostało bez odpowiedzi. Co innego jednak w tej historii przykuło moją uwagę. Była to dla mnie informacja zastanawiająca o tyle, że w tym samym czasie, co „Tomaszewskiego", późniejszy szef MON poznał też ostatniego szefa kontrwywiadu PRL, pułkownika Aleksandra Lichodzkiego.

Ta kolejna zdumiewająca znajomość, zawarta przez Bronisława Komorowskiego, solidarnościowego opozycjonistę, i szefa wojskowych tajnych służb w PRL, przetrwała lata. Jeszcze w roku 2005 Aleksander Lichodzki przedstawiał się jako osoba reprezentująca interesy Bronisława Komorowskiego. Informacja o tym fakcie wyszła na jaw przypadkiem, po wypadku syna Komorowskiego, a potem została potwierdzona w innych źródłach.

Chłopaka potrącił mercedes Jana Kulczyka, najbogatszego Polaka, jadącego w obstawie dwóch lancii BOR-u. Wracali z pokazu Ferrari w hotelu Victoria. Syn Komorowskiego został ciężko ranny. Śledztwo tuszowano, a nagranie z monitoringu skrzyżowania ulic Marszałkowskiej i Świętokrzyskiej, gdzie doszło do wypadku, urywało się dziwnym trafem tuż przed najechaniem auta na chłopca. Sprawa wypadku nigdy nie znalazła finału w sądzie. Jaki interes miał Lichodzki, by występować w roli rzecznika Komorowskiego, pozostawało tajemnicą. Bezspornym faktem jednak jest, że Lichodzki z sobie – i zapewne jeszcze tylko Komorowskiemu – znanych przyczyn nagłośnił to wydarzenie, tłumacząc Leszkowi Misiakowi, dziennikarzowi „SuperExpressu", z którym wówczas współpracował, że działa w imieniu swojego mocodawcy, Bronisława Komorowskiego. Ta z kolei informacja korelowała z tym, że za rządów prawicowej Akcji Wyborczej Solidarność decyzją ministra Obrony Narodowej Bronisława Komorowskiego Aleksander Lichodzki uzyskał awans na stanowisko generalskie i uprawnienia do wyższej emerytury. Jak w kultowym filmie Pasikowskiego „Psy": czasy się zmieniały, a Aleksander Lichodzki wciąż był na topie i wciąż doradzał prezesom ważnych agend wojskowych, od Akademii Obrony Narodowej po Agencję Mienia Wojskowego.

Ogarnęło mnie zdumienie. Fakt, że Aleksander Lichodzki mówił prawdę, kiedy w Agencji Mienia Wojskowego chwalił się w mojej obecności, że to on pomógł Komorowskiemu w odzyskaniu pieniędzy, był zaskakujący sam w sobie. Kiedy o tym zdawkowo wspominał, sądziłem, że to autokreacja, coś w rodzaju „pokazówki", ile to on może, ale teraz, w kontekście czytanych raportów, uwierzyłem mu. Wreszcie zaczynało coś do mnie docierać. Koło się domykało, wszystkie elementy łamigłówki wreszcie zaczęły do siebie przystawać.

Wróciłem do dokumentacji. Wynikało z niej, że kolejną „barwną" postacią z otoczenia szefa MON był Wiesław Huszcza, współpracownik WSI i szara eminencja salonów warszawskich. Z dokumentów, które miałem na biurku, wynikało, że Huszcza wraz z Vahapem Toyem, biznesmenem z Turcji, założyli firmę „Epit Polska". Niedługo później dołączył do nich Ryszard Grabas, podobnie jak Huszcza współpracujący z WSI, i już we trzech założyli nową spółkę: „Epit & Korporacja Rozwoju Wschód-Zachód". Na terenach lotniska byłej jednostki wojskowej 5058 obiecywali stworzyć megainwestycję „Lotnisko i strefa gospodarcza Biała Podlaska". Na spotkaniach w Białej Podlaskiej prezentowali władzom samorządowym i mieszkańcom regionu świetlaną przyszłość, perspektywę, w której mieściło się wszystko, co tylko można sobie wymarzyć: od międzynarodowego lotniska, poprzez nowoczesny szpital, po stadion piłkarski, zakrywany dachem, na sześćdziesiąt tysięcy ludzi, i tor Formuły 1. Wszystko to było zwyczajnym blefem służącym innym interesom. Projekt diabli wzięli, a Vahap Toy opuścił Polskę w 2003 roku – nie przedłużono mu prawa pobytu. Przy okazji jednak związków Huszczy i Korporacji Rozwoju Wschód-Zachód wyszło na jaw, że Huszcza, ostatni skarbnik PZPR, był kluczową osobą w procesie tworzenia sieci firm powiązanych z nieboszczką Polską Zjednoczoną Partią Robotniczą oraz zasiadał w radach nadzorczych spółek tworzących zaplecze finansowe postkomunistów. Był też prezesem polsko-rosyjskiej firmy w Moskwie, która mieściła się w budynku Ministerstwa Obrony Narodowej, i miał bliskie kontakty z REW AWTO, spółką, której kierowniczą kadrę stanowiły grube ryby z GRU. Dyrektorem tej ostatniej był Anatol Karagocki, ważna figura w rosyjskim Ministerstwie Spraw Wewnętrznych, a zastępcą Gienadij Pieńko, były rezydent radzieckich specsłużb w Londynie.

W jednej chwili, niczym echo z nieodległej przeszłości, wróciły do mnie strzępki rozmów toczonych w Agencji Mienia Wojskowego w gronie pułkowników Sakowskiego, Łangowskiego i Lichodzkiego o lotnisku w Białej Podlaskiej, którego tereny podlegały właśnie Agencji Mienia Wojskowego i które przekazano AMW nie inaczej, tylko właśnie w wyniku decyzji ministra Bronisława Komorowskiego. Rozumiałem już dość. Wszystkie elementy tej układanki miałem teraz przed sobą, widoczne jak na dłoni. W jednej chwili poznałem klucz do rozwiązania zagadki i połączenia w całość wszystkich puzzli. Stało się to dla mnie tak oślepiająco oczywiste, że byłem zadziwiony, iż nie wpadło mi to do głowy od razu, choć dwie minuty spokojnego myślenia musiałyby mnie na to naprowadzić. A jednak minęły długie godziny, nim wpadłem na tę konstruktywną myśl – ale teraz już nie było wątpliwości. Wiedziałem, co to znaczy, choć Bóg mi świadkiem, że wolałbym nie wiedzieć. Ja tylko myślałem, że się boję, wtedy, gdy jeszcze tylko domyślałem się wszystkiego. Ale czas domysłów minął, o Boże, już minął. Znałem wreszcie prawdę, prawdę gorszą niż wszystko, co mogłem sobie wyobrazić i wiedziałem już, że tropy tej historii wiodły na „moje" Podlasie, i dalej, na Wschód...

ROZDZIAŁ VII

KROCZĄC WŚRÓD CIENI

KROCZĄC WŚRÓD CIENI

Powietrze sali konferencyjnej pachniało świeżą farbą i lakierem. Wymieniona podłoga nie zdążyła dobrze wyschnąć. Nowe, przywiezione zaledwie przed trzema miesiącami meble i duże, umieszczone od metra ponad ziemią aż po sam sufit okna, potęgowały wrażenie świeżości i nowości... Remont całego, wielkiego kompleksu wojskowego w Białej Podlaskiej, który rozpoczął się pod koniec 2000 roku i pochłonął miliony złotych, nieomal dokładnie przed miesiącem dobiegł końca. Po likwidacji lotniczej Jednostki Wojskowej 5058 obiekty przystosowano do przyjęcia 47. Szkolnego Pułku Śmigłowców z Nowego Miasta. W Białej Podlaskiej miał powstać Ośrodek Szkolenia Lotniczego, jedyny taki ośrodek w Polsce, gdzie swoje umiejętności mogli kształtować piloci śmigłowców. Za taką, a nie inną lokalizacją przemawiała doskonała baza i najdłuższy w kraju, dobrze utrzymany pas startowy. Minusem wydawało się położenie – zaledwie kilkadziesiąt kilometrów od granic Paktu NATO. Ponieważ jednak w przypadku ośrodka szkoleniowego nie miało to zasadniczego znaczenia, do Białej Podlaskiej przyleciało kilkadziesiąt śmigłowców. Z Nowego Miasta przebazowano szereg urządzeń, zmodernizowano stare i zakupiono nowe. W tym samym czasie do Białej przybyło kilkudziesięciu pilotów śmigłowców, spośród których wielu zdążyło już w nowym miejscu zapuścić korzenie, ściągnąć rodziny. Przyszłość rysowała się w jasnych barwach...

Pierwsze niepokojące i realnie brzmiące wieści o zmianie decyzji i likwidacji bialskiego ośrodka wraz z komendą lotniska zaczęły przeciekać (skąd?) kilka miesięcy wcześniej i zbiegły się z przebijającymi się i coraz realniej wyglądającymi informacjami o superinwestycjach pod Białą Podlaską. Przez pewien czas trwał jednak stan zawieszenia. Oficjalnie nikt likwidacji garnizonu nie potwierdzał, co służący tu żołnierze traktowali jako dobrą wróżbę. Tymczasem mijały kolejne tygodnie, a bialscy wojskowi wciąż nie wiedzieli, co z nimi będzie. Większość informacji na swój temat czerpali z prasy, która opisując gigantyczne plany inwestycyjne spółki „Epit" mimochodem wspominała o możliwości pochłonięcia jednostki przez wielką inwestycję. Napięcie rosło z tygodnia na tydzień, a pytania o potwierdzenie bądź negacje plotek kierowane do WLOP i MON przez długi czas pozostawały bez odpowiedzi. Ta przyszła w pierwszych dniach września. Z początku „poczta pantoflowa", wygłaszana przez wysokich rangą oficerów WLOP, po kilku dniach potwierdzona przez ministra Obrony Narodowej Bronisława Komorowskiego, i acz spodziewana, to jednak zaskakująca wszystkich. Zgodnie z przekazem bialski garnizon miał iść „pod młotek" w kolejnym, 2002 roku. Do tego czasu z wojskowej mapy miał zniknąć miejscowy ośrodek szkolenia lotniczego wraz z komendą lotniska, jednocześnie jednak poinformowano, że sam ośrodek może zostać zlikwidowany wcześniej...

Było coś niepojętego w decyzji ministra Bronisława Komorowskiego, przyzwalającego na wyrzucenie w błoto milionów złotych na remont jednostki wojskowej i poniewierającego setkami żołnierzy i oficerów przerzucanych wraz z rodzinami z miejsca na miejsce. I choć łudzono się, że „klamka nie zapadła", tym niemniej dla wszystkich było oczywiste, że do ocalenia ośrodka potrzebny będzie cud. I właśnie teraz, na kameralnym spotkaniu z ministrem Komorowskim w świeżo wyremontowanej sali konferencyjnej ośrodka lotniczego w Białej Podlaskiej wyżsi oficerowie czekali na cud...

– Gdy dziś rano wyjeżdżałem z Warszawy – mówił cicho minister – byłem spokojny. Jestem bardzo zajętym człowiekiem, a mimo to zdecydowałem się przyjechać do was, bo miałem nadzieję...

W pełnej napięcia ciszy pochylił się do przodu, oparł o stół i mówił dalej, zniżając głos nieomal do szeptu.

– Bądźmy zupełnie szczerzy panowie. Spodziewałem się, miałem prawo się spodziewać, poparcia z waszej strony i pełnej współpracy przy jak najspieszniejszym załatwieniu tej nieprzyjemnej sprawy. Nieprzyjemna sprawa? –Uśmiechnął się kwaśno. – Dobieranie słów nic nie pomoże. Rozumiem, że niełatwo pogodzić się z tym, co nieuniknione, ale przecież nie ta jedna jednostka idzie do rozwiązania. Tymczasem doszły mnie słuchy o przypadkach niesubordynacji, a nawet jawnym kwestionowaniu mojej decyzji i nieparlamentarnych, a publicznie wygłaszanych, opiniach o kierownictwie MON. Sądziłem, że ktoś mnie wprowadza w błąd. Co tymczasem zastałem? – Powiódł wzrokiem po zebranych. – Oficerowie dowodzący jednostką jawnie sympatyzują z wyrazicielami takich poglądów.

– Przesada – pomyślałem. – Prowokuje...

W spotkaniu pozwolono uczestniczyć kilku przedstawicielom mediów, więc jako reporter mogłem śledzić jego przebieg. Zapewne nikt w MON nie spodziewał się, że kameralne spotkanie z podwładnymi przybierze taki obrót, i zamiast wizerunkowego sukcesu, będzie wizerunkowe Waterloo.

W słowach ministra Komorowskiego brzmiało pytanie, wezwanie do odpowiedzi, ale repliki nie było. Oficerowie siedzieli nachmurzeni.

– Nie zdołałem was przekonać, panowie? – kontynuował. – Uważacie, że dobór moich słów, jest nieco ...hm... nieprzyjemny? – Pochylił się do tyłu i patrzył na zebranych. Słowa i uszczypliwy ton ministra obrony narodowej nie wywołały reakcji. Oficerowie siedzieli bez ruchu. Twarz ministra Komorowskiego stała się zlodowaciała.

– Obawiam się, że nie potraficie obiektywnie spojrzeć na sprawy, panowie. Związaliście się z tym miejscem, a to zniekształca perspektywę. Czy muszę wyższym oficerom przypominać, że osobiste uczucia nie mogą być brane pod uwagę? Liczy się jedynie interes naszego kraju.

„Piękna mowa, naprawdę piękna, chociaż przypomina trochę melodramat. Ciekawe, czy on sam wierzy w to co mówi?" – zastanawiałem się. Okazało się, że nie byłem w tym osamotniony, bo kątem oka spostrzegłem, że jeden z oficerów w stopniu pułkownika, którego osobiście znałem dobrze od lat, uśmiechnął się ironicznie.

– Decyzja zapadła i nie ma mowy o tym, by została zmieniona. – Teraz głos ministra brzmiał kąśliwym akcentem. – To chyba wszystko, co można powiedzieć na ten temat, proszę panów.

Minister odczekał, aż inny z oficerów opanuje nagły atak kaszlu. – A potem pomyślimy o nowym miejscu służby, oczywiście dla tych, którzy nadają się do jej kontynuowania... Musicie panowie zapamiętać, że w żadnym razie nie będę tolerować kwestionowania decyzji.

Spod cienkiej warstwy uprzejmości przebijała wściekłość. Przy ostatnim słowie głos Komorowskiego nieco się załamał.

– Nonsens.

Minister szarpnął się w fotelu, zacisnął ręce na poręczach. Powiódł wokół wzrokiem i zatrzymał spojrzenie na oficerze, który śmiał wyrazić to, co zapewne większość myślała w duszy.

– Co pan powiedział, pułkowniku? – głos Komorowskiego brzmiał miękko, bezdźwięcznie.

– Nonsens! – z naciskiem powtórzył oficer. – Chciał pan szczerości, więc będę szczery. „Interes kraju"? Akurat. Jaki interes może mieć kraj w tym, by wyrzucać w błoto miliony złotych? Po co był ten cały cyrk z generalnym remontem wieży kontrolnej, wszystkich budynków, wymianą wind, modyfikacją pasów startowych, sprowadzaniem maszyn i ludzi, skoro teraz okazuje się, że wszystko to na nic? Bóg jeden wie, za pomocą jakich dziwnych skojarzeń, dzięki jakiej ekwilibrystyce myślowej, potrafi pan postawić znak równania między myśleniem propaństwowym, a marnotrawstwem milionów złotych i traktowaniem ludzi, jak worki ziemniaków przerzucane z miejsca na miejsce. – Oficer przerwał. W chwili milczenia wszyscy usłyszeli odpowiedź ministra Komorowskiego.

– Mam nadzieję, że pan jakoś usprawiedliwi swoją impertynencję...

– Usprawiedliwiać się? – oficer uśmiechnął się ze zmęczeniem. – Nie, panie ministrze, tego nie potrafię, ale chętnie uzasadnię swoje stanowisko. To może przynieść korzyść. Widzi pan tę naszywkę na moim mundurze: *„Per aspera ad astra"*? Przez ciernie do gwiazd. Być może tego pan nie wie, że to motto polskich lotników, które doskonale oddaje nasze samopoczucie, mieszanki romantyzmu z goryczą. Ze wskazaniem na gorycz – uśmiechnął się kwaśno.

Umilkł. Nikt nie przerwał milczenia.

– Dobiegają do nas głosy z ministerstwa, którym pan kieruje, że trzy ośrodki szkolenia lotniczego nie są potrzebne, bo wystarczą dwa, w Radomiu i Dęblinie, a idąc dalej, że może w ogóle lepiej w Polsce nie szkolić lotników, bo nie stać nas, no i mamy sojuszników. Najwyraźniej ktoś zapomniał o starym wojskowym przysłowiu, które mówi, że kogo nie stać na utrzymanie własnej armii, prędzej czy później będzie zmuszony utrzymywać cudzą. A odnośnie kwestii irracjonalnych pomysłów dotyczących lotnictwa wojskowego, to rozstrzygnęły ją wszystkie ostatnie wojny, zwłaszcza ta w Zatoce czy ta na Bałkanach. Dobitnie udowodniły, że dzisiejsza wojna konwencjonalna, to wojna lotników.

W pełnej napięcia ciszy można było usłyszeć przelatująca muchę.

– Jeszcze rok temu zapewniano nas, że w Białej Podlaskiej powstanie ośrodek szkoleniowy z prawdziwego zdarzenia. Minęło kilka miesięcy i okazuje się, że jesteśmy niepotrzebni. To po co szkolono nas od początku, po co była nauka pilotażu na śmigłowcach, po co to całe zawracanie głowy z przenoszeniem śmigłowców z Nowego Miasta do Białej Podlaskiej, po co robienie ludziom wody z mózgu? To niewybaczalne! Jeśli ktoś z obecnych będzie miał szczęście, to ucieknie do lotnictwa cywilnego, ale większość skończy jako instruktorzy nauki jazdy lub w firmach ochroniarskich. Ja na ciecia nie pójdę, dam sobie radę, tylko młodych lotników żal.

Przez dłuższą chwilę w sali panowała martwa cisza. Wysokie, delikatne zawodzenie wiatru i szelest gradu, który właśnie zaczął padać, wydawały się nienaturalnie głośne. Minister zerwał się nagle z krzesła. Zebrani oficerowie unieśli wzrok. Zrozumieli, że przegrali. Nie domyślali się, że byli na przegranej pozycji na długo przed tym, nim Bronisław Komorowski przyjechał do Białej Podlaskiej.

***

W „białym dworku" zebrała się ponad setka gości. Jedni stali z kieliszkami w rękach, inni siedzieli przy długich stołach zastawionych głównie regionalnymi, podlaskimi potrawami oraz wielkimi dzbanami wina. Jego Ekscelencja Biskup Praski, ksiądz Sławoj Leszek Głódź siedział w pełni splendoru przy głównym stole, mając po lewicy mężczyznę w średnim wieku i po prawicy starszego, na oko około siedemdziesiątki. Zauważyłem, że zaraz po wejściu biskup uścisnął starszego z mężczyzn na powitanie i w przyjaznym geście położył na ramieniu dłoń młodszemu, co było wyrazem dużej zażyłości.

Biesiada była wspaniała. Oprawiona w starym, dobrym, tradycyjnym stylu, który najwyraźniej przypadł do gustu solenizantowi i głównemu celebransowi. W tłumie jego gości mniej więcej jedną czwartą stanowili księża z południowego Podlasia i Warszawy, spośród których większość dobrze znałem – założyciele fundacji i stowarzyszeń, przedstawiciele mediów katolickich, organizatorzy pielgrzymek i jeszcze kilku, których nie znałem. Grono pozostałych uczestników imieninowej kolacji wypełniali ludzie na wysokich stołkach, przedstawiciele dużego biznesu i wysocy rangą oficerowie wojska polskiego. Wszyscy ci ludzie otrzymali rytowane zaproszenia na imieniny księdza biskupa, który uwielbiał Zaborek koło Białej Podlaskiej i, jak mi mówiono, pojawiał się tu systematycznie. Dobrze go rozumiałem.

Zanim po raz pierwszy odwiedziłem to niezwykle urokliwe miejsce, słyszałem o Zaborku legendy. O bocianach, które przylatują tam na piwo i popijają je wprost z kufla, o niezwykłym podlaskim krajobrazie, na który składały się opadające w dół całymi połaciami, dziesiątkami hektarów łąki i górujące nam nimi iglaste lasy, o przepięknie położonych niewielkich jeziorach, do których prowadziły kwieciste ścieżki zakończone wejściem na drewniane molo i stylową przystań, o zabytkowych dworkach przeniesionych tu gdzieś z granicy dawnych Kresów, południowego wschodu Polski, o zespole Rolling Stones, którego członkowie tak pokochali to miejsce, że ilekroć przyjeżdżają na doroczną aukcję koni w Janowie Podlaskim, zatrzymują się właśnie w Zaborku, gdzie czekają na nich zawsze te same, wybrane przez nich pokoje. Po raz pierwszy zmierzyłem się z legendą tego miejsca w 1996 roku, przy okazji imprezy integracyjnej, organizowanej przez redakcję regionalnego „Słowa Podlasia", w której zbierałem pierwsze dziennikarskie szlify. Choć od tego wydarzenia minęło czternaście lat, do dziś pamiętam wrażenie, jakie wywarł na mnie ten pierwszy pobyt. Z miejsca zrozumiałem, dlaczego ci, którzy bywali tu wcześniej, zawsze chętnie wracali w to miejsce. Z ogromnego okna drewnianego, stylowego, zabytkowego dworku rozciągał się niezapomniany widok na przepiękny krajobraz pól i łąk i na jezioro. Na środku urządzonego z gustem salonu stał wielki stół, naprzeciwko którego postawiono kamienny kominek, a na resztę umeblowania składały się wykonane ręcznie na dziewiętnastowieczną modę meble. Wszystko było starannie wysprzątane, bezpretensjonalne i niemal spartańskie, ale całość dowodziła wielkiego poczucia smaku. Okrasą tego miejsca okazała się też tradycyjna polska kuchnia, smaczna i wspaniale serwowana, a niewątpliwym dodatkowym smaczkiem możliwość przejazdu po tej przepięknej okolicy bryczką, z niezapomnianym woźnicą-gawędziarzem.

Woźnica nazywał się Marian Gryglas i był potężnie zbudowanym mężczyzną, o szpakowatych, lekko kędzierzawych włosach. Gdybym na własne oczy nie widział jego protezy nogi, nigdy bym nie uwierzył, że jest człowiekiem niepełnosprawnym. Kulał, ale zawsze chodził dynamicznie, prawie tak sprawnie, jak powoził bryczką.

W 1980 roku był w kadrze olimpijskiej w podnoszeniu ciężarów i gdy przygotowywał się do wyjazdu na olimpiadę w Moskwie, wpadł pod pociąg. Pomimo kalectwa nie zaniechał uprawiania sportu. Był uczestnikiem paraolimpiad w wyciskaniu sztangi leżąc, dwukrotnie zdobył mistrzostwo świata w tej dyscyplinie sportu, uczestnicząc w rozmaitych zawodach zwiedził cały świat, w Cannes z powodzeniem siłował się na rękę z Arnoldem Schwarzeneggerem i Sylwestrem Stallone. Przede wszystkim jednak był niestrudzonym gawędziarzem, który znał niezliczoną liczbę humorystycznych i interesujących anegdot, człowiekiem, którego twarz zawsze wyrażała sympatyczną mieszaninę zaskoczenia i dobrego humoru. Zaskoczenia, bo życie codziennie przynosi rozmaite niespodzianki, a dobrego humoru dlatego, że świat jest i zawsze będzie cudowny. Nieczęsto spotyka się takie oblicze, lecz jeśli już się je ujrzy, od razu zdradza ono przede wszystkim jedno – pogodę ducha. Zapewne o takich ludziach myślał Norwid, kiedy tęsknił: „Do tych co mają tak za tak i nie za nie bez światłocienia".

Ten niezwykły człowiek był właściwym uzupełnieniem niezwykłego krajobrazu w tym niezwykłym miejscu, które od czasów mojej pierwszej tam wizyty jeszcze się cudownie rozwinęło. Przybyły kolejne zabytkowe dworki, przeniesione z południowo-wschodniej Polski, przemienione w nietypowe hotele wiatraki, wspaniałe ogrody i ukryte za rozłożystymi drzewami obiekty sportowo-rekreacyjne. Tak więc przez lata Zaborek stał się jednym z tych „moich" cudownych miejsc sentymentalnych – obok Darłówka nad Morzem Bałtyckim i Tatr, w które jeździliśmy całą rodziną, kiedy tylko nadarzała się okazja, do których powraca się szczególnie chętnie. Czy mogłem przypuszczać, że miejsce to nabierze dla mnie także jakościowo zupełnie nowego znaczenia?

W tamtym czasie, w 2001 roku, nie wiedziałem jeszcze, kim są towarzyszący księdzu biskupowi, siedzący po obu jego stronach mężczyźni. Jednego z nich znałem z widzenia. Stary zmęczony człowiek w starym zniszczonym ubraniu. Zawsze tak o nim myślałem. Podniszczona marynarka – ilekroć go widziałem, miałem wrażenie, ze to zawsze ta sama marynarka – sprawiała wrażenie pamiętającej czasy tzw. „minionego okresu". Uzupełnienie obrazu stanowiła zmęczona twarz „wyposażona" w wysokie czoło, okrągłe policzki i równie zmęczone oczy. Był to obraz mylący. Wystarczyło bowiem zajrzeć głębiej w te oczy, by dostrzec w nich błyski wskazujące na fakt, że ich właściciel nie jest bynajmniej bezwolnym staruszkiem. Mariana Cypla przez szereg lat spotykałem w Zaborku, uroczym nomen omen uroczysku koło Janowa Podlaskiego. Spotykałem, to zresztą niewłaściwe określenie, trudno tak bowiem określić sytuacje, w których gdzieś z oddali widuje się samotnie, wolno przechadzającego się człowieka po rozległych łąkach Zaborka, które – jak mówiono – były po części jego włościami. Właścicielem Zaborka był i jest mieszkający w Białej Podlaskiej Arek Okoń, uroczy człowiek i wspaniały gawędziarz, który zna historię każdego przeniesionego tam z różnych miejsc w Polsce zabytkowego dworku i każdego posadzonego tam drzewa. Ilekroć tam jednak bywałem, słyszałem, że równoprawnym, choć nieoficjalnym współdecydentem jest mieszkający na uboczu Zaborka, w domu otoczonym palisadą i fosą, jego wój, Marian Cypel. Dopiero kilka lat później dowiedziałem się, że Marian Cypel, nazywany przez swoich gości „hrabią", był attaché w Wiedniu, a w rzeczywistości wiedeńskim rezydentem polskiego wywiadu, wcześniej odpowiedzialnym między innymi za kontakty decydentów PRL z hiszpańskim dyktatorem generałem Franco...

W pewnym momencie kątem oka spostrzegłem, że Cypel i drugi z towarzyszących księdzu biskupowi mężczyzn odeszli od stołu, zagarniając po drodze szklanki z jakimś trunkiem – odeszli szybkim krokiem, a w zasadzie pogalopowali na zewnątrz budynku, niczym zdychające z pragnienia wielbłądy do najbliższej oazy.

Drugiego z mężczyzn nie znałem nawet z widzenia. Intrygował mnie od jakiegoś czasu, bo zauważyłem, że właściwie nie robi nic, jak tylko kursuje pomiędzy „biskupim stołem", a ogrodem, co chwila wychodząc na przechadzkę z kimś innym. Zaciekawił mnie na tyle, że postanowiłem zapytać o niego ojca Marcina, zakonnika z Podlasia, który wprowadził mnie w środowisko informatorów z WSI i któremu „zawdzięczałem" pobyt na uroczystościach imieninowych Sławoja Leszka Głodzia. Tak naprawdę przyjechałem tu jednak, by spotkać się z bardzo dobrym znajomym ojca Marcin – bardzo ważną osobą, która miała mi do przekazania bardzo ważne informacje. Awizowany bardzo ważny gość solenizanta miał dotrzeć z opóźnieniem, więc póki co przyglądałem się z rosnącym zainteresowaniem innym jego gościom.

– Człowiek, o którego pytasz, to generał Józef Buczyński, najbardziej zaufany współpracownik Komorowskiego. Coś na wzór pełnomocnika. Wielu przyjechało tu dla niego, omówić sprawy, o których z pewnych względów nie powinni gadać w MON. Ustalenia z Buczyńskim są obowiązujące – wyjaśnił krótko.

– Jakie ustalenia, jakie sprawy?

– Wiem, że ostatnio dużo się mówi o naszym lotnisku...

O generale Józefie Buczyńskim usłyszałem później dwie ciekawe informacje, mówiące o nim całkiem sporo. Pierwszą stanowił fakt, że doktorat na WAT przygotowywał „wspólnie" z pewnym swoim kolegą oficerem – taki „dwuosobowy" doktorat, rzecz raczej niespotykana w cywilnym świecie akademickim, na uczelniach wojskowych zaś często praktykowana. Zwykle wówczas, gdy ktoś ważny chciał się dowartościować stopniem naukowym. Wiadomo chyba, jaki musiał być podział pracy i ról w takim dziwnym tandemie... Dowodem swoistej wdzięczności dr. Buczyńskiego dla kolegi z tandemu – i to była druga informacja o Buczyńskim – był fakt, że po uzyskaniu nominacji generalskiej zabronił swemu „współdoktorowi" zwracania się „per ty" – musiał przejść na formułkę „panie generale"!

– Drodzy przyjaciele – biskup wstał, by wznieść toast, przerywając nam tak interesująco zapowiadający się wątek. Wszyscy obecni idąc za przykładem gospodarza powstali z miejsc. – Pragnę podziękować wam wszystkim za przybycie. Uważam to za przysługę wyświadczoną mnie osobiście i dlatego czuję się dłużnikiem każdego z was. Odsuńmy dziś od siebie wszelkie zmartwienia i cieszmy się tym miłym wieczorem w tym miłym miejscu. – Ksiądz biskup mówił jeszcze długo, okraszając swoje przemówienie szeregiem dygresji i anegdot, które każdorazowo spotykały się z pozytywną reakcją zebranych. Poza tym nikt z obecnych nie przerywał. Jedni palili cygara, inni popijali drinki. Wszyscy byli dobrymi, cierpliwymi słuchaczami. Gdy skończył, rozległy się brawa i goście biskupa Sławoja Leszka Głodzia wypełnili toast, po czym z powrotem zajęli swoje miejsca. Nie zdążyli jednak dobrze usiąść, gdy po chwili ponownie wszyscy powstali. W drzwiach wejściowych stanął nie kto inny, tylko postać, którą do tego momentu znałem wyłącznie z okienka telewizora, bardzo ważny człowiek, który miał dla mnie bardzo ważne informacje – Były Premier...

Imieninowa impreza trwała do północy, by później przenieść się do „pracy w podgrupach", do hotelowych pokoi. Goście bawili się w najlepsze, ja tymczasem oczekując na spotkanie z Byłym Premierem co chwila musiałem się szczypać, by przekonać samego siebie, że naprawdę nie śpię i że to wszystko dzieje się naprawdę. Zastanawiałem się, jaki chichot losu połączył w jedno taką „menażerię": konserwatywnych biskupów i patriotycznych księży, rezydentów PRL-owskiego wywiadu i oficerów SB, pułkowników wojskowych służb tajnych i ich agenturę, byłych premierów i przedstawicieli obecnego kierownictwa MON? Myślałem o tym, co by na taki obrazek powiedział mój mentor i wykładowca w jednej osobie, ksiądz Ryszard Przymusiński, doktor psychologii i jezuita, który zawsze powtarzał mi, że niczemu nie należy się dziwić. Z pewnością coś w rodzaju: „nie oceniaj ludzi, bo wielu rzeczy nie rozumieją." Musiałem przyznać przed sobą, że tego dnia sam wielu rzeczy nie rozumiałem i byłem niczym przysłowiowe dziecko we mgle...

Po skończonej imprezie imieninowej zostałem na miejscu, by odbyć rozmowę w cztery oczy z człowiekiem, do którego nie miałem sympatii i szacunku. Ku mojemu zaskoczeniu ta pierwsza rozmowa była bardzo konkretna i trwała półtorej godziny. Zwłaszcza jej zakończenie zapamiętałem dobrze.

– Może mnie pan zasypać pytaniami, ale wolałbym, żeby pan tego nie robił i żeby uwierzył mi pan na słowo. Nie mam ochoty wyjaśniać pobudek ewentualnego udostępniania panu kontaktów, dzięki którym uzyska pan niektóre informacje o moich partyjnych kolegach. Powody, dla których się spotykamy, zostawiam dla siebie, ale mogę pana zapewnić o jednym: wszystko, co będzie panu ujawnione tą drogą, jest i zawsze będzie prawdą, i do tego bardzo unikatową prawdą, do jakiej dostęp mają nieliczni.

– W normalnej sytuacji, panie premierze, powiedziałbym, że nie obchodzą mnie motywy, a przynajmniej nie one są dla mnie najważniejsze. Clou dla każdego dziennikarza śledczego prawie zawsze stanowi informacja. To, czy jest prawdziwa i ciekawa dla czytelników. Reszta nie powinna aż tak bardzo się liczyć. – Zatrzymałem się, bo szukałem właściwego doboru słów.

– Uważam jednak – podjąłem przerwany wątek – że w tym wypadku sytuacja jest na tyle nietypowa i na swój sposób nawet chora, że mimo wszystko chciałbym zadać panu jedno pytanie.

Były Premier przez dłuższą chwilę patrzył mi prosto w oczy.

– Marcin przekonał mnie, że jest pan odpowiednim człowiekiem, że będzie pan zainteresowany tylko informacjami i niczym innym, w żadnym razie nie motywami, dla których będę je panu przekazywać – powiedział z naciskiem.

– Tylko jedno pytanie – nie odpuszczałem.

Przez chwilę ważył coś w sobie, nim krótko odpowiedział.

– Proszę – rzucił wreszcie.

– Czy pan to robi, bo chce się zemścić?

Podniósł się z mozołem, jakby miał zamiar wyjść, ale zamiast tego, sięgnął do leżącej na krześle obok teczki. Wyjął z niej plik papierów i położył na stole przede mną.

– Proszę to przejrzeć i jeśli będzie pan zainteresowany resztą, spotkamy się jeszcze raz. A może wiele razy. Proszę to przemyśleć.

***

Normalnie nie chodzę do takich restauracji, gdzie za małą kawę trzeba zapłacić kilkadziesiąt złotych, a ceny czegoś mocniejszego zaczynają się od setek złotych. I nie chodzę tylko dlatego, że nie jestem smakoszem ani kawy, ani mocnych trunków, a po prostu z tej prostej przyczyny, że nie mogę sobie na to pozwolić. Jako dziennikarz śledczy miałem zawsze ograniczone fundusze, a tym bardziej jako uprawiający ten fach tzw. „wolny strzelec". Bywały jednak sytuacje, gdy sprawy budżetu musiały zejść na dalszy plan. To była jedna z takich sytuacji.

Restauracja na dolnym Mokotowie, opodal „domu bez kantów", jak niektórzy nazywali ambasadę rosyjską, może i nie jest, jak reklamują się jej właściciele, najlepszą w Warszawie, ale nie podałbym ich do sądu za wprowadzanie w błąd. Od kawioru aż po deser jedzenie było przepyszne. Szara pluszowa kanapa, na której siedziałem, była szczytem restauracyjnego komfortu, więc rozparłem się na niej, podniosłem szklankę do góry i potwierdziłem wzniesiony przez gospodarza kolejny toast: za spotkanie.

– Za spotkanie – odpowiedziało dwóch mężczyzn siedzących po bokach...

Nigdy nie dowiedziałem się, jak doszło do tego, że spotkaliśmy się w takim właśnie gronie. Spotkanie, na którym Były Premier miał przekazać mi kontakt do osoby dysponującej cennymi informacjami, miało odbyć się w cztery oczy. Nalegał na to mój informator, co zresztą było dla mnie zrozumiałe i oczywiste. Zdziwiłem się, że chce spotkać się w takim właśnie miejscu, gdzie, zważywszy na to kim był, ryzyko denuncjacji było spore, niemniej wyjaśnił mi, że w restauracji są zamykane boksy, no i w tamtym czasie, zgodnie z naukami mojego mentora, jezuity dr Ryszarda Przymusińskiego, nie dziwiłem się już prawie niczemu. Po prostu wiedziałem już tyle, że coraz trudniej było mnie zadziwić.

A jednak Byłemu Premierowi udało się.

Gdy wszedłem do restauracji, kelner zaprowadził mnie na górę i wskazał wydzielony, mały salonik, gdzie po otwarciu drzwi zaniemówiłem.

Przy zastawionym stole obok Byłego Premiera siedziało dwóch znanych dziennikarzy: Marek Król i Piotr

Gabryel – właściciel i naczelny w jednej osobie oraz wicenaczelny Tygodnika „Wprost". Stanąłem w progu kompletnie nie wiedząc, jak się zachować ani co robić dalej.

– Proszę wejść panie Wojtku – powitał mnie Były Premier i zapraszającym gestem wskazał miejsce. – Właśnie o panu rozmawialiśmy i czekaliśmy na pana. – Poczekał, aż zajmę wskazane miejsce.

– My już tu jakiś czas sobie gaworzymy, więc musi pan nadrobić dzielący nas dystans. – Mówiąc to i nie pytając o zgodę nalał mi ponad pół szklanki stojącej na stole wódki.

– Na dobry początek – podał mi szklanicę.

Nigdy nie byłem specjalnym amatorem alkoholu, a do 26. roku życia, do własnego ślubu, wręcz jego zaprzysięgłym wrogiem i całkowitym abstynentem, a i później piłem symbolicznie i raczej sporadycznie. Mój organizm źle znosił alkohol, a jeśli już, to co najwyżej delikatne drinki. Widok wypełnionej do połowy szklanki czystej wódki napawał mnie niepokojem, dlatego z niechęcią przyjąłem wręczany mi trunek.

– Proszę skosztować, będzie nam się lepiej rozmawiało.

Ledwo zdążyłem odstawić szklankę na stół, gdy momentalnie ponownie została napełniona.

– Nie, dziękuję, nie będę więcej pił.

– Zaskakuje mnie pan. – Westchnął ciężko i nie wydawał się ani trochę zaskoczony. – Drogi przyjacielu, to bardzo utrudnia nam sprawę. Mamy takie powiedzenie: kto nie pije, ten nagrywa. Pan to nasze spotkanie nagrywa? – pytanie miało wyglądać na wypowiedziane żartem, ale mój szósty zmysł podpowiadał mi, że to nie był żart.

Podniosłem ręce w geście, który wskazywał, że jestem gotowy poddać się przeszukaniu.

— To zupełnie nie jest potrzebne, żartowałem przecież — rzucił Były Premier. — Po prostu niech się pan wyluzuje i z nami napije...

W „najlepszej restauracji w Warszawie" spędziliśmy ponad trzy godziny. Jedliśmy, piliśmy i rozmawialiśmy o niczym. I choć z Markiem Królem i Piotrem Gabryelem widywałem się później wielokrotnie, nigdy nie wróciliśmy do tego spotkania. Zakładałem, że to miasto jest niczym orkiestra, w której każdy coś gra, i często sobie tylko znaną melodię. Skoro grałem ja — myślałem — oczywiście mogli grać także inni dziennikarze i mieli do tego pełne prawo, a na pewno grał również Były Premier.

Od niego też nie dowiedziałem się nigdy, dlaczego „spotkanie w cztery oczy" miało taki, a nie inny przebieg — podobnie jak z dwoma redaktorami, także w rozmowach z nim nigdy już nie wracaliśmy do tego dziwnego *randez-vous*. Czy miał być to rodzaj testu, próby? Nie wiem. Wiem tylko, że od tego dnia Były Premier „wszedł w rolę", dzięki czemu uzyskałem sporo nowych kontaktów i sporą garść naprawdę cennych informacji. I uzyskiwałem długo...

***

Urywane fragmenty tych i wielu innych wydarzeń z nieodległej przeszłości, w których uczestniczyłem i które znałem z autopsji, powracały teraz z siłą tsunami, niszcząc i przewracając do góry nogami wszystko, w co dotąd wierzyłem, co myślałem i co wydawało mi się, że istnieje. Wydarzenia z bialskiego lotniska, Zaborka czy odnoszące się do Byłego Premiera traktowałem w kategoriach „klimatów", zastanawiających, a niekiedy szokujących i mrocznych, ale kompletnie od siebie oderwanych. Zagłębiając się w szczegóły napływających informacji o „Pro Civili" i związkach z tą Fundacją prominentnych osób z Bronisławem Komorowskim na czele odkryłem, że pojawiła się przede mną zupełnie nowa okoliczność, obalająca wszystko to, co dotąd o tych wydarzeniach myślałem. Miałem przed sobą pajęczą sieć, rozstawioną niezwykle szeroko i tak zakamuflowaną, że dla osób niezorientowanych kompletnie niewidoczną. Ale ta sieć była faktem. Co do tego nie miałem najmniejszych wątpliwości. Wszystkie nitki łączyły się ze sobą, a pociągniecie jednej wywoływało rezonans innych, pozornie odległych i ze sobą niepowiązanych. A łączył je jeden człowiek. Nie musiałem stawiać kropek nad „i"...

Gdybym jeszcze miał w tym zakresie wątpliwości – a Bóg mi świadkiem, że już nie miałem – to musiałbym się ich pozbyć po dwóch spotkaniach, jakie odbyłem w odstępie zaledwie kilku dni.

***

Marek był pierwszy. Tak było zawsze. On zawsze jako pierwszy wszystko wiedział i o wszystkim słyszał. Pierwszy przynosił newsy z miasta, takie, o których media pisały dopiero kilka miesięcy później, i takie, o których nie napiszą nigdy. Pierwszy wiedział o grach PR-owców, przykrywających ważne informacje pseudofaktami, i o tym, co jest na redakcyjnych „szczotkach". Także na spotkania ze mną przychodził pierwszy, choć zawsze to on dosiadał się do mojego stolika, nigdy odwrotnie. Wchodząc punktualnie o dziewiątej do „Szparki", popularnej restauracji na Placu Trzech Krzyży w Warszawie, zauważyłem go od razu. Siedział jak zwykle pochłonięty lekturą porannej prasy, z kanapką z serem w ręku. Godzinę wcześniej zadzwonił na ten numer mojego telefonu, który znany był tylko jemu. Telefon na jedną osobę. Sam miał podobny.

– Za godzinę tam gdzie zwykle – rzucił krótko.

Jak zawsze oszczędny w słowach. Gdy próbowałem kiedyś zażartować z tej przesadnej – jak sądziłem – ostrożności, nie podjął żartu.

– Telefony, nawet takie, są tylko od umawiania się na spotkania. A ty za dużo gadasz, przez co sobie i innym napytasz kiedyś biedy.

Minąłem go teraz bez słowa i wszedłem na piętro. Zamówiłem caffè latte i czekałem. Przysiadł się po kwadransie. Podaliśmy sobie dłonie.

– Moje źródła podają, że to zajebiście dobre informacje – rozpoczął bez zbędnych wstępów. – Nie wiem, skąd to masz i nawet nie chcę tego wiedzieć, ale jednego jestem pewien. Ten, kto ci to dał, ma dostęp do tajemnic opatrzonych klauzulą najwyższej tajności.

– Nie znalazłeś niczego, co byłoby kłamstwem, czy choćby mieszanką prawdy i kłamstwa?

Pokręcił przecząco głową.

– Naprawdę żadnego fałszywego tropu?

– Tym razem żadnego. Gość wiedział, że go sprawdzisz i dlatego sprzedał ci newsa. I powiem ci jeszcze, że według moich źródeł to diabelnie niebezpieczny news. Idąc tym tropem rzeczywiście dojdziesz do kręgu znajomych pułkownika Jerzego K. i Roberta Poczmana, a ten ostatni podobno jest nietykalny.

– Nie ma ludzi nietykalnych.

– Uwierz mi, że są, choć jeśli idzie o Poczmana, to masz częściowo rację. Raz powinęła mu się noga. Przesiedział kilka miesięcy w pace, ale jak już go wyciągnęli, to sprawa umarła i do tej pory nie odbyła się żadna rozprawa. Spotkania tego towarzystwa odbywały się w hotelu Orle Gniazdo w Szczyrku. Poczman przejął ten kompleks w 1999 roku od Huty Katowice w dość zawiłych okolicznościach, ale to temat na oddzielną rozmowę. Mam mówić dalej?

– Mów, zaciekawiasz mnie coraz bardziej.

– Poczman był lub jest udziałowcem tak wielu spółek i przedsiębiorstw, że ich wyliczenie zajęłoby nam pół godziny. Mógłbym ci dostarczyć całą listę, tylko po co ci to?

– Czasami dobrze wiedzieć.

– Uwierz mi, że częściej lepiej nie wiedzieć.

– Opowiadaj dalej.

– Policja podejrzewała Poczmana o kontakty z chłopcami z „Pruszkowa". Nie bez przyczyny. Obejrzyj to sobie.

Z poły marynarki wyjął kopertę i położył ją na stole. Zdjęcia przedstawiały różne osoby w trakcie różnych spotkań. Były robione z dużej odległości, ale miały odpowiednią ostrość. Musiał robić je profesjonalista. Nie pozostawiały złudzeń odnośnie do charakteru znajomości występujących na nich osób. Na wszystkich uwidoczniony był nieznany mi mężczyzna w towarzystwie czołówki gangsterów z „Pruszkowa".

– To Robert Poczman, a pozostałych znasz.

W milczeniu skinąłem głową. Henryka Niewiadomskiego „Dziada", Ryszarda Szwarca „Kajtka", Leszka Danielaka „Wańkę" czy Andrzeja Zielińskiego „Słowika" rozpoznałby nawet początkujący dziennikarz śledczy. Zdjęcia wskazywały na zażyłość występujących na nich osób.

Włożyłem zdjęcia w kopertę i oddałem Markowi.

– Były też sygnały, że Poczman może być uwikłany w handel bronią i metalami strategicznymi z terenów byłej Wspólnoty Niepodległych Państw. Jak się domyślasz, nic mu nie udowodniono. W 1997 roku zgłosił się do Cenzinu w towarzystwie dwóch „ruskich". Złożyli ofertę zakupu sprzętu wojskowego na rynek afrykański, a cztery lata później uczestniczył w rozmowach dotyczących transakcji na samoloty Su-30 między Rosją a Pakistanem. Podejrzewano, że miał być pośrednikiem. W trakcie rozmów i negocjacji powoływał się na kontakty z UOP i WSI. Potwierdzeniem, że nie blefował, była sprzedaż w tym samym roku kilkuset ton paliwa pochodzącego z jednostki wojskowej w Zielonce, objętej ochroną Wojskowych Służb Informacyjnych. Paliwo trafiło do stacji między innymi we Wrocławiu, a dalej rozpłynęło się przez sieć „firm-krzaków". Przez cały ten czas Poczman utrzymywał kontakty z rosyjskimi oficerami odpowiedzialnymi za handel uzbrojeniem, miał współpracować z ludźmi z bezpośredniego otoczenia generała

Graczowa odpowiedzialnymi za transakcje specjalne, w tym utworzenie jednego z banków w Szwajcarii. Do najbliższych współpracowników Roberta Poczmana należał Wiesław Huszcza, ten od Korporacji Rozwoju Wschód-Zachód. Pod koniec lat dziewięćdziesiątych Huszcza działał tam z niejakim Ryszardem Grabasem. Ten temat jest ci chyba znany, bo przecież ci sami ludzie działali też w Białej Podlaskiej.

W milczeniu skinąłem głową. W tej kwestii wiedziałem już więcej, niż chciałbym wiedzieć.

Marek zrobił krótką pauzę.

– Zastanów się, czy warto się w to zagłębiać.

– Opowiedz mi jeszcze o tym K.

– Pułkownik, znajomy ministra Bronisława Komorowskiego i kilku innych na wysokich stołkach. Za komuny wpływowy oficer WSW, po jej upadku – jak sam zeznał – pośredniczył w kontaktach między „Baraniną" i ludźmi WSI. Do „Baraniny" zwracał się per „szefie" lub „panie prezesie", bywał w jego domu w Austrii, systematycznie odwiedzał jego matkę i siostrę. Za pośrednictwem „Baraniny" poznał wiele osób, m.in. Jacka Szczygielskiego, z którym kooperował w temacie gruntów pod budowę supermarketów. Co ciekawe, ten ostatni był konsulem honorowym Liberii w Warszawie.

– Podobnie jak „Baranina" w Bratysławie.

– Dokładnie. Wracając do K., w latach 1992-1997 służył w Sztabie Obrony Cywilnej Kraju, później był szefem Wojewódzkiego Inspektoratu Obrony Cywilnej w Skierniewicach. Przyjaciel kilku ważnych prokuratorów i policjantów, między innymi Dariusza Janasa, byłego rzecznika prasowego Komendy Stołecznej Policji. Ten krąg relacji dla chłopców z „Pruszkowa" był bezcenny, bo umożliwiał monitorowanie najistotniejszych śledztw. Na przykład po zabójstwie ministra sportu Jacka Dębskiego K. na bieżąco przekazywał Barańskiemu informacje o postępach w sprawie, chwalił się, że ma możliwość nie tylko monitorowania śledztwa, ale też wpływania na jego bieg. No i na koniec wisienka na torcie: K. był rozpracowywany pod kątem współpracy z GRU. Wiele poszlak na to wskazywało, ale w pewnym momencie sprawie ukręcono łeb. Naprawdę zastanów się, czy warto się w to wgłębiać.

– Już to gdzieś słyszałem.

– Proszę?

– Nic takiego, myślę tylko na głos. Na razie w nic się nie zagłębiam. Chciałem tylko coś sprawdzić...

– Nie idź tym tropem. Zbyt wiele osób mogłoby się wkurzyć.

***

Drugie spotkanie odbyłem niecały tydzień później. Siedziałem w barze, gdzie gliniarze i dziennikarze nie płacą za drinki. Przyszedłem przed umówiona godziną, ale nie czekałem długo. Mój informator, oficer Wojskowej Akademii Technicznej, w rzeczywistości przykrywkowy pracownik WSI, przyszedł punktualnie. Poznałem go kilka miesięcy wcześniej, gdy przyprowadził go do mnie znajomy z CBŚ. We dwóch „sprzedali" mi niezwykle interesującą historyjkę, równie frapującą, co bezużyteczną. Była to historia jednego z młodych ministrów. Człowiek ów, uważany do tego momentu za „rycerza na białym koniu", okazał się bywalcem Domku Myśliwskiego usytuowanego na terenie Wojskowej Akademii Technicznej, który dzierżawił i wynajmował były szef ochrony Lotniska Okęcie. Ponieważ domek ów był miejscem schadzek półświatka i brutalnych orgii z udziałem „chłopców z miasta", stał się obiektem inwigilacji „polskiego FBI". Okablowany i zaopatrzony w mini kamery przyniósł ocean interesujących informacji, do czasu, aż przyniósł taką, która wywołała szok. Na jednym z nagrań jednej z orgii ujawniono „rycerza na białym koniu". Film nie zostawiał pola do interpretacji: minister nie tylko korzystał z usług prostytutek, co może jeszcze uszłoby mu płazem, ale okazał się też amatorem narkotyków, co już płazem ujść nie mogło. Takie słabości mógłby wykorzystać obcy wywiad, a że nasz bohater był szefem ważnego strategicznie ministerstwa, z dnia na dzień przestał być ministrem. Przyczyn, dla których tak się stało, nigdy nie wyjawiono. Ktoś widocznie uznał, że tak będzie lepiej, a że podobnie uznali dwaj moi informatorzy, więc chcąc nie chcąc na ich prośbę także ja odstąpiłem od nagłaśniania tej historii. I teraz jeden z nich, „przykrywkowy" oficer WAT, wracał do mnie z nowym newsem...

– Witaj – rzucił krótko na powitanie. Zagłębiony w lekturę gazety nie zauważyłem, jak wszedł do baru.

– Witaj. Gdzie się podziewałeś?

– Jeśli będziesz nieostrożny, to po tym, co ci powiem, lepiej szybko pozałatwiaj wszystkie swoje sprawy – rzucił krótko. – Dla mnie to już bez znaczenia, ale ty musisz uważać.

Z miejsca odłożyłem na bok trzymaną w ręku gazetę.

– Dlaczego?

– Jest pewna rzecz z przeszłości. To było przed sześciu laty. Na początku 2001 miałem sprawdzić handlowca, Rosjanina z ambasady, który mógł zmienić stronę. Delegacja handlowa za dnia, picie nocą. Chyba nie sypiał. Jedna rozmowa i wiedziałem, że to blef. Nie zajmował się handlem. Swój pozna swego. Chyba czekał na kontakt, albo szukał naiwniaków, takich jak ja.

– Powinieneś go sobie odpuścić.

– Tak.

– Ale nie odpuściłeś.

– Nie.

– Dlaczego?

– Miał konkubinę. Wpojono we mnie, żebym co do kobiet zaufał instynktowi. A on podpowiedział mi, że miała ważne informacje. Poznaliśmy się... Mniej więcej po dwóch miesiącach, powiedziała krótko: „Wiem kim jesteś i mam coś do zaoferowania. Chcę nowego życia i nowej tożsamości, najlepiej za Oceanem". Zaskoczyła mnie, ale panowałem nad sytuacją, więc w końcu wyjawiła mi, co chciała sprzedać. Nie wiedziałem, komu mogę przekazać wiadomość o najwyższym priorytecie. Swoim przełożonym już nie ufałem. I wtedy pomyślałem o szefie MON.

– Dlaczego właśnie o nim?

– Wierzyłem, że minister z „Solidarności", działacz opozycji, jest poza podejrzeniami. Powiedziałem, co usłyszałem. I czekałem na reakcję. Tygodniami. Tymczasem nic się nie działo, zupełnie jakbym nie przekazał żadnej informacji. A potem nagle Rosjanie zareagowali. „Przyjaciel" Anny – tak miała na imię – zginął w wypadku. Zrozumiałem. Chciałem ją ratować, ale ona zniknęła. Szukałem wszędzie. Kamień w wodę. Po kilku miesiącach dowiedziałem się, że wsadzili ją na konwejer. Nie pytaj skąd to wiem, ale wiem. Nigdy więcej jej nie widziałem. To wszystko.

– Może ktoś był nieostrożny... Dlaczego mówisz mi to po tylu latach?

– Może. Ale myślę, że to nie był przypadek. Chyba że uważasz, że było inaczej. Mówię o tym, bo już się nie boję.

– Nie spotkałem nikogo tak odważnego...

– Nie jestem odważny, tylko urżnięty. Pewnie zauważyłeś. A piję, bo zostało mi kilka miesięcy życia. Co mogą mi zrobić? – Zamilkł na chwilę. – Wiesz, w „AA" mamy takie powiedzenie: „nie poddawaj się tuż przed cudem, bo jak się poddasz, nie dowiesz się, że cud był blisko". To zresztą dotyczy nie tylko alkoholików. – Spojrzał mi głęboko w oczy. – Ludzie boją się nie tego, co trzeba. Ja boję się już tylko Boga, zbyt wiele złych rzeczy w życiu zrobiłem...

Nie spotkałem go nigdy więcej.

***

Aby otworzyć komuś oczy, potrzeba niekiedy całego życia, by ujrzeć – wystarczy błysk chwili. Do pełnego domknięcia koła wciąż było daleko, ale całą układankę miałem już wyłożoną, jak na tacy. W moim przypadku owa „chwila" zajęła kilka miesięcy i jeśli po tym czasie miałbym jeszcze jakieś wątpliwości, to kolejne spotkanie z nadkomisarzem pozbawiłoby mnie ich ostatecznie.

– Wiem coś, czego nie wiesz. O twoim lotnisku. I wiem kto za tym stał.

– Co powiedziałeś?! – Przyglądałem się swojemu rozmówcy.

– Powiedziałem, że likwidacja ośrodka w Białej i przeznaczenie lotniska dla Turka było na rękę Rosjanom. Toy był w tej rozgrywce pionkiem.

– Skąd to wiesz?

Wzruszył ramionami.

– Wielu ludzi o tym wiedziało. To była sytuacja, w której decydenci z Agencji Mienia Wojskowego współdziałali z MON. Większość poleceń przekazywano ustnie, ale to, co możliwe, dostaniesz albo powiem, gdzie tego szukać. Nie znam odpowiedzi na wszystkie pytania, nie mogliśmy zajmować się kontrwywiadem.

– O co naprawdę chodziło?

– To dobre pytanie! Moje źródła uważają, że kluczowa była nowa doktryna rosyjska, według założeń której Polska miała być ważnym kanałem dla surowców strategicznych z Rosji i państw byłego Związku Sowieckiego do Europy Zachodniej. Chodziło o materiały rozszczepialne, metale ziem rzadkich itp. Biała Podlaska była dobrze ulokowanym punktem na tej mapie. Przy okazji, ale w innych kierunkach, przerzucano broń. W tym przypadku istotny był fakt, że uzbrojenie i sprzęt wojskowy, jakim dysponowało Wojsko Polskie, produkowano w oparciu o licencje sowieckie, co do których prawa rościła sobie Federacja Rosyjska. W interpretacji Rosjan zawarte w latach osiemdziesiątych umowy licencyjne obligowały stronę polską do informowania strony rosyjskiej o rejonach eksportu uzbrojenia licencyjnego i wnoszenia opłat w wysokości pięciu procent wartości wyeksportowanego sprzętu. Fakt ten determinował działania WSI w branży obrotu specjalnego. Ochrona licencji uzbrojenia pozostającego na wyposażeniu polskiej armii stawała się więc *de facto* ochroną interesów rosyjskich pod pozorem rzekomej osłony kontrwywiadowczej interesów polskiego przemysłu zbrojeniowego. Zinfiltrowane przez rosyjską agenturę Biuro Bezpieczeństwa Narodowego było przeciwne jakiemukolwiek podporządkowaniu handlu bronią administracji cywilnej rządu RP, w tym powołaniu urzędu dla koordynacji wydawania koncesji. Zamiast tego BBN zaproponowało „demonopolizację handlu". BBN uważało, że należy zwiększyć liczbę podmiotów gospodarczych uprawnionych do handlu zagranicznego sprzętem specjalnym. Pomysł zakładał, by w koncesjach określać obszar terytorialny działalności określonego przedsiębiorstwa. Jak wynika z tajnych akt WSI, zamiar ten częściowo zrealizowano. Powoływanym wówczas przez służby specjalne przedsiębiorstwom wyznaczono obszar działania (np. Falcon miał działać wyłącznie na obszarze północno-zachodnim). Natomiast firmy nieautoryzowane przez WSI na koncesję nie miały szans. Fakt ten dowodzi, że cała ówczesna koncepcja handlu bronią związana była bezpośrednio z wyprzedażą sprzętu postsowieckiego i zapewne ukształtowana została w oparciu o sowieckie dyrektywy, przedstawiane wyższym oficerom wojskowych służb specjalnych podczas szkoleń w Moskwie. Za tymi proceduralnymi sporami kryła się walka o wpływy z handlu bronią, a zwłaszcza olbrzymimi zasobami sprzętu poradzieckiego, wciąż mającego zbyt w krajach trzeciego świata. W tle zaś pozostawała rosyjska koncepcja utrzymania wpływów politycznych poprzez utrzymanie Polski i innych krajów Europy Środkowej w sferze handlu rosyjską bronią, a zwłaszcza sowieckie dążenia do utrzymania monopolu na uzbrajanie armii krajów byłego imperium sowieckiego. Kolejnym krokiem BBN w dziedzinie handlu bronią była inicjatywa utworzenia „organu państwowego" przy MON, podporządkowanego właściwemu wiceministrowi. Nowo utworzonej jednostce miano powierzyć koordynację całokształtu działań związanych z obrotem sprzętem specjalnym. Równocześnie generał brygady Konstanty Malejczyk oraz komandor Stanisław Terlecki pod pozorem monitoringu handlu bronią za granicą, a właściwie dla czerpania zysku, zamierzali wykorzystać w tym celu firmę należącą do Jerzego Dembowskiego „Cenrex" lub „Profus Menagment" Marka Profusa. Ostatecznie obic firmy uznano za nienadające się do zrealizowania tych zamierzeń i w ostateczności wywiad wojskowy postanowił wykorzystywać w tym celu firmę „Steo" Edwarda Ochnio. Tak więc lotnisko w Białej Podlaskiej, jako baza przerzutowa, z wielu względów stanowiło intratny kęsek. Nie wiem, dlaczego przerwano całą operację. Być może ktoś przełożył wajchę, a być może wydarzyło się coś innego, ale ważniejsze jest inne pytanie: kto mógł to zorganizować? Chyba nie muszę stawiać kropki nad „i".

– Nie musisz.

– Kto był władny przez tyle lat utrzymywać to wszystko w tajemnicy? Jeśli znajdziesz odpowiedź, masz szansę doprowadzić do historycznego procesu.

– Brakuje mi twardych dowodów.

– Będą ludzie, którzy pomogą. Nie tylko ja. Musisz

to dokończyć. Zabiliby cię, ale o zabójstwie dziennikarza zrobiłoby się głośno, skupiłoby i ściągnęło uwagę, a oni lubią ciszę. Dlatego będą podważać twoją wiarygodność. Robili to już wcześniej wiele razy, wykorzystają każdy błąd. Teraz nie możesz już się zatrzymać. Ludzie chcą znać prawdę, a prawda jest po naszej stronie.

– Co mam robić?

– Musisz założyć, że jesteś śledzony. Jeśli masz nie-załatwione sprawy, to je załatw – pomyślałem, że już to gdzieś słyszałem, więc odparłem krótko.

– Nie mam niezałatwionych spraw, wszystko już za-łatwiłem.

Spojrzał mi prosto w oczy.

– Mówiłem ci, że bałem się powierzać ci tę sprawę? Były inne kandydatury, ale musiałem dokonać wyboru. Niektórzy uważali, że jesteś za miękki.

– Mieli rację.

– Ale nie do końca

– Nie do końca.

ROZDZIAŁ VIII
OBIEKT 09120

OBIEKT 09120

Mijały kolejne miesiące, w trakcie których prowadziłem dziennikarskie śledztwo rozpoczęte od „Pro Civili" i zmierzające w trudnym do odgadnięcia kierunku. Tony makulatury, niekończące się rozmowy i przesiadywanie po knajpach stały się treścią mego życia. Byłem zmęczony, bardzo zmęczony, choć przecież nie było to dla mnie nic nowego. W tamtym czasie byłem przyzwyczajony do wielomiesięcznych śledztw i długofalowej roboty...

Zaczęło się od „terespolskiej ośmiornicy". Miałem wówczas niespełna dwadzieścia siedem lat. Do dziś nie potrafię wytłumaczyć, dlaczego w majowy poranek połączyłem ludzi ubranych w ciężkie zimowe palta, stojących na dworcowym peronie, z samochodami dostawczymi parkującymi pod dworcem w Terespolu, ale gdy tylko ujrzałem ten kontrast – dwadzieścia stopni w cieniu i zimowe palta – pomyślałem, że jest to co najmniej dziwne. Jeszcze dziwniejszy wydał mi się fakt, że nikt na ten kontrast nie zwracał uwagi. Dla mnie, przybysza z Warszawy, który od kilku miesięcy mieszkał w Białej Podlaskiej, była to zagadka, której nie potrafiłem sobie wytłumaczyć. Gdy zapytałem o to kolegę z redakcji, lekceważąco machnął ręką. – To tylko „mrówki", drobni przemytnicy. Żaden temat.

Coś mnie w tym jednak zaintrygowało, bo wbrew radom postanowiłem pojechać do Brześcia, by przyjrzeć się „mrówkom" w „pracy". Już po pierwszym wyjeździe wiedziałem o tej robocie wszystko. Podróżni, stali bywalcy w tej branży, błyskawicznie rozpoznali we mnie nowego i udzielili darmowego instruktażu. Zdradziło mnie to, że jako jedyny pasażer w wagonie miałem wykupiony bilet. Pozostali robili zrzutkę do konduktorskiej czapki. Z udzielonej mi instrukcji – w roli instruktorki wystąpiła miła starsza pani, która do Brześcia jeździła dwa razy dziennie z... wnuczką – wynikało, że najlepsze, bo czterokrotne przebicie jest na spirytusie.

– Woreczki ze spirytusem najlepiej obwiązywać taśmą samoprzylepną wokół całego tułowia. Spirytus kupi pan już na dworcu, nie będzie z tym problemu. Tak samo papierosy. Na tych też zarabia się nieźle, ale trudniej je schować. Zresztą sam pan zobaczysz – tłumaczyła.

Kontrola celna po stronie białoruskiej okazała się fikcją. Początkowo białoruscy celnicy i pogranicznicy grozili „sztrafami", ale na moich współtowarzyszach podróży nie robiło to żadnego wrażenia. Gdy zapytałem o to moją „przewodniczkę" z wnuczką, wytłumaczyła, że średnia stawka to pięć dolarów od osoby i po temacie. W drodze powrotnej wagon przypominał cysternę ze spirytusem. Alkohol w woreczkach był wszędzie. Przywiązany do ciał, schowany pod zimowymi kurtkami, w torbach podróżnych, w ścianach, pod sufitem i pod podłogą. Z przerażeniem myślałem o tym, że drobny niedopałek papierosa mógłby zamienić cały ten skład w pędzącą po torach pochodnię. W drodze powrotnej do Polski po wagonie również krążyła konduktorska czapka, zapełniająca się banknotami i monetami. Każdy dawał, ile uważał, nikt nie wybrzydzał, że sąsiad dał za mało. Także kontrola po polskiej stronie granicy była więcej niż iluzją. Pogranicznicy i celnicy zadowolili się kilkudziesięcioma woreczkami spirytusu i tyluż kartonami papierosów, co w skali wagonu stanowiło promil przemycanych towarów. Na całe to zjawisko patrzyłem z szeroko otwartymi oczami, jak na coś, co nie dzieje się naprawdę. Cały ten proceder funkcjonował jak świetnie naoliwiony mechanizm, w którym każdy tryb perfekcyjnie odgrywa przeznaczoną dla niego rolę. Najdziwniejsze czekało mnie jednak na dworcu kolejowym w Terespolu, gdzie wylewająca się ludzka fala skierowała się wprost do oczekujących pod dworcem kilkunastu samochodów dostawczych. Tam, jak mi tłumaczyła niezastąpiona „przewodniczka" z wnuczką, odbywało się rozładowanie towaru i inkasowanie zapłaty. A wszystko tuż pod bokiem funkcjonariuszy straży granicznej i na oczach terespolskich policjantów, którzy wydawali się niczego nie zauważać. Po tym pierwszym razie pojechałem do Brześcia jeszcze trzykrotnie. Wiedziałem już dość, żeby napisać reportaż, ale tak naprawdę czułem przez skórę, że to, co najciekawsze, jest jeszcze przede mną. Nie interesowały mnie „mrówki", przeważnie biedni ludzie z południowego Podlasia, którzy trudzili się drobnym przemytem, by w tej enklawie bezrobocia jakoś związać koniec z końcem. Bardziej zajmowali mnie skorumpowani policjanci, celnicy i pogranicznicy, a nade wszystko parkujący pod dworcem hurtowi odbiorcy przemyconego towaru i jego dalsze losy.

Tak zaczęło się moje pierwsze dziennikarskie śledztwo, które trwało przeszło rok czasu. Szczęśliwy zbieg okoliczności spowodował, że udało mi się poznać kilku odstawionych od interesu rekieterów, którzy bez skrupułów opowiedzieli o szczegółach działalności swoich kolegów, poznałem też dwóch szczerych celników i przede wszystkim uczciwego oficera straży granicznej, który – jak mówił później – modlił się, by na swojej drodze spotkać kogoś, komu mógłby zaufać. Padło na mnie. Zwyczajnie byliśmy sobie wzajemnie potrzebni. Mój oficer potrzebował pomocy, bo na kilkaset rocznie wychwytywanych na tej granicy kradzionych samochodów ponad połowę wykrywał on sam. To mogło oznaczać tylko jedno: pozostali funkcjonariusze albo byli nieudolni, albo nieuczciwi. „Mój" pogranicznik wiedział, że taki stan rzeczy nie może trwać długo, że prędzej czy później ktoś, kto na granicy tak drastycznie odstaje od reszty, zostanie w coś „wrobiony", bądź zapłaci wysoką cenę w inny dramatyczny sposób. Ja z kolei potrzebowałem jego pomocy. Mając koniec nitki, brnąłem coraz dalej, poznając świat nadgranicznych rekieterów i międzynarodowych przestępców działających po obu stronach granicy, białoruskiej i polskiej, świat gigantycznych interesów, który żył własnym życiem. Klasycznym przykładem interesów na tej granicy była sytuacja, w której cztery wypełnione spirytusem TIR-y przejechały przez polską granicę bez jakiejkolwiek kontroli. Fakt ten został ujawniony dopiero po publikacjach na bazie wiedzy mojego informatora. Wszczęta kontrola wykazała, że w czasie, gdy TIR-y przejeżdżały z Białorusi przez most na Bugu, kilku celników zostało „oddelegowanych" do kontroli pociągu, dwóch kolejnych spało, a dwóch kolejnych podobno źle się poczuło. Podobnie rzecz wyglądała z funkcjonariuszami Straży Granicznej. W efekcie w momencie przejazdu TIR-ów przez granicę, po polskiej stronie nie było dosłownie nikogo. Według moich informatorów podobne sytuacje miały tu miejsce kilka razy w miesiącu. Pierwsze publikacje zamieszczone niemal równolegle w „Słowie Podlasia" i dzienniku „Życie", którego byłem wówczas korespondentem, nastąpiły rok po rozpoczęciu dziennikarskiego śledztwa i wywołały wstrząs. Na granicy nastąpiło istne pandemonium. Kilka dni po pierwszej publikacji do Terespola przyleciał śmigłowcem komendant główny policji, generał Marek Papała. Błyskawicznie odwołano ze stanowiska zastępcę Komendanta Nadbużańskiego Oddziału Straży Granicznej i Leona Sidorowicza, nazywanego „carem wschodu" Szefa Urzędu Celnego w Terespolu. Kilkadziesiąt osób aresztowano, kilkadziesiąt innych, funkcjonariuszy policji, służby celnej i Straży Granicznej, zawieszono, wszczęto też kilkanaście postępowań karnych. Przez następne sześć miesięcy ukazywały się kolejne publikacje o tzw. „terespolskiej ośmiornicy", ukazywały się pod różnymi nazwiskami, ale zawsze za nimi stał Stefan Kukulski – moje nowe dziennikarskie alter ego, które ze względów bezpieczeństwa zostało usankcjonowane oficjalną legitymacją prasową. Po kilku miesiącach Stefan Kukulski otrzymał nagrodę od ministra spraw wewnętrznych, Leszka Millera, której jednak ze zrozumiałych względów nie mógł odebrać osobiście. W moim imieniu odebrał ją sekretarz redakcji, Grzegorz Jankowski, późniejszy naczelny „Faktu". Dzięki tej historii w pewnych kręgach stałem się znany, ceną sukcesu był jednak poważny kryzys rodzinny zażegnany zapewnieniem z mojej strony, że potencjalnie niebezpieczne materiały będzie pisać Stefan Kukulski, a nie Wojciech Sumliński...

Innym, jeszcze ważniejszym, a z mojego punktu widzenia wręcz najważniejszym dziennikarskim śledztwem, które prowadziłem przez kilka lat, była sprawa zabójstwa księdza Jerzego Popiełuszki. Ta najgłośniejszej i zarazem najbardziej tajemnicza zbrodnia PRL była dla mnie zawsze czymś więcej, niż tylko dziennikarską sprawą. Jako młody chłopak mieszkałem nieopodal kościoła św. Stanisława Kostki w Warszawie i byłem stałym uczestnikiem Mszy Świętych, w których homilie wygłaszał ksiądz Jerzy. Tak się złożyło, że cała moja rodzina – nieżyjąca matka, moje ciotki i dziadkowie – wszyscy mieszkali w promieniu kilkuset metrów od tej żoliborskiej świątyni. Siłą rzeczy spotykaliśmy się tu na coniedzielnych Mszach Św., ale także na comiesięcznych Mszach za Ojczyznę. Stąd chodziliśmy na rodzinne spacery, najczęściej w okolice nadwiślańskiego parku opodal Cytadeli warszawskiej, bądź na przepięknie położoną Kępę Potocką, gdzie odbywały się liczne festyny, gry i zabawy dla dzieci, gdzie można było wypożyczyć kajak bądź rower wodny i zjeść doskonale przyprawioną smażoną kiełbasę. Jej smak pamiętam po dziś dzień, tak jak pamięta się smak dzieciństwa.

Żoliborska świątynia z jej charyzmatycznym kapłanem, księdzem Jerzym Popiełuszką, była nieodłącznym elementem tych coniedzielnych wypraw. To był „mój" kościół lat dziecinnych i okresu wczesnej młodości, to był „mój" ksiądz, na homiliach którego się wychowywałem i którego śmierć wraz z całą rodziną głęboko przeżyłem. Miałem wówczas piętnaście lat i nie marzyłem nawet, że po latach dane mi będzie powrócić do tej sprawy jako dziennikarzowi. Stało się tak za sprawą spotkania z Andrzejem Witkowskim w połowie lat dziewięćdziesiątych. Byłem zafascynowany postacią tego niezwykłego człowieka, który każdy dzień zaczynał Mszą Świętą, który zawsze mówił to, co myślał, i robił to, co mówił, a który do tego był niezwykłym profesjonalistą – w trakcie swojej prokuratorskiej służby nigdy nie poniósł ani jednej procesowej porażki. Andrzej Witkowski uważał, że sprawa wyjaśnienia wszystkich okoliczności śmierci księdza Jerzego jest tak trudna, bo wiąże się z szeregiem innych spraw z okresu lat osiemdziesiątych, a nawet lat dziewięćdziesiątych i okresu późniejszego. Witkowski miał dowody, że za morderstwem księdza Jerzego stali oficerowie Wojskowych Służb Wewnętrznych – służby przemianowanej w III RP na Wojskowe Służby Informacyjne – a udział w zbrodni mieli także oficerowie GRU. Ruszenie tej sprawy miało być zatem niczym uruchomienie pierwszej kostki domina, po tym najnowsza historia Polski miała być pisana na nowo. Z tych wszystkich powodów prokurator Witkowski wierzył, że sprawa zamordowania księdza Jerzego nie jest kwestią historyczną. Potwierdzały to między innymi tajemnicze zgony kilkunastu osób w latach dziewięćdziesiątych i w okresie późniejszym, w tym śmierć głównego świadka, którego zeznania złożone w postępowaniu prokuratorskim całkowicie podważyły wersję ustaloną w procesie toruńskim. Te tragedie, nigdy niewyjaśnione, pośrednio potwierdzały, że są ludzie, którzy bynajmniej nie uważają tej sprawy za historyczną i cały czas trzymają rękę na pulsie. Zajęło mi kilka lat, nim w to uwierzyłem i przyznałem Witkowskiemu rację.

Idąc w swoim dziennikarskim śledztwie wyznaczonymi przez niego tropami napisałem kilkadziesiąt artykułów demaskujących kłamstwa w tej sprawie, nakręciłem kilka reportaży wyemitowanych w telewizji i wydałem dwie książki o tajemnicy tej zbrodni. Pierwsza z nich pod tytułem „Kto naprawdę Go zabił?", mimo iż zawierała skanowane, nieznane dotąd i opatrzone klauzulą najwyższej tajności dokumenty całkowicie podważające wersję toruńską, spotkała się z całkowitym „zaciszeniem". Po jej wydaniu nikt ze mną nie polemizował, nie zarzucał napisania nieprawdy. Po prostu cisza. Zaintrygowany odbyłem szereg spotkań, między innymi z zaprzyjaźnionymi biskupami i księdzem prymasem Józefem Glempem. To ostatnie, zaplanowane na piętnaście minut, trwało osiem godzin. Okazało się, że u każdego z moich rozmówców był ktoś przede mną. W jednym przypadku, u biskupa Sławoja Leszka Głódzia, moją wizytę poprzedził Stanisław Iwanicki, minister Sprawiedliwości w rządzie AWS, który od pewnego czasu – dokładnie od czasu, gdy od wspólnego znajomego dowiedział się, że pracuję nad książką o tajemnicy śmierci księdza Jerzego – starał się do mnie zbliżyć, zachowując pozory życzliwości i proponując, byśmy mówili sobie po imieniu. W innym przypadku znany scenarzysta, moralista i „autorytet moralny" Krzysztof Piesiewicz, w jeszcze innym ksiądz Andrzej Przekaziński, dyrektor Muzeum Archidiecezji Warszawskiej, który przedstawiał się jako przyjaciel księdza Jerzego, w rzeczywistości zaś był tajnym współpracownikiem Służby Bezpieczeństwa. Wszystkie te osoby przy wydatnym wsparciu jeszcze kilku „autorytetów moralnych" wykonały olbrzymią pracę, by zdyskredytować moją książkę i osobę prokuratora Witkowskiego. Wykonały ją w absolutnej ciszy, skrycie.

Poruszony metodami oszczerców postanowiłem napisać drugą książkę, tym razem o tajnych operacjach służb specjalnych PRL, nakierunkowanych na utrzymanie w tajemnicy okoliczności śmierci księdza Jerzego. Praca zajęła mi rok czasu i gdy książkę miałem już prawie gotową, ze strzeżonego parkingu skradziono mi komputer wraz ze wszystkimi niezbędnymi materiałami. Przy okazji zaginęła też taśma z monitoringu parkingu, która nigdy już nie została odnaleziona. Policyjne śledztwo ostatecznie umorzono z powodu niewykrycia sprawców włamania.

Odtworzenie utraconej pracy zajęło mi kolejny rok. Uzgodniony termin oddania gotowej do druku książki mijał 30 maja 2008 roku i zbiegał się z przekazaniem Agencji Filmowej Telewizji Polskiej scenariusza filmowego, na podstawie którego miał powstać 10–odcinkowy serial telewizyjny, ukazujący prawdę o opatrzonych klauzulą najwyższej tajności okolicznościach zbrodni popełnionej na kapelanie „Solidarności". Pracowałem nocami, by go dotrzymać, siłą więc rzeczy to właśnie ta sprawa nabrała dla mnie priorytetu, jeśli nawet nie tematycznego, to z pewnością „czasowego"...

Mimo wszystko dziennikarskie śledztwo w sprawie „Pro Civili" i „niebezpiecznych związków ministra Komorowskiego" – jak w tamtym czasie na własne potrzeby określałem tę historię – w roku 2007 i na początku 2008 szło swoim rytmem. Ubywało starych pytań bez odpowiedzi, jednocześnie jednak przybywało nowych wątków, opatrzonych klauzulą tajemnicy, a nawet tajności. Jeden z nich stanowiła sprawa kontaktów oficerów WSI I GRU w ...Zaborku. Źródła wskazywały, że w latach 2000-2001 co najmniej kilkakrotnie wysocy rangą oficerowie WSI właśnie tam przekazywali informacje wyprzedzające dla swoich „kolegów" z Rosji. Fakt ten był tylko jedną z wielu przesłanek, że „lata świetlne" po 1989 roku, gdy szef WSW, generał Edmund Buła, przekazał Rosjanom kartotekę operacyjną polskich wojskowych służb tajnych, Wojskowe Służby Informacyjne wciąż działały w sposób dla Rosjan całkowicie „przezroczysty" i podporządkowany. Źródła wskazywały też, że zagraniczny aparat wywiadowczy Zarządu II SG WP został przejęty przez Rosjan, co z kolei potwierdzały służby wywiadowcze innych państw NATO, na przykład francuski wywiad wojskowy DST. Francuzi przekazali pułkownikowi Zdzisławowi Żyłowskiemu z Zarządu II SG WP listę dwudziestu osób pracujących na terenie Francji dla polskiego wywiadu wojskowego, spośród których aż piętnaście przejęły rosyjskie GRU. Formalny, utrzymany w ostrym tonie postulat strony francuskiej dotyczył rezygnacji przez polski wywiad wojskowy z wszelkich działań we Francji, które mogłyby służyć rosyjskim służbom wywiadowczym.

Całość była niezwykle interesująca i frapująca, ale

po przejrzeniu kolejnej porcji dokumentów szczęka dosłownie opadła mi na stół. Informacja dotyczyła „zaniechania kontrwywiadowczego" Wojskowych Służb Informacyjnych za kadencji Bronisława Komorowskiego w MON.

Chodziło o sprzedaż Telekomunikacji SA konsorcjum France Telecom / Kulczyk Holding, która to sprzedaż na „wynegocjowanych" warunkach była czymś znacznie gorszym, niż „tylko" skandalem prywatyzacyjnym. Wiązała się bowiem z przekazywaniem infrastruktury obronnej Polski innemu państwu bez żadnych istotnych zabezpieczeń w umowach i bez najmniejszego sprzeciwu ze strony służb ochrony państwa, w szczególności ze strony Wojskowych Służb Informacyjnych. W przekazaniu infrastruktury TP SA na rzecz konsorcjum aktywny udział brali wyżsi oficerowie, którzy byli delegowani przez szefa MON do pracy w Departamencie Spraw Obronnych w Ministerstwie Skarbu Państwa. W departamencie pracowało trzydziestu wyższych oficerów, z których ponad połowa przeszła przeszkolenie w Moskwie – tak jak pułkownik Stanisław Reczyński, naczelnik w Departamencie Spraw Obronnych Ministerstwa Skarbu Państwa, który w 1981 roku ukończył studia podyplomowe w ZSRR. W zakresie obowiązków pułkownika leżał udział w przetargach i ocena doradców prywatyzacyjnych Ministerstwa Skarbu Państwa. Pozostali oficerowie „obstawiali" równie newralgiczne stanowiska i rady nadzorcze, w tak licznych zresztą spółkach, że nawet gdyby chcieli, nie mieliby możliwości czasowych na kreowanie polityki obronnej kraju. Bo kiedyż politykę obronną kraju miał kreować na przykład pułkownik Józef Nawolski, jeśli w tym samym czasie, w którym pełnił obowiązki w Ministerstwie Skarbu Państwa, był członkiem rad nadzorczych w spółkach PZL Rzeszów, Ruch, Bumar, Kopex, PERN i na dodatek w Agencji Rozwoju Przemysłu? Równie „zapracowany" był pułkownik Jan Stanisław Szczęsny, który oprócz zasiadania w radach nadzorczych PZU i PLL LOT, został jednym z kreatorów procesu prywatyzacyjnego w Polsce w połowie lat dziewięćdziesiątych. Na odcinek ten został skierowany bezpośrednio po wykonaniu zadania, które realizował pod przykryciem w Ministerstwie Spraw Zagranicznych, między innymi na placówce dyplomatycznej w Tokio. W Polsce jego zadaniem był nadzór nad prywatyzacją kluczowych polskich spółek i tworzenie siatki powiązań, złożonej głównie z byłych żołnierzy i współpracowników Zarządu II Sztabu Generalnego LWP, WSW i WSI. Pułkownik Szczęsny był szkolony do podobnych działań, gdyż przez wiele lat pozostawał oficerem pod przykryciem, najpierw w Ministerstwie Szkolnictwa Wyższego, Nauki i Techniki, a następnie w Ministerstwie Spraw Zagranicznych. Ogniwami sieci powiązań, którą współtworzył w MSP, byli tajni współpracownicy wojskowych służb tajnych, oddelegowani z Ministerstwa Obrony Narodowej. Nieformalna struktura zarządzania polską gospodarką została zbudowana hierarchicznie, a każda sieć powiązań niższego szczebla była zarządzana przez ogniwo znajdujące się w sieci wyższej hierarchii.

W przypadku Telekomunikacji Polskiej S.A. centrum kierowania prywatyzacją spółki znajdowało się w rękach tajnych współpracowników Zarządu II Sztabu Generalnego LWP, ulokowanych w polskim oddziale banku ING Bank N.V., którego siedzibą był Amsterdam. Prezesem Zarządu ING BSK N.V. w Warszawie był wówczas Marian Czakański, który po powrocie z placówki w Kanadzie został skierowany do sektora bankowego. Jego przypadek stanowił potwierdzenie reguły, według której najbardziej sprawne zasoby ludzkie WSI były przechowywane „w okresie przejściowym", na początku lat dziewięćdziesiątych, na placówkach poza granicami Polski. Dopiero gdy sprawy w kraju służby tajne „poukładały" według wcześniejszych założeń, „zasoby ludzkie" na powrót ściągnięto do Polski i skierowano do nowych zadań w tak zwanej „wolnej Polsce"...

Pod koniec lipca 2000 roku sprzedaż TP SA weszła w kluczową fazę. I właśnie wówczas doszło do szokującego „zaniechania" ze strony szefa MON, Bronisława Komorowskiego, które nie tylko doprowadziło do utraty przez Polskę kontroli nad systemem stanowisk kierowania państwem na czas bezpośredniego zagrożenia militarnego czy konfliktu zbrojnego oraz utraty kontroli nad liniami łącznikowymi pomiędzy jednostkami wojskowymi i węzłami Telekomunikacji Polskiej, ale też sprawiło, że budowany w największej tajemnicy system kierowania państwem na czas wojny został zdekonspirowany. Chodziło o obiekt 09120, który był sercem Krajowego Systemu Łączności (KSŁ) na czas zagrożenia militarnego, a którego realizację rozpoczęto jeszcze w latach dziewięćdziesiątych. Obiekt 09120 zbudowano w okolicach Warszawy. W jego podziemiach umiejscowiono tak zwany „Węzeł Łączności" na potrzeby ulokowanych w różnych miejscach kilkudziesięciu stanowisk kierowania państwem w warunkach wojny. Były to stanowiska Prezydenta RP, Prezesa Rady Ministrów, organów administracji rządowej, pozarządowych organów administracji centralnej i kierowników instytucji państwowych wykonujących zadania obronne, a także organów samorządu terytorialnego i kierowników jednostek organizacyjnych wykonujących zadania ustalone przez ministrów i wojewodów. Klucz do wypełniania swojej funkcji przez 09120 stanowił system łączności, bez którego obiekt ów był niczym więcej, jak tylko zamkniętym na głucho bunkrem, głuchym i ślepym. Innym, nieomal równie ważnym jak 09120, elementem Krajowego Systemu Łączności były tak zwane linie łącznikowe pomiędzy Garnizonowymi Węzłami Łączności, a węzłami Telekomunikacji Polskiej. Cały szkopuł polegał na tym, że zarówno obiekt 09120, jak i linie łącznikowe przekazano na własność podówczas państwowej jeszcze spółce Telekomunikacja Polska S.A., którą następnie sprzedano Francuzom. Zapisy o przekazaniu rzeczonych aktywów oznaczały *de facto* przekazanie ich na własność innemu państwu, a to stworzyło lukę szybko zapełnioną przez rosyjską firmę telekomunikacyjną GTS Energis Polska, która mogła w krótkim czasie stać się operatorem alternatywnym dla TP S.A. W efekcie począwszy od 2000 roku spółka GTS stopniowo, krok po kroku, przejmowała obsługę telekomunikacyjną najważniejszych instytucji państwowych, a już szczyt patologii stanowił fakt, że w okresie kierowania Ministerstwem Obrony Narodowej przez Bronisława Komorowskiego GTS rozpoczęła obsługę...Wojskowych Służb Informacyjnych, w tym najbardziej wrażliwą obsługę łączności dla ataszatów MON.

Sprawie tej poświęcono tajną naradę ministrów z udziałem premiera Jerzego Buzka, której dokumentację miałem właśnie przed sobą. Wynikało z niej, że jeśli w warunkach zagrożenia państwa polskiego operator odmówi usług, to państwo polskie może dochodzić swoich racji w trybie... kodeksu handlowego. Podczas narady stwierdzono, że nie zrobiono nic, by uzyskać opcję tzw. „złotej akcji", czyli uzyskania w wypadku zagrożenia kraju możliwości nabycia większości akcji przez Skarb Państwa. Podczas tej samej narady minister Komorowski przyznał, że „nie ma wiedzy", jak należy zabezpieczyć interesy państwa w obszarze obronności i bezpieczeństwa przy sprzedaży spółek typu TP S.A. i poprosił premiera Buzka o zasięgnięcie informacji w polskich ambasadach w krajach NATO, jak robią to inni. Bronisław Komorowski tłumaczył się, że podobne problemy wystąpią przy prywatyzacji przemysłu zbrojeniowego, jednak w odpowiedzi od kilku uczestników tajnej narady usłyszał, że przecież w przypadku przemysłu zbrojeniowego mamy alternatywę zakupu elementów i urządzeń gdzie indziej. Nie można natomiast kupić systemu łączności, który był budowany przez długie lata. Jeden z uczestników narady zapytał Radę Ministrów, co zrobić w sytuacji, w której inwestor, czyli France Telecom, po uzyskaniu udziału większościowego odsprzedałby swoje udziały bez zgody rządu polskiego. Na to pytanie nikt z obecnych nie potrafił odpowiedzieć.

Tajne posiedzenie Rady Ministrów wykazało jedno: całkowicie bierną postawę Ministra Obrony Narodowej Bronisława Komorowskiego i absolutny brak reakcji ze strony służb ochrony państwa w całej sprawie. Dopiero w dniu podpisania umowy o sprzedaży TP S.A. wyszło na jaw, że nie podnoszono wcześniej w należyty sposób sprawy przekazania stronie francuskiej strategicznej infrastruktury kilkuset masztów i nadajników radiowo-telewizyjnych. Z zeznań osób uczestniczących w podpisywaniu umowy wynika, że po burzliwej wymianie zdań Premier Buzek wydał ustne polecenie przedstawicielom Ministerstwa Łączności, by ci udali się do siedziby prywatnej spółki Kulczyk Holding przy ul. Kruczej 24/26 w Warszawie na spotkanie z prezesem France Telecom, celem podjęcia dyskusji o nieuzgodnionych do ostatniej chwili zapisach do umowy prywatyzacyjnej. W rozmowie z Francuzami próbowano rozważyć możliwość wyłączenia ze sprzedaży infrastruktury kilkuset stacji nadawczych. Prowadzone na zasadzie „za pięć dwunasta" rozmowy przeciągały się. Powstał pat. I wtedy w spór po stronie konsorcjum France Telecom i Kulczyk Holding włączył się uczestniczący w spotkaniu generał Gromosław Czempiński, który swoją obecnością w biurze Kulczyka w krytycznym momencie aktywnie poparł Francuzów i Kulczyka. Później, w czasie przesłuchania przed Sejmową Komisją Śledczą generał Czempiński wypierał się faktu doradzania Kulczykowi przy sprzedaży TP S.A. Pozostało pytanie: w jakim w takim razie charakterze był obecny w biurze Kulczyka w tym krytycznym dla sprzedaży momencie?

Sprzedaż TP SA. poważnie osłabiła zdolności obronne Polski. Największą korzyść ze sprzedaży odnieśli Rosjanie, którzy przy pomocy rosyjskiej spółki GTS weszli na wiele lat w dzierżawę rozległej ogólnopolskiej sieci tranzytowych połączeń telekomunikacyjnych, m.in. Frankfurt-Kijów i Frankfurt-Mińsk. GTS uzyskała również swobodny dostęp do urządzeń kolejowych w kraju. Doszło do sytuacji, w której łączność pomiędzy najbardziej wrażliwymi instytucjami w państwie, jak Ataszaty Obrony, zapewniali Rosjanie. W przypadku Ataszatów, łączność miały zapewniać Wojskowe Służby Informacyjne, ale te podpisały umowę z GTS na dzierżawę stałego łącza w 2000 roku. W przypadku sprzedaży TP S.A. zagrożenie państwa było ekstremalne, gdyż umowy generalne nie zawierały zapisów zabezpieczających przed odsprzedażą spółki innemu operatorowi. Innymi słowy zagranicznej firmie, a *de facto* innemu państwu, oddano kontrolę nad jedyną istniejącą i funkcjonującą w Polsce siecią obiektów nadawczych, wykorzystywanych w celach emisyjnych w radiodyfuzji naziemnej przez publicznych nadawców radiowych i telewizyjnych, co w efekcie pozbawiło państwo kontroli nad tą siecią. W trakcie tajnej narady jednoznacznie ustalono, że brak nadzoru MON i WSI nad operacją przekazania KSŁ w zarząd odpowiednich resortów doprowadził do zagrożenia obronności państwa – nie ma ani jednego dokumentu sporządzonego przez WSI, który mówiłby o ryzyku związanym z prywatyzacją infrastruktury obronnej państwa.

W efekcie doszło do niespotykanej w żadnym innym kraju NATO prywatyzacji systemu obronnego państwa, z możliwością odkupienia tego systemu na wolnym rynku. Pytanie, jak to możliwe, że podległe Komorowskiemu Ministerstwo Obrony Narodowej i Wojskowe Służby Informacyjne dopuściły do sytuacji, w której polskie władze utraciły możność kontroli systemem kierowania państwem na czas wojny, pozostaje bez odpowiedzi.

Przy okazji ujawniono kuriozalną, ale tak naprawdę szokującą sytuację, w której pułkownik Jerzy Nóżka z UOP występował w etapowej sprzedaży TP S.A. w dwóch wykluczających się rolach: najpierw jako Zastępca Szefa UOP, a następnie, po sprzedaży spółki, jako Dyrektor Biura Bezpieczeństwa TP S.A. Co więcej, okazało się, iż pułkownik Jerzy Nóżka zdekonspirował szczególnie chroniony Obiekt 09120, podając w pismach opatrzonych klauzula „jawne" dokładny adres Obiektu 09120 wraz z numerem księgi wieczystej. Do tego momentu cała korespondencja dotycząca 09120 i wszystkie załączniki związane z Obiektem załączniki miały klauzulę „tajne". Zdekonspirowanie Obiektu 09120 i obniżenie klauzuli dokumentów z nim związanych, które nastąpiło po sprzedaży TP S.A., było niczym innym, jak tylko przestępstwem uderzającym w żywotne interesy kraju. Całą tę szokującą sytuację, pokazującą, że Polska jest „państwem na niby", udało się zmodyfikować dopiero po chwilowym odebraniu władzy środowisku, z którym sympatyzował i był związany Bronisław Komorowski – 4 września 2007 roku. Tego dnia Rada Ministrów wydała rozporządzenie w sprawie spółek o istotnym znaczeniu dla porządku publicznego lub bezpieczeństwa publicznego. Ustalono, iż w spółkach tych Skarb Państwa będzie dysponował szczególnymi uprawnieniami, czyli tak zwaną „złotą akcją", przeciwko czemu zaprotestowali Francuzi twierdząc, że decyzja post factum ich nie obowiązuje i wszczęli kampanię protestacyjną. Posiadanie „złotej akcji" miało oznaczać, że minister Skarbu Państwa będzie miał prawo weta w stosunku do niektórych decyzji oraz prawo umieszczania swoich przedstawicieli we władzach spółki. Nie zmieniało to jednak w niczym faktu, że przez ponad sześć lat, głównie w wyniku „zaniedbań" MON i WSI z roku 2000 i 2001, za kadencji w MON Bronisława Komorowskiego, Polska nie dysponowała systemem kierowania państwem oraz systemem kierowania obronnością państwa na czas zagrożeń czy wojny. Z kolei dekonspiracja Obiektu 09120 sprawiła, że w przypadku zagrożenia, ewentualny przeciwnik jednym uderzeniem w Węzeł Łączności mógł zmienić stanowiska kierowania państwem i dowodzenia armią w nieme i głuche piwniczne schrony. W efekcie całej tej sytuacji prace nad powstaniem takiego obiektu, które są standardem w państwach NATO, wstrzymano na dziesięć lat i do dziś nie ukończono.

**

Byłem w ciężkim szoku, gdy przebrnąłem przez tę kolejną porcję „wiedzy tajemnej". Sporo wiedziałem już wcześniej.

Wiedziałem, że gdy w 1991 roku z Zarządu II Sztabu Generalnego WP i z Kontrwywiadu WSW utworzone zostały nowe Wojskowe Służby Informacyjne, wywodzący się z PRL-u ludzie wojskowych służb specjalnych odzyskali wiarę w przyszłość. Zrozumieli, że rzeczywistość się zmienia i nie da się tego procesu zatrzymać, ale zarazem że stare służby mogą się świetnie w tej nowej rzeczywistości odnaleźć. Absolwenci radzieckich uczelni przejmowali władzę i niewiele było stanowisk kierowniczych w WSI, które trafiłyby w ręce przypadkowych oficerów. Teraz już sami ustalali, co jest interesujące dla tych służb i sami decydowali, jak „ustawić ster" w czasie zmieniającej się pogody politycznej w kraju. Świadomość ta nakazywała lojalność wobec swojego kręgu przy jednoczesnym przekonaniu, że społeczeństwo jest bezwolną masą o ograniczonej świadomości. Ten rodzaj myślenia wzmacniany był specyficznym stosunkiem do obowiązującego prawa i przekonaniem o wyższości działań operacyjnych nad innymi. Skutkowało to instrumentalnym traktowaniem prawa i uznaniem, że jest ono dla innych – niekoniecznie dla wszystkich oficerów WSI.

Wiedziałem, że działania, które podjęli decydenci z WSI obejmowały zagadnienia gospodarcze, od spraw energetycznych i paliwowych, poprzez handel bronią, przedsięwzięcia giełdowe, parabankowe, inwestycyjne, po zabezpieczenie resortu zdrowia, rynku usług teleinformatycznych, ochroniarskich itd. Ludzie służb zostawali właścicielami spółek, członkami zarządów lub rad nadzorczych. Układ stworzony przez ludzi wojskowych służb specjalnych PRL-u stał się rdzeniem struktury gospodarczej III Rzeczypospolitej. Ale nawet w tych nowych warunkach nie zaniechano kooperacji z dawnymi towarzyszami.

Wiedziałem też, że jeszcze na początku lat dziewięćdziesiątych działania Zarządu II SG WP uwarunkowane były potrzebami radzieckich służb wywiadowczych, co potwierdza funkcjonowanie rezydentury Zarządu II w Danii o kryptonimie „Paleta", która oceniła współpracę z rezydentem radzieckiego wywiadu wojskowego w Kopenhadze jako współpracę mającą „tendencję wzrostową". W latach 1991-2006, czyli w okresie funkcjonowania WSI, służby krajów NATO wielokrotnie wysyłały sygnały do WSI o zidentyfikowanych przypadkach wykorzystywania zagranicznego aparatu wywiadowczego polskich służb przez służby rosyjskie, sugerując stronie polskiej konieczność jego wycofania...

Wiedziałem wreszcie, że poza biznesem i kontaktami z byłymi towarzyszami z ZSRR w WSI zajmowano się tymi, którzy „zajmowali się" WSI, zwalczano więc tych nadgorliwych, którym się wydawało, że coś mogą, a którzy utrudniali prowadzenie „interesów", ze szczególnym uwzględnieniem dziennikarzy czy „politycznych narwańców", zmierzających do rozliczenia i zweryfikowania WSI. To wszystko budowało ideowość WSI. Oczywiście życie w pewnych kręgach WSI nie było również wolne od kobiet – dominowało podejście służbowo-użytkowe. Historia jednego z pułkowników opowiada o tym, jak wieziony samochodem przez swojego podwładnego posiadł jego znajdującą się również w samochodzie małżonkę, gdy ten, siedząc za kierownicą, znajdował się w ciągu komunikacyjnym...

Tak więc sądziłem, że widziałem już dość, by niczemu się nie dziwić. A jednak rzeczywistość cały czas przesuwała granice mojej wyobraźni, nawet jeśli ta ostatnia wyrabiała nadgodziny. Czego się nie dotknąłem, niczym królik z kapelusza wyskakiwał Bronisław Komorowski. Ta kolejna sprawa pokazywała, że minister zachowywał się jak człowiek skrajnie niedoinformowany, albo wprost przeciwnie – jak człowiek poinformowany dokładnie tak, jak trzeba. Obie wersje były równie interesujące i obie fatalnie rokowały dla polskiego państwa, w którym Bronisław Komorowski cały czas zajmował ważne i coraz ważniejsze stanowiska. Wokół jego osoby pojawiało się coraz więcej pytań i wątpliwości. Były one jednak tak rozbudowane i wielowątkowe, że ich weryfikacja i analiza musiała pochłonąć miesiące. W tej sytuacji wstępnie poprzestaliśmy na emisji w TVP trzech kolejnych odcinków programu śledczego „30 minut" o „Pro Civili", z konieczności ograniczonych do podstawowych informacji. Śledztwo nabierało dopiero rozpędu i wiele sobie na przyszłość po nim obiecywałem...

Mimo iż w wyemitowanych programach ujawniłem zaledwie wierzchołek góry lodowej, emisja w TVP trzech odcinków o „Pro Civili" wywołała duży rezonans. I to na wielu poziomach. Miarą sukcesu była półtoramilionowa widownia, setki maili i szereg odniesień podskórnych. Wszyscy, cała ekipa, czuliśmy, że dotknęliśmy czegoś ważnego i szalenie wrażliwego. Ubocznym efektem publikacji było wszczęte z urzędu śledztwo przez Agencję Bezpieczeństwa Wewnętrznego, które miało wyjaśnić, w jaki sposób weszliśmy w posiadanie ściśle tajnych informacji. Przesłuchano wszystkich członków ekipy TVP, z których część lekko spanikowała i zachowała się na zasadzie „to nie ja, to Sumliński". Nie przeszkadzało mi to, bo wiedziałem, że oni – czyli ABW – i tak wiedzą, co mają wiedzieć, niemniej przykro było skonkludować tak żenująco niską solidarność ze strony niektórych kolegów i koleżanek. Zastanawiająca i przy okazji wiele mówiąca była też reakcja na emisję reportaży mojego informatora, Aleksandra Lichodzkiego.

„Uważaj na ciężarówki ze żwirem" – to były pierwsze słowa Olka Lichodzkiego nazajutrz po emisji pierwszego odcinka. Choć była niedziela – program emitowano w sobotnie wieczory – bardzo nalegał na krótkie spotkanie. Był zdenerwowany, nieudolnie próbował to ukryć. Kolejna wypowiedź nie kontrastowała z jego stanem emocjonalnym.

– Ostrzegałem, żebyś się nie pakował w te rewiry, a ty uparłeś się przekroczyć Rubikon. Nie zrozumiałeś, że unikanie pewnych tematów powinno być dla ciebie priorytetem. Po co się w to wpierdalasz?

– O czym ty mówisz?

– O czym mówię? Mówię o tym, że jak kilka tygodni temu mówiłeś, że przygotowujesz „megabombę" o WSI i potrzebujesz informacji, powiedziałem, że pomogę w tym temacie i przyznasz, że słowa dotrzymałem, że przecież pomogłem jak cholera. Ale jednocześnie ostrzegałem, żebyś się od pewnych wątków odpierdolił. Szczerze radziłem, a ty nie posłuchałeś. Mówię o tym, że jesteś za krótki na pewne tematy, i o tym, że jeżeli zamierzasz się bawić na tym poziomie, powinieneś poznać kilka faktów, zanim będzie za późno. Zresztą być może już jest za późno...

Paradoksalnie ta reakcja i kilka innych tylko potwierdzały, że strzał był celny...

W tamtym czasie dostałem propozycje od Grzegorza Górnego, redaktora naczelnego Wydawnictwa Fronda, napisania prawdziwej historii Wojskowych Służb Informacyjnych. Składając mi propozycję Grzegorz rzucił krótko: do tej pory nikt się tego nie podjął, kto zrobi to pierwszy, przejdzie do historii. Wydawało mi się, że spokojnie podołam. Miałem swoje dojścia, informatorów i odpowiedni zasób wiedzy, brakowało mi jednak czego innego – olbrzymiej dawki wolnego czasu, jakiej taki projekt wymagał. Pomijając „30 minut", program śledczy w TVP, równolegle prowadziłem też autorski cotygodniowy magazyn reporterski pt. „Oblicza prawdy", ujawniający mechanizmy działalności Służby Bezpieczeństwa na Lubelszczyźnie, a przecież miałem jeszcze obowiązujący kontrakt dziennikarski we „Wprost". Tak więc czas był tym czynnikiem, którego brak odczuwałem najbardziej boleśnie, zwłaszcza że zbliżał się termin ukończenia kolejnej książki oraz scenariusza, który pisałem dla Agencji Filmowej Telewizji Polskiej o najgłośniejszej zbrodni PRL, zamordowaniu księdza Jerzego Popiełuszki. Był już wybrany i uzgodniony reżyser, Mariusz Malec, oraz autor muzyki, Michał Lorentz, ale pisany przeze mnie scenariusz wciąż nie był gotowy. A mimo wszystko w tamtym czasie to właśnie ta sprawa pochłaniała mnie najbardziej, zwłaszcza że tutaj od początku śledztwa także działy się nie mniej zadziwiające rzeczy, niż przy „Pro Civili" i Komorowskim. To był dla mnie absolutny priorytet, jakby niewypełniony testament. Im bardziej zagłębiałem się w tę mroczną sprawę, tym bardziej utwierdzałem się w przekonaniu, że mord na księdzu Jerzym nie jest historią, lecz czymś, co wciąż trwa. Po rozmowach i naradach w gronie kilku osób podjęliśmy decyzję: w pierwszej kolejności ksiądz Jerzy, książka i serial w TVP, a zaraz potem powrót do „Pro Civili", do Komorowskiego i do WSI.

Nic nie zapowiadało nadciągającej katastrofy...

***

Dochodziła siódma. Siódma rano 13 maja 2008 roku. Pomyślałem, że do końca życia zapamiętam tę datę. Dokładnie godzinę wcześniej u drzwi mojego mieszkania na warszawskich Bielanach rozległ się dzwonek. Dwie poprzednie noce spałem krótko, ponieważ spędziłem je na pisaniu końcowych sekwencji książki.

A jednak wystarczył jeden dzwonek, bym mimo zmęczenia obudził się natychmiast. Był to na tyle delikatny dźwięk, że w tym stanie zmęczenia i permanentnego braku snu nie miałbym prawa go usłyszeć, a jednak dźwięk ten wydał mi się głośniejszy niż uderzenia kościelnego dzwonu. Instynkt samozachowawczy, przeczucie niebezpieczeństwa? Wyrwany z krótkiego snu poderwałem się i przez pięć a może dziesięć sekund stałem nieruchomo. Żona Lota nie mogłaby się ze mną równać, lecz zaraz cicho jak kot podszedłem do drzwi.

Była punktualnie szósta. Stanąłem pod drzwiami i usłyszałem: „Agencja Bezpieczeństwa Wewnętrznego, proszę otwierać". Początkowo było ich ośmiu. Uzbrojeni, ale bez mundurów i oznakowanych kamizelek. Krótko i rzeczowo poinformowali mnie, że od tego momentu przechodzę pod ich „opiekę" i jestem zatrzymany pod zarzutem ujawnienia Aneksu do Raportu Komisji Weryfikacyjnej WSI spółce Agora, wydawcy „Gazety Wyborczej". Poprosili bym stanął w jednym miejscu i nie utrudniał czynności. Nie utrudniałem. Poprosili, bym nie oddalał się od wskazanego funkcjonariusza, który na najbliższych kilkanaście godzin stał się moim cieniem. Nie oddalałem się. Byli rzeczowi, profesjonalni i na swój sposób uprzejmi. Mimo to zajęło mi jakiś czas, aby dojść do siebie na tyle, żeby móc odpowiadać na pytania. Absurdalność sytuacji mogłaby nawet być śmieszna, gdyby nie była groźna i tragiczna zarazem. Powoli, po pierwszym szoku, odzyskiwałem równowagę. Jak długo to trwało? Może kilka minut, może kilkanaście. Są sytuacje, w których człowiek zatraca poczucie rzeczywistości. To była jedna z nich.

W tym czasie trwało już metodyczne przeszukanie mojego mieszkania. Jeden z funkcjonariuszy usiadł przy odtwarzaczu video i rozpoczął oglądanie kaset VHS, sekwencja po sekwencji, kaseta po kasecie. Do wieczora zajmował się tylko tym, niczym innym. Drugi to samo robił z płytami DVD. „Kolumbowie" czy „Misja" – bez znaczenia, klatka po klatce, sekwencja po sekwencji. Także w tym przypadku zajęcie pochłonęło go bez reszty. W tym czasie kolejni funkcjonariusze penetrowali mieszkanie – książki, ubrania, rzeczy dzieci, jeszcze inni skanowali karty telefoniczne bądź szukając tajnego Aneksu ostukiwali ściany, centymetr po centymetrze. Mój zawód sprawia, że często słyszałem, rozmawiałem, pisałem, a nawet uczestniczyłem – nieformalnie, jako obserwator – w rozmaitych akcjach policji i służb specjalnych, jednak jeszcze nigdy nie spotkałem się z przeszukaniem prowadzonym tak dokładnie i metodycznie. Równolegle, jak dowiedziałem się później, podobnie szczegółowe przeszukania trwały w warszawskim mieszkaniu mojego ojca i mieszkaniu teściów w Białej Podlaskiej. Szczegółowe do tego stopnia, że w tym ostatnim próbowano spuścić wodę z akwarium. W pewnym momencie w moim sześćdziesięciometrowym mieszkaniu znajdowało się dwunastu funkcjonariuszy Agencji Bezpieczeństwa Wewnętrznego, z których każdy zajmował się inną czynnością. Po kilkudziesięciu minutach człowiek z hiszpańską bródką, jak się później okazało, dowodzący akcją oficer ABW w stopniu kapitana, poprosił mnie o wydanie wszystkich znajdujących się w mieszkaniu dokumentów. Zwracając uwagę, że są to dokumenty dziennikarskie, wydałem między innymi zeznania świadka koronnego Jarosława Sokołowskiego pseudonim „Masa", do niedawna najbardziej tajne akta w Polsce, oraz tajne materiały ze śledztwa prowadzonego w sprawie zamordowania Księdza Jerzego Popiełuszki. To był ostatni raz, kiedy je widziałem. Zapakowano je do metalowych skrzyń, wraz z kilkunastoma tysiącami stron dokumentów, trzema komputerami, kilkuset płytami DVD, CD, kasetami VHS i innymi nośnikami elektronicznymi, notesami, nawet tymi z zapiskami z dawno minionych czasów studenckich. Wraz z nimi przepadła znajdująca się na ukończeniu książka, nad którą pracowałem od ponad roku i w której miały się znaleźć m.in. niepublikowane nigdy dotąd szczegóły tajnych operacji służb specjalnych PRL. Wraz z książką, która jeszcze przed wakacjami miała trafić do księgarń, wyniesiono z mojego mieszkania materiały zbierane do kolejnej książki o Wojskowych Służbach Informacyjnych. Wszystkie te dokumenty i urządzenia stanowiły jedynie fragment informacji, do których wgląd uzyskali funkcjonariusze ABW, którzy w moim mieszkaniu czuli się bardzo swobodnie. Przechadzali się w tę i z powrotem, zamawiali pizzę, kanapki z KFC, przeglądali rodzinne albumy. Jedni wychodzili, inni wchodzili, drzwi otwierały się i zamykały non stop. Trudno było zorientować się w tym wszystkim. Nad tym, kto przychodził i co robił w moim mieszkaniu, nie miałem nawet iluzorycznej kontroli. Jednocześnie skrupulatnie notowano nazwiska wszystkich osób i numery dzwoniących do mnie telefonów. Za każdym razem, gdy w telefonie wyświetlało się czyjeś nazwisko, pytano, kim jest dzwoniąca osoba. Funkcjonariusze ABW mieli co notować, ponieważ tego dnia dzwoniło wyjątkowo wielu niedoszłych rozmówców. Pierwsi byli współpracownicy z Telewizji Polskiej w Lublinie. Byli zdeterminowani, by ze mną rozmawiać. Nie bez przyczyny. Niewysłanie przeze mnie scenariusza do mojego autorskiego programu publicystycznego emitowanego w TVP Lublin pt. „Oblicza prawdy" oznaczało zatrzymanie cyklu produkcyjnego, a więc pracę kilkunastu innych osób, to zaś oznaczało jedno: katastrofę. I właśnie tego dnia, wskutek wizyty niespodziewanych gości, nastąpiła katastrofa. Pierwsze telefony nastąpiły po dziewiątej, ustalonej godzinie wysłania materiału. Determinacja moich współpracowników sięgnęła zenitu około południa. Jak dowiedziałem się później, na zmianę, z różnych telefonów, dzwoniło wówczas kilka osób. Także później dowiedziałem się, że brak z mojej strony jakiejkolwiek reakcji wywołał w Lublinie furię zespołu redakcyjnego. Stan ten zaowocował tym, że z jednej strony padały pod moim adresem określenia nie nadające się do druku, niesłusznie oskarżające moich przodków, z drugiej wyzwolił u moich współpracowników niebywałą wręcz determinację do nawiązania ze mną kontaktu. A funkcjonariusze ABW notowali i notowali...

Oprócz kolegów z Lublina dzwoniło kilkadziesiąt innych osób, dzwoniło równie wytrwale, co bezskutecznie. Nie pozwolono mi bowiem odebrać ani tych, ani następnych telefonów, których tego dnia miałem około setki. W dalszej części dnia wydzwaniali bowiem koledzy z rozmaitych redakcji z Warszawy, którzy – jak dowiedziałem się później – chcieli porozmawiać o sensacji dnia, trwających od rana rewizjach w mieszkaniach członków Komisji Weryfikacyjnej WSI. W miarę rozwoju wydarzeń i pojawiających się informacji także na temat przeszukania w moim mieszkaniu zaczęli dzwonić członkowie rodziny i przyjaciele spoza branży dziennikarskiej, z czasów szkolnych, studenckich, z Warszawy i z Białej Podlaskiej. Także tych telefonów nie mogłem odebrać. Wyjątek uczyniono tylko w jednym przypadku, dla dyrektora Telewizji Polskiej w Lublinie Tomka Rakowskiego, który uparł się i dzwonił raz za razem. Wytłumaczyłem funkcjonariuszom ABW, że jeżeli pozwolą mi odebrać ten telefon i wytłumaczyć, że scenariuszy nie przyślę, dyrektor przestanie dzwonić. W przeciwnym razie kilkanaście osób, które przyszły do pracy, nie będzie wiedziało, co ze sobą zrobić. Po konsultacji człowiek z hiszpańską bródką wyraził zgodę na moją propozycję, zastrzegając, że jeżeli powiem słowo za dużo, przerwą połączenie. Po chwili Tomek Rakowski zadzwonił po raz kolejny. Zagadnął coś uszczypliwym żartem, ale widocznie ton mojego głosu zmroził go na tyle, że z miejsca spoważniał. Zapytał, czy może mi jakoś pomóc. Nie wiedział, o co chodzi, ale wystarczyło, że powiedziałem kilka słów, by zrozumiał, iż dzieje się coś niekonwencjonalnego, coś, co wymyka się codziennym, stereotypowym sytuacjom. Był serdeczny i współczujący. Odpowiedziałem, że sprawa jest z gatunku tych, o których mówić mi nie wolno i w których pomóc mi nie może. Zadeklarował, że bez względu na sytuację mogę na niego liczyć. Trudno w ogóle opisać wagę takich słów usłyszanych w sytuacji, w jakiej się znalazłem. Rozłączyliśmy się. Oprócz tej rozmowy, pozwolono mi odbyć jeszcze tylko jedną. Około trzynastej, niczym na scenie znanej mi dotąd jedynie z hollywoodzkich produkcji, wykonałem jeden przysługujący mi telefon. Miałem zadzwonić do adwokata. Ponieważ jednak nigdy dotąd nie byłem posądzony o łamanie prawa, a co za tym idzie, nigdy nie miałem swojego adwokata – w procesach dziennikarskich, prasowych czy telewizyjnych adwokatów zapewniały redakcje, dla których pracowałem – nie miałem pojęcia, do kogo zadzwonić. Pomyślałem o żonie, Monice, która została z dziećmi w Białej Podlaskiej. – Tam też jesteśmy od szóstej rano, więc żona nie odbierze – rzucił funkcjonariusz o sympatycznej powierzchowności, typ inteligenta. Po krótkim namyśle postanowiłem poprosić o pomoc przyjaciela rodziny, księdza z Podlasia. Jego telefon jednak milczał. Gdy już zacząłem tracić nadzieję, ksiądz odebrał. Powiedziałem, że w moim mieszkaniu są funkcjonariusze ABW, że to samo dzieje się w Białej Podlaskiej, że jestem podejrzewany o popełnienie przestępstwa. To wszystko wyrzuciłem z siebie jednym tchem, na koniec poprosiłem, by pomógł mi znaleźć adwokata i wsparł moją rodzinę. Cisza, jaka zapadła w słuchawce, miała w sobie coś nienaturalnego i przygnębiającego. Trwała może kilkanaście sekund, mnie jednak wydawało się, że upłynęły całe wieki. Po dłuższej chwili, która wydała mi się wiecznością, ksiądz zapewnił, że zrobi, co w jego mocy.

W moim mieszkaniu kontynuowano tymczasem przeszukanie. Po kilku godzinach moi „goście", choć może należałoby powiedzieć intruzi, poczuli się już całkowicie zadomowieni. Bez pytania włączyli telewizor, zrobili sobie herbatę i kawę. Jeden z nich zaproponował nawet, bym się poczęstował. Próbował rozładować atmosferę, o coś zagadnąć. Przyznaję szczerze, że nie byłem w nastroju do konwersacji. Byłem zmęczony, zdenerwowany i naprawdę miałem ochotę powiedzieć mu, gdzie mam jego poczęstunek. Po prostu są takie sytuacje, w których trudno o jakiś miły temat do rozmowy, w których nie istnieje odczucie głodu czy pragnienia. Grzecznie podziękowałem. To było wszystko, co mogłem powiedzieć. Dochodziła piętnasta, gdy jeden z funkcjonariuszy ABW włączył kanał TVN 24. Ten krótki moment pozwolił mi na zorientowanie się, że równolegle trwa przeszukanie w mieszkaniach kilku członków komisji weryfikacyjnej WSI. Pozwolił mi zarazem zrozumieć powagę sytuacji. Ten jeden moment unaocznił mi też, że skoro uruchomiono środki na taką skalę, sprawa jest poważna, a decyzja o akcji musiała zapaść na najwyższym szczeblu, i to nie tylko szczeblu ABW. Byłem świadomy, co to dla mnie może oznaczać. Cały czas zastanawiałem się, jak tę sytuację znoszą moi bliscy. Pomyślałem, w jak ciężkim szoku muszą się znajdować, skoro ja z tego wszystkiego rozumiem bardzo niewiele – albo nic. Oczyma wyobraźni widziałem moją rodzinę, pozostawioną samą sobie w tej sytuacji całkowitego zaskoczenia i niezrozumienia zachodzących wydarzeń. Trudno było coś na to poradzić. Około dwudziestej pierwszej przeszukanie dobiegło końca. Funkcjonariusze zgodzili się nie zakładać mi kajdanek. Mieliśmy wyjść po cichu i nie zwracać na siebie uwagi. Zbieraliśmy się już do wyjścia, gdy u drzwi wejściowych rozległ się dzwonek. Jeden z funkcjonariuszy spojrzał przez wizjer i wypowiedział jedno tylko słowo: „Giertych". Trudno byłoby mnie posądzać o optymizm w tych okolicznościach, ale rodzaj paniki, jaki wywołało pojawienie się adwokata, wzbudził we mnie specyficzny rodzaj wisielczego humoru. W innej sytuacji zapewne szczerze bym się ubawił mimiką dwunastu mężczyzn, na twarzach których skrajne niedowierzanie toczyło walkę o palmę pierwszeństwa z przekonaniem, że to dzieje się naprawdę. Jednak tu i teraz nie było mi do śmiechu. Obecnych ogarnęła panika. Przez kilka minut nie wiedzieli, co począć. Trwały nerwowe konsultacje telefoniczne z „górą". Włączenie się do „akcji" byłego wicepremiera było dla mnie niemal takim samym zaskoczeniem, jak dla pilnujących mnie ludzi.

Romana Giertycha znałem od kilku lat, podobnie jak znało go wielu innych dziennikarzy. Nasze kontakty były jednak luźne aż do grudnia 2007 roku, gdy w sposób przypadkowy okazało się, że łączy nas zainteresowanie wyjaśnieniem tajemnicy śmierci księdza Jerzego. Tuż przed Świętami Bożego Narodzenia były wicepremier został pełnomocnikiem rodziny Popiełuszków, która nie godziła się z wciąż obowiązującymi ustaleniami tzw. procesu toruńskiego. Z kolei tuż po świętach zgłosiłem do Prokuratury Okręgowej w Warszawie zawiadomienie o popełnieniu przestępstwa, polegającego na utrudnianiu śledztwa w tej sprawie przez szereg wpływowych osób. Śledztwo zostało wszczęte. Sprawa księdza Jerzego zbliżyła nas zatem, ale myślałem – o ile w sytuacji tak dużego stresu, wynikającego głównie z zaskoczenia i niezrozumienia całej sytuacji, w ogóle mogłem logicznie myśleć – że ksiądz, którego prosiłem o znalezienie adwokata, dotrze do kogoś znanego sobie. Dopiero później dowiedziałem się, iż rzecz cała wyglądała inaczej. W dokumentach, których nam nie odebrano, moja żona odnalazła wizytówkę Giertycha i wiedząc, że się znamy, próbowała się z nim skontaktować. Po kilku bezowocnych próbach, gdy nie wiedziała już, co robić, przypomniała sobie o Bogdanie Rymanowskim, koledze, którego znałem od kilku lat, a którego moja żona poznała zaledwie kilka dni wcześniej, w trakcie długiego majowego weekendu. Byliśmy w górach, gdy wracając ze szlaku, spotkaliśmy się całymi rodzinami w karczmie u podnóża Tatr. W sympatycznej scenerii spędziliśmy razem kilka godzin. I tak przypadek sprawił, że żona mogła wykonać telefon do Bogdana Rymanowskiego, ten szybko skontaktował się z byłym wicepremierem, a dalej wypadki potoczyły się już błyskawicznie. Giertych otrzymał od żony wysłane faksem pełnomocnictwo, a uzyskawszy je, natychmiast przyjechał do mnie. Pojawienie się byłego wicepremiera, którego po konsultacjach telefonicznych ostatecznie zdecydowano się wpuścić do środka, spowodowało zamianę ról. Teraz to człowiek z hiszpańską bródką odpowiadał na pytania, tłumaczył co i dlaczego. Niewiele z tego wszystkiego rozumiałem, ale „przesłuchiwanie" dotychczasowego „przesłuchującego" pozwoliło mi na wstępne zorientowanie w sytuacji. Gdy skończyli, Giertych powiedział krótko: „Jutro cię puszczą i jeszcze przeproszą".

Czy „rozgrywał" mnie już wtedy? Nie wiem, ale wiem, że do końca życia będę żałował, że w tamtym czasie nie dostrzegłem tego, co powinienem dostrzec od razu. Gdyby tylko można było cofnąć czas... „Gdyby, gdyby" – refren mojego życia...

Wbrew zawartej kilka godzin wcześniej umowie honorowej, za to zgodnie z procedurami, założono mi kajdanki i wyprowadzono na zewnątrz. Sprawę przeszukania w moim mieszkaniu i zatrzymania mnie podano do publicznej wiadomości około godziny piętnastej, teraz pozostały już tylko kolejne newsy i reporterzy czekający pod drzwiami mojego mieszkania. Zobaczyłem ich przez uchylone drzwi i zatrzymałem się na moment. Skuliłem się w sobie. Pytania były nieuniknione, ale jak na nie odpowiedzieć, skoro sam nie miałem pojęcia, o co w tym wszystkim chodzi. Bo to, że nie chodziło nigdy o to, o co zdaniem funkcjonariuszy ABW rzekomo chodziło, czyli o przekazanie Aneksu do Raportu Komisji ds. WSI spółce Agora, wydawcy „Gazety Wyborczej" – tego byłem pewien od początku. Osobiście od pierwszych chwil toczących się wydarzeń traktowałem to wyłącznie jako pretekst do przeszukania mojego mieszkania i wyniesienia z niego dorobku trzynastu lat pracy dziennikarskiej. Pretekst tak absurdalny, że nawet w stanie całkowitego szoku, w jakim się znajdowałem, uważałem za nieprawdopodobne, by ktoś mógł w to w ogóle uwierzyć. Dlaczego jednak użyto właśnie takiego pretekstu, pretekstu, który zniknął – niestety, wraz z moimi dokumentami – niemal natychmiast po tym, jak się pojawił? Nic z tego nie rozumiałem. Przypomniałem sobie słowa Rafała Kasprowa, kolegi z działu śledczego w „Życiu": „jak mnie kiedyś załatwią, nawet nie będę wiedział, kto i za co – tylu mam ‚przyjaciół'". Miał dość i wkrótce odszedł do PR. Ja też miałem dość – ale zostałem. A teraz wychodziłem na zewnątrz z kajdankami na rękach... Z miejsca oślepił mnie błysk lamp aparatów fotograficznych i kamer. „A więc to tak zostaje się przestępcą" – pomyślałem po raz kolejny. Wyprostowałem się, w czym pomogli mi funkcjonariusze „Abwehry", którzy otoczyli mnie ze wszystkich stron i popychali przed sobą. W asyście kilkudziesięciu dziennikarzy prowadzono mnie szybko do samochodu. Kątem oka zauważyłem kilka znanych mi twarzy, reporterów TVP Info, TVN 24, Radia Zet, RMF. Ktoś z tłumu powiedział głośno: „Trzymaj się Wojtek". Trzasnęły flesze...

Zostałem zawieziony do policyjnej izby zatrzymań. Pomimo dwóch nieprzespanych wcześniej nocy nie mogłem zasnąć nawet na chwilę. Oszołomienie związane z sytuacją, w jakiej się znalazłem, obawa o rodzinę, setki pytań cisnących się do głowy, to wszystko powodowało, że nie zmrużyłem oka nawet na sekundę. Na rozmyślaniach i analizie sytuacji minęła noc, w trakcie której czekałem na spotkanie z prokuratorem. Czekałem w nadziei, że ranek przyniesie odpowiedź na wszystkie pytania. Na własnej skórze odczuwałem, że w przeciwieństwie do słów, które Szekspir włożył w usta Norfolka, prawda nie zawsze ma „spokojne serce". Znalazłem jednak w sobie dość sił, by zanurzyć się w modlitwie. Szukałem pocieszenie w Bogu, ostatniej instancji cierpiących. Przypomniałem sobie słowa mojego mentora, przyjaciela, wykładowcy i towarzysza tatrzańskich wypraw, jezuity ojca Ryszarda Przymusińskiego: „dla ludzi wierzących cierpienie, kiedy jest znośne, winno być przyjęte jako próba".

Około godziny dziesiątej przyszło po mnie czterech funkcjonariuszy ABW. Pozwolono mi włożyć sznurówki, na ręce założono kajdanki. Funkcjonariusze byli młodzi i sympatyczni, nawet współczujący. Przekonywali, że złożę wyjaśnienia i na pewno zostanę zwolniony, bo to „działania rutynowe". Przywieziono mnie do prokuratury przy ulicy Ostroroga. Wchodząc zauważyłem szyld opatrzony napisem: „Prokuratura Krajowa. Wydział do Spraw Przestępczości Zorganizowanej". A więc byłem przestępcą nie byle jakim – „zorganizowanym". W asyście funkcjonariuszy ABW weszliśmy do windy i wjechaliśmy na drugie piętro. Idący przodem młody chłopak z „Abwehry" otworzył drzwi. W przestronnym pokoju siedziały dwie kobiety i jeden mężczyzna. Pozwolono mi usiąść. Funkcjonariusz ABW wyjął kluczyk i rozpiął mi kajdanki. Prokurator odczytał postawiony mi zarzut. Wynikało z niego, że w nieokreślonym dniu w styczniu 2007 roku mój wieloletni informator Aleksander Lichodzki zaoferował swojemu koledze pułkownikowi Leszkowi Tobiaszowi możliwość pozytywnej weryfikacji w Komisji Weryfikacyjnej Wojskowych Służb Informacyjnych i zażądał za to 200 tysięcy złotych. Żądając pieniędzy, powoływał się na mnie i moje kontakty w Komisji Weryfikacyjnej WSI. Leszek Tobiasz „kierując się obywatelską postawą" nie zapłacił ani grosza, odczekał dziesięć miesięcy i gdy władzę w Polsce kosztem Prawa i Sprawiedliwości przejęła Platforma Obywatelska, powiadomił o płatnej protekcji organa ścigania. Moja rola miała rzekomo polegać na współpracy z Lichodzkim w przestępczym interesie...

Był piękny majowy dzień. Słońce przygrzewało i leniwie przesuwało się po nieboskłonie. Było gorąco, pociłem się, a jednak czułem się jak w lodówce. Wydawało mi się, że ktoś wyłączył specjalnym kluczem moje płuca, mózg, wszystkie organy. Serce mi zamarło. Niech lekarze gadają, co chcą na ten temat, a mnie i tak serce zamarło. Poczułem się tak dlatego, że nagle z całą mocą oświeciła mnie paraliżująca myśl, na którą powinienem był wpaść dużo wcześniej, gdybym nie był tak zajęty użalaniem się nad sobą i rozwodzeniem nad swoją krzywdą: być może Aleksander Lichodzki był w tej grze, a jeżeli tak, to nie odgrywał bynajmniej roli pionka...

***

Prokurator Andrzej Michalski patrzył na mnie wzrokiem, który nie pozostawiał wątpliwości odnośnie do jego uczuć względem mojej osoby. Temperatura arktycznego lodu, która przyszła mi na myśl, wydawała się wręcz przyjemnie ciepła wobec tego, co widziałem w jego oczach.

– Czy przyznaje się pan do winy ?

– Nie przyznaję się.

– Czy chce pan składać wyjaśnienia?

– Chcę.

– W takim razie proszę powiedzieć, czy zna pan członków Komisji Weryfikacyjnej WSI, Leszka Pietrzaka i Piotra Bączka...

Odpowiadałem jak potrafiłem. Opowiedziałem, jak przed kilku laty w trakcie prowadzenia dziennikarskiego śledztwa w sprawie zabójstwa księdza Popiełuszki poznałem Leszka Pietrzaka, współpracownika prokuratora Andrzeja Witkowskiego. Opowiedziałem o swoich kontaktach z Piotrem Bączkiem, mało mi znanym kolegą dziennikarzem, z którym ostatni raz widziałem się wiele miesięcy temu. Opowiedziałem, ile mogłem, o spotkaniach z Aleksandrem Lichodzkim, moim informatorem – wówczas już zdeknspirowanym publicznie przez innych dziennikarzy – i o Leszku Tobiaszu, pułkowniku WSI, którego nie poznałem nigdy, a z którym minąłem się raz bądź dwa na zasadzie „dzień dobry", w dziwnych okolicznościach. Jedyny pewny kontakt nastąpił pod koniec kwietnia 2008 roku w Zaborku, gdy Tobiasz podszedł do mnie i usiłował mi wmówić, że jest moim znajomym. Ponieważ nie potrafiłem sobie przypomnieć „znajomego", zostawił mi do siebie telefon z informacją, żebym „koniecznie zadzwonił", bo – jak się wyraził – musimy porozmawiać o ważnych sprawach. Nie zadzwoniłem...

– Przykro mi, ale będzie wniosek o areszt.
– To jakaś potworna bzdura – krzyknąłem, tracąc panowanie nad sobą.
– Proszę się uspokoić. Decyzja już zapadła.
Prokurator uśmiechała się, lecz po jej głosie rzeczywiście można było poznać, że decyzja jest ostateczna.
– Nerwy nic panu nie pomogą. Pan po prostu nie chce współpracować. Rozumie pan, o czym mówię?
– Nie rozumiem.
– Sądzę, że pan rozumie. Proszę nam opowiedzieć całą prawdę o relacjach z członkami Komisji Weryfikacyjnej WSI. Jeżeli będzie pan współpracował i nic przed nami nie ukrywał, wróci pan do rodziny. Nam chodzi tylko o prawdę.
– To chodzi nam o to samo.
– Być może mówi pan prawdę, a być może nie.

Tym razem nic nie odpowiedziałem, bo też nie miałem nic do powiedzenia. Nikt już na mnie nie patrzył, wszyscy oglądali swoje ręce. Jedynie prokurator Jolanta Mamej cały czas uśmiechała się mimochodem, po raz kolejny tego dnia. Nie wiedzieć czemu pomyślałem, że prawdopodobnie pozwalała sobie co najwyżej na kilka uśmiechów dziennie. Są ludzie, na których żadne słowa nie robią żadnego wrażenia... Zrobiło mi się zimno. Było to dziwne odczucie, tak jakby całe ciepłe powietrze zostało nagle wymiecione. Minęło pół minuty w absolutnej ciszy. Zdałem sobie sprawę, że zadawanie dalszych pytań jest bezcelowe, a może nawet niebezpieczne. Zarzut dotyczący przekazania spółce Agora tajnego Aneksu rozmył się i gdzieś zniknął, by nie wrócić już nigdy więcej. Zamiast niego pojawił się zarzut inny – płatna protekcja. Według prokuratorów wraz z pułkownikiem Aleksandrem Lichodzkim miałem żądać od pułkownika Leszka Tobiasza dwustu tysięcy złotych za pozytywną weryfikację w Komisji Weryfikacyjnej WSI, przy czym ten ostatni nie zapłacił ani grosza – bo wówczas byłby współuczestnikiem rzekomego przestępstwa – a miast tego wykazał się obywatelską postawą i poinformował o wszystkim organa ścigania. A zatem nie odzyskałem wolności. Zamiast tego miałem trafić z powrotem do policyjnej izby zatrzymań i następnie, po usankcjonowaniu prokuratorskiej decyzji przez sąd, do aresztu. Sympatyczni skądinąd chłopcy z „Abwehry" zapakowali mnie do samochodu. Trudno mi opisać, co wówczas czułem. Dzień był piękny, słoneczny, niemal bezwietrzny. Około czternastej byliśmy z powrotem w policyjnej izbie zatrzymań. Nastąpiło powtórzenie procedur z dnia poprzedniego: rozebrać się, ubrać się, wyjąć sznurówki...

Mijała trzecia doba bez snu, bez jedzenia, o przysłowiowej kropli wody. Bynajmniej nie dlatego, że w areszcie oszczędzano na posiłkach. To napięcie zniwelowało potrzebę snu i głodu niemal do zera, wprowadzało w trudny do opisania stan psychiczny, przypominający stan odurzenia alkoholowego. Mimo tak specyficznego samopoczucia miałem już świadomość, że ludzie odpowiedzialni za realizację tej sprawy pójdą do samego końca, cokolwiek by to miało oznaczać. Rozumiałem, że sprawa, w której dokonano przeszukania w mieszkaniach członków Komisji Weryfikacyjnej Wojskowych Służb Informacyjnych, w której zatrzymano dziennikarza, musi być priorytetowa. To była gwarancja, że media będą śledzić i analizować sprawę. Rozumiałem tyle, że cała sprawa to duży kaliber, że ktoś usadowiony wysoko pragnął tego śledztwa, ktoś na tyle potężny, że jeżeli chciał śledztwa, śledztwo było prowadzone...

W tych warunkach próbowałem zająć się myśleniem, przypomnieniem wydarzeń z przeszłości, które pomogłyby mi jakoś to wszystko uporządkować. Z zarzutu wynikało, że Olek miał żądać od Tobiasza pieniędzy, powołując się na mnie. Tobiasz nie zapłacił, za to nagrał Olka, swojego długoletniego przyjaciela ze służb specjalnych. Rzecz jasna, Olek był w tej grze, pewnie razem z Tobiaszem opracowywał cały plan. Tylko dlaczego? Przypomniałem sobie, że Przemek Wojciechowski, kolega dziennikarz, mówił o jakiejś grze podjętej przez Olka. Prokuratorski zarzut płatnej protekcji, odnoszącej się do weryfikacji w Komisji Weryfikacyjnej WSI, przeszukanie pod idiotycznym pretekstem przekazania tajnego

Aneksu Komisji Agorze, wydawcy „Gazety Wyborczej" – wszystkie te elementy wskazywały, że mogłem być celem pośrednim gigantycznej operacji, celem samym w sobie wydawała się być Komisja Weryfikacyjna Wojskowych Służb Informacyjnych. Szczegóły „gry Olka" Przemek miał mi przedstawić przy naszym najbliższym spotkaniu, ale teraz, kiedy siedziałem w odosobnieniu, byłem zdany na domysły. A może było inaczej, może Olek zwyczajnie chciał wykorzystać fakt, że znał mnie i swoją wiedzę o tym, że ja znałem członków Komisji, zwłaszcza Leszka Pietrzaka? Może chciał to wykorzystać i chodziło mu tylko o pieniądze? Temu jednak przeczyło wyraźne nakierunkowanie całej akcji na członków Komisji, przeszukania w ich mieszkaniach i pytania prokuratorów o moje kontakty z Piotrem Bączkiem i Leszkiem Pietrzakiem, a nade wszystko skala powziętych środków. Przecież w samym moim warszawskim mieszkaniu w pewnym momencie przebywało trzynastu funkcjonariuszy ABW. A zatem prowokacja? Ale dlaczego Olek miałby to zrobić? Czy chodziło o szantaż, o jakąś sprawę z przeszłości? I dlaczego ja?

Czy to wtedy dotarło do mnie, że cała ta historia może mieć związek z moim dziennikarskim śledztwem w sprawie „Pro Civili"? Czy to wtedy po raz pierwszy pomyślałem, że spiritus movens całej tej potwornej intrygi może być Bronisław Komorowski i jego znajomi z WSI?

W pewnym momencie stało się to dla mnie tak oślepiająco oczywiste, że byłem zadziwiony, iż nie wpadło mi to do głowy od razu, choć dwie minuty konstruktywnego myślenia musiałyby mnie na to naprowadzić. Czas domysłów minął. Zrozumiałem, że mam przeciwko sobie Komorowskiego, WSI i ABW na dokładkę.

Myślałem o tym, że połączenie „gry" Olka ze mną, a następnie połączenie mnie z członkami Komisji, było perfekcyjną mistyfikacją. Mając Olka w środku rzekomo istniejącej „przestępczej grupy", powiązanej z Komisją, prowokatorzy uzyskiwali szeroki wachlarz możliwości. Jeżeli tak było, to Olek, jako koń trojański, miałby do odegrania trudną, ale jakże ważną rolę – współpodejrzanego opowiadającego o przestępstwie, którego nie było. Myśl, że ten długoletni znajomy Komorowskiego był zwyczajną wtyczką i jest zaangażowany w grę po drugiej stronie, wracała jak bumerang. A zatem Lichodzki, mój wieloletni informator – no i długoletni znajomy Komorowskiego – był wtyczką, która „oswajała" ofiarę i przygotowała scenę. To, że znał ofiarę od kilku lat, nie miało żadnego znaczenia. Byłem tylko pionkiem na szachownicy, którego trzeba było poświęcić, żeby wygrać partię. Kto liczy się z pionkami? „As dziennikarstwa śledczego" – pomyślałem o sobie z ironią i goryczą. „Do końca życia powinienem grać w pchełki, a nie brać się za tematy, które mnie przerastały". Dla potwierdzenia tej układanki brakowało mi twardych dowodów, ale wiele poszlak świadczyło, że byłem na właściwym tropie. Poszlak, których w porę nie zauważyłem. Niech diabli porwą tych bandytów, którzy wymyślili tę intrygę, którzy nie liczą się z ludzkim losem, dla których ważny jest tylko doraźny interes polityczny i liczy się tylko to, co praktyczne. Czego jednak innego można się było spodziewać po specjalistach od kombinacji operacyjnych pokroju Lichodzkiego czy Tobiasza? Bóg jeden wie, ilu ludzi zginęło przez takich jak oni i im podobni, ilu przez nich cierpiało. Wchodząc w niedopuszczalną zażyłość z tym drugim, powinienem przewidzieć, że tak to wszystko może się kiedyś skończyć. Powinienem, ale nie przewidziałem. Jak mogłem być aż takim ślepcem?!

Nie powiem, że uświadomienie sobie tego faktu było najprzyjemniejszym momentem w moim życiu. Miałem przed sobą prawie całą układankę, widziałem nieomal wszystko jak na dłoni. „Dziennikarstwo śledcze" – pomyślałem z goryczą. A to dobre. Powinienem zostać z dziećmi w przedszkolu na warszawskich Bielanach, gdzie pracowałem jako psycholog dziecięcy. Nie nadaję się do zmagania ze złymi ludźmi na tym złym świecie. Wkrótce moje morale i szacunek do siebie skurczyły się do tego stopnia, że trzeba by ich szukać pod mikroskopem. Dokonałem więc przeglądu ostatnich wydarzeń w nadziei, że znajdę coś, co mnie podtrzyma na duchu. Ale nie. Dzierżyłem wspaniały, niezrównany rekord: przez długi czas popełniałem niemal wyłącznie błędy. Przypomniałem sobie różne znane mi kombinacje operacyjne oficerów służb specjalnych PRL, spośród których najbardziej spektakularna była ta dotycząca zamordowania księdza Jerzego Popiełuszki. Przypomniałem sobie słowa Andrzeja Witkowskiego: „jeżeli nie będą mogli polemizować z faktami, zawsze będą mogli podważyć wiarygodność tego, kto te fakty zebrał". W tym przypadku – moją wiarygodność. Po co likwidować – skoro można unieszkodliwić inaczej, za to równie skutecznie. Uświadomiłem sobie, że mam przeciwko sobie ludzi, dla których podobne kombinacje operacyjne to bułka z masłem. Zrozumiałem, że jestem przy nich jak harcerz – amator przy zawodowcach. Nagle poczułem się potwornie osamotniony i bezradny. Byłem jak Dawid, który idąc na spotkanie z Goliatem uświadomił sobie, że zapomniał procy. Są ludzie, którzy zniosą wszystko. Ale większość ma granicę wytrzymałości i ja właśnie swoją poznałem. Tak minęła kolejna noc bez snu.

Trwałem w jakimś dziwnym letargu, z którego wyrwał mnie szczęk klucza w zamku. Był już ranek. Ocknąłem się, usłyszałem lekkie skrzypnięcie drzwi i metaliczny odgłos ich otwierania. Przyszli po mnie w dziewięciu. Potężnie zbudowani, nabici mięśniami faceci nie byli już tak mili jak ich koledzy dzień wcześniej. „Rusz palcem w bucie bez zgody, a zobaczysz, jak ci p..." – oznajmił „na dzień dobry" wielki jak góra, jeden z ubranych w czarny uniform i kominiarkę funkcjonariuszy ABW. Przekonanie i specyficzny akcent, z jakim zostały wypowiedziane te słowa, spowodowały, że ani przez moment nie wątpiłem w ich szczerość i prawdziwość. Zapakowali mnie do Nissana Patrola. Czterech funkcjonariuszy ABW w samochodzie ze mną, pięciu w drugim, jadącym za nami. Zastanowiło mnie, po co tak wielkie środki ostrożności? Inwigilowano mnie od kilku miesięcy, a zatem wiedziano, że moi koledzy to ludzie prasy, radia i telewizji, przedstawiciele wydawnictw. Wiedziano, że nie istnieje żadne dziennikarskie komando, które mogłoby mnie odbić. Jak wytłumaczyć ten kolejny absurd, jeżeli nie akcją na pokaz? Posiedzenie sądu było krótkie. Po rozprawie zaprowadzono mnie do niewielkiej, może czterometrowej celi. Tu miałem oczekiwać na decyzję sądu o moim losie. Tych pięciu godzin oczekiwania, spędzonych w celi na modlitwie, nie zapomnę nigdy. Przede mną i zapewne po mnie w tej niewielkiej celi, dwa metry na dwa, modliło się wielu nieszczęśników. Świadczyły o tym wydrapane napisy, pełne odwołań do Boga, do Jego miłosierdzia i przebaczenia. Jakże dobrze rozumiałem to, co przeżywali moi poprzednicy czekający w tym miejscu na decyzję o swoim losie. Myślałem o tym, co będzie dalej.

Zostałem podejrzanym o płatną protekcję i miałem zostać wsadzony do aresztu na nieokreślony czas. Może na kilka, a może kilkadziesiąt miesięcy? Zajmowałem się sprawami, w których podejrzani uporczywie odmawiający przyznania się do winy spędzali w areszcie nawet po kilka lat. Działo się tak zwłaszcza wtedy, gdy materiał dowodowy nie był przekonujący i przyznanie się do winy miało być ostatecznym atutem w rękach prokuratury. Normalny człowiek, nie bandyta, który siedzi w celi dwa na dwa metry – prysznic raz w tygodniu, spacer raz w tygodniu – i przez kilkanaście miesięcy nie ma kontaktu ze światem, przyzna się do zabójstwa Kennedy'ego, byle tylko wyjść na wolność. Przypomniałem sobie, że rekordzista spędził w areszcie wydobywczym sześć i pół roku, nim okazało się, że nie popełnił zarzucanego mu czynu i może wyjść na wolność. Rozmyślałem o swoim życiu. Po raz pierwszy od kilkunastu lat znalazłem się w sytuacji, w której mogłem zastanowić się nad tym wszystkim, co zazwyczaj gdzieś umykało. Od kilkunastu lat wciąż biegłem. W trakcie tego ustawicznego biegu nie zauważałem, kiedy przychodziła zima, kiedy wiosną do życia budziła się przyroda. Nie miałem na to czasu. Teraz, gdy po raz pierwszy w życiu zostałem zatrzymany, brakowało mi wszystkiego, oprócz czasu, bo tego miałem teraz aż w nadmiarze.

Wspominałem dzieciństwo, kolegów z którymi niegdyś się przyjaźniłem. Niektórzy z nich już odeszli, inni gdzieś wyjechali, z jeszcze innymi na skutek rozmaitych wydarzeń życiowych i ciągłego biegu – mojego i ich – straciłem kontakt. Wspominałem zmarłą mamę i innych bliskich z dzieciństwa, z których nie pozostał już prawie nikt. Wykonałem w myślach ćwiczenie, którego uczono nas na studiach, i „narysowałem" „mapę drogową" całego mojego życia, odkąd tylko potrafiłem sięgnąć pamięcią, aż do punktu, w którym tkwiłem obecnie. Myślałem o śmierci, o tym, że każdy kiedyś umrze, ale nie każdy wie, jak żyć. Myślałem o tym, jak przed czternastoma laty, pracując krótko w hospicjum w szpitalu w Białej Podlaskiej, rozmawiałem z umierającymi. Jak opowiadali, że w perspektywie śmierci pojawiło się u nich szczególne zainteresowanie tym, co rzeczywiście dobre, a co złe, co godne, a co uwłaczające człowiekowi. Pojawiły się pytania o prawdziwe wartości i uległy weryfikacji stare kryteria postępowania. Łączyło się to zapewne z działaniem sumienia, które stawało się najbardziej bliskim i bezkompromisowym oskarżycielem człowieka. W sytuacji największego zagrożenia ma często miejsce przegląd życia podobny do kroniki wydarzeń. Ponieważ nikt krytyczny nie może o sobie powiedzieć, że jest moralnie doskonały, więc większość moich rozmówców przypuszczała, że w momencie śmierci spadnie na nich brzemię odpowiedzialności za rozmaite błędy. Myślałem o tym, że w chwilach szczególnie trudnych, traumatycznych, dochodzi do odarcia człowieka ze złudzeń, następuje proces odkłamania, który polega na tym, że odrzuca się falsyfikaty wartości, a staje się wobec siebie w prawdzie. Dokonuje się to nie bez trudu, w bólu i strachu.

Idąc na salę rozpraw z kajdankami na rękach i w asyście funkcjonariuszy ABW, spostrzegłem siedzącą na brzegu ławki żonę. Pozwolono nam tylko na dotknięcie rąk, ale wiedziałem, że dotyk ten zapamiętamy do końca życia. W oczach miała łzy, które powoli spływały po policzkach. Chciałem je obetrzeć, ale w tym momencie funkcjonariusze ABW wzięli mnie już za ramiona.

– Nie płacz, będzie dobrze, to jakieś potworne nieporozumienie, wszystko się wyjaśni. – Powiedziałem to z takim przekonaniem, że nieomal sam w to uwierzyłem. Nadzieja, którą nam wytworzyłem, trwała jednak tylko chwilę i rozsypała się jak domek z kart.

– Tak, tak. Sąd już czeka, więc zapraszam i za chwilę wszystko będzie jasne. – Prokurator Michalski, który nagle pojawił się przy nas, wiedział, jak podnieść człowieka na duchu. Wypowiedział te słowa z takim przekonaniem, jakby sądowy werdykt znał lepiej niż sędzia. Wydawał się podekscytowany i pewny swego. Po kilku minutach rzeczywiście wszystko było już jasne. Sąd odczytał swoją decyzję: miałem pozostać na wolności. Zabezpieczenie postępowania przygotowawczego miała zagwarantować kaucja w wysokości siedemdziesięciu tysięcy złotych, zdeponowanie paszportu i obowiązek meldowania się na policji.

Próżno próbowałbym wyrazić, co wówczas czułem.

Czy można wyrazić słowami, co czuje tonący człowiek, któremu Opatrzność zsyła ratunek?

Po powrocie do domu nie mogłem zasnąć. Nie wiem, jak to możliwe, ale naprawdę tak było. Nie spałem już czwartą noc, a jednak nie mogłem zasnąć. Poddałem się około piątej nad ranem, ale już o ósmej byłem z powrotem na nogach. Gdy po przebudzeniu spojrzałem w lustro, zobaczyłem twarz dziadka. Twarz mojego dziadka na łożu śmierci. Jeden rzut oka na własne odbicie w lustrze powiedział mi więcej o cenie, jaką zapłacił mój organizm za ostatnie wydarzenia, niż jakiekolwiek słowa. Rankiem 13 maja miałem włosy w kolorze kawy, a cztery dni później byłem już siwy jak gołąbek...

Włączyłem radio, by wysłuchać porannych wiadomości. News dotyczący mojej osoby uplasował się na pierwszym miejscu. „Prokuratura zapowiedziała odwołanie od decyzji sądu i będzie domagała się aresztowania Wojciecha Sumlińskiego, dziennikarza podejrzewanego o płatną protekcję względem oficera WSI". Całą sprawę komentował też – jakżeby inaczej – Bronisław Komorowski, który wręcz brylował w mediach. TVN, Radio ZET, prasa – wszędzie było go pełno. Moją uwagę przykuła wypowiedź marszałka udzielona w „Kontrwywiadzie", programie Radia RMF. – Zalecałbym wstrzemięźliwość w obronie redaktora Sumlińskiego. To poważna i wielowątkowa sprawa. Zapewne też bardzo rozwojowa – przekonywał Bronisław Komorowski.

Skąd on u licha na tym etapie śledztwa może wiedzieć, czy sprawa jest poważna czy dęta? – zastanawiałem się. Zanotowałem w pamięci tę nadaktywność marszałka Sejmu, która była co najmniej intrygująca. Im dłużej się nad całą sytuacją zastanawiałem, tym bardziej miałem wrażenie, że uczestniczę w jakimś chocholim tańcu, w którym jeden absurd goni drugi.

Do Białej Podlaskiej wróciliśmy tego samego dnia wieczorem. Po dotarciu na miejsce na własne oczy zobaczyłem krajobraz zniszczenia. O skali katastrofy przekonała mnie rozmowa z Anią, moją siedmioletnią córką. Było dobrze po dwudziestej drugiej, gdy podeszła do mnie i usiadła mi na kolanach.

– Tatusiu, ale ty nikogo nie zabiłeś, prawda?

Zaniemówiłem. Przez dłuższą chwilę nie mogłem wydobyć z siebie głosu, ale wreszcie się przełamałem.

– Oczywiście, że nikogo nie zabiłem. Skąd takie pytanie, Aniu?

– Bo moja koleżanka powiedziała mi, że kogoś zabiłeś i teraz pójdziesz do więzienia.

Zakręciło mi się w głowie, w oczach pojawiły łzy, ale zebrałem się w sobie. Wziąłem w obie dłonie twarz ukochanego dziecka i popatrzyłem na nią. Córka miała zamknięte oczy.

– Aniu, nie unikaj mojego wzroku.

Spojrzała na mnie.

– A teraz posłuchaj. Twój tatuś nigdy nikogo nie zabił, ani nikomu nie wyrządził żadnej krzywdy. Nie zrobiłem nic złego. Nic, czego ty lub ktokolwiek inny z rodziny musiałby się wstydzić. Nie umiem ci tego dziś wytłumaczyć, ale kiedyś zrobię to na pewno. A wtedy wszystko zrozumiesz i będziesz z tatusia dumna. – Córka wtuliła się we mnie i tak trwała dobrych kilkanaście minut, aż do zaśnięcia. Zaniosłem ją do łóżka, a sam poszedłem do łazienki. Byłem jak Will Smith w kulminacyjnej scenie mojego ulubionego filmu „W pogoni za szczęściem". Nie zapalałem światła, zamknąłem drzwi, usiadłem w kącie i zaniosłem się bezgłośnym szlochem, po raz pierwszy od czasów dzieciństwa...

Upływający czas nie przynosił spokoju. Przeciwnie, z każdym dniem było nam coraz trudniej, zwłaszcza że funkcjonariusze ABW nie dali o sobie zapomnieć. Na wszystkich telefonach pozostało echo, ślad, że nadal byliśmy podsłuchiwani. Śledzono każdy nasz krok, pod naszym bialskim mieszkaniem ostentacyjnie parkowały samochody z mężczyznami w garniturach. Ci ostatni odwiedzali nas zresztą pod byle pretekstem. Raz, by doręczyć wezwanie, innym razem, by żona rozpoznała rzeczy, które nam odebrano. Koledzy z branży, ci dobrze poinformowani, twierdzili, że prokuratura i ABW, które z trudem przełknęły pierwszą porażkę, z pewnością nie zaprzestaną nękania nas. W Agencji Bezpieczeństwa Wewnętrznego miał powstać mój portret psychologiczny, z którego wynikało, że kluczem do sukcesu jest osadzenie mnie w areszcie wydobywczym. Za wszelką cenę. Skonstatowano, że jestem człowiekiem wrażliwym, podatnym na naciski, który zrobi, co będzie konieczne, i powie, co będzie konieczne, byle pozostać na wolności z rodziną. Nie wątpiłem, że to nie koniec. I bez tej wiedzy, dostarczanej przez dobrze poinformowanych kolegów, dotychczasowe doświadczenia wykazały mi w pełni, że zaletą ludzi służb specjalnych są konsekwencja i cierpliwość. Gdybym przypadkiem w te „zalety" zwątpił, przypomnieli mi o tym przedstawiciele spółki „Megagaz", o której kontrakcie wartym blisko miliard złotych na realizację tzw. trzeciej nitki rurociągu „Przyjaźń" ujawniłem materiały w „Życiu" i we „Wprost". Znamienne, że teksty o tej transakcji powstały w roku 2004, tymczasem firma powiązana z generałami Wojska Polskiego i pozostającymi w tle przedstawicielami wojskowych służb specjalnych wytoczyła mi proces cztery lata później, zaledwie kilka tygodni po zatrzymaniu mnie przez ABW. Działanie to potraktowałem jako „subtelną" metodę dobijania leżącego przeciwnika, bo w istocie kolejny proces, w tym właśnie momencie, do tego się właśnie sprowadzał. Pamiętając o „zaletach" moich starych i nowych „przyjaciół", starałem się mimo wszystko nie przejmować złymi informacjami i powoli wracać do normalnego życia. Wspominałem nie tak znów odległe czasy, gdy mieliśmy w miarę zwyczajne życie, bez ciągłej obecności ludzi w garniturach, którzy bardzo polubili nasze towarzystwo i nawet specjalnie się z tym nie kryli. Bywało, że po niedzielnym spacerze, na próbę, trzykrotnie w ciągu godziny zmienialiśmy restauracje. Za każdym razem towarzyszyli nam ci sami mężczyźni w garniturach, bądź te same „zakochane pary". Skupiając się na poranionej rodzinie, na którą całe to wydarzenie spadło niczym grom z jasnego nieba w majowy dzień, nie mogłem uciec od myśli o sprawie, która doprowadziła nas na krawędź tragedii. Kto nam to zrobił i czemu naprawdę służyła ta cała operacja? Nie jestem Einsteinem, ale jak dostanę parę razy po głowie, to potrafię zobaczyć to, co jest widoczne gołym okiem. W tej sprawie układające się w logiczny ciąg fakty nie pozostawiały zbyt wielu wątpliwości. A gdybym nawet je miał, to w ich rozwianiu pomógł mi, jak zawsze w takich sytuacjach, Marek.

***

Dawno temu ustaliliśmy, że na wypadek nieoczekiwanych trudności spotkamy się bez telefonowania w pewnej restauracji przy trasie Warszawa – Gdańsk, w Dziekanowie Leśnym, w samo południe, w pierwszy czwartek miesiąca. Gdyby to nie zadziałało, miał to być kolejny czwartek miesiąca i tak aż do skutku. Śmieszyły mnie te dawno temu ustalone zasady konspiracji, wydawały się wręcz absurdalne, ale Marek uważał, że są konieczne, że zawsze, absolutnie w każdej sytuacji, trzeba mieć jakiś „plan B". Jakże byłem mu wdzięczny za tę przesadną – jak sądziłem kiedyś – ostrożność.

Wczesnym rankiem włożyłem nową, specjalnie na tę okazję zakupioną odzież, w której z pewnością nie zamontowano żadnego mikronadajnika. Podsłuchiwaną komórkę, zegarek, do którego z pewnością także coś wpakowano – dziwnie ostatnio chodził – i wszelkie inne drobiazgi, a także samochód, w którym 13 maja nieproszeni goście na sto procent zamontowali jakiś chip, zostawiłem pod domem na Bielanach i od ósmej rano krążyłem po mieście środkami komunikacji miejskiej, próbując zgubić potencjalne „ogony". Po trzech godzinach przesiadek w samym centrum złapałem taksówkę, którą przyjechałem do Dziekanowa Leśnego.

Usiadłem przy barze, zamówiłem wodę i czekałem.

Marek przybył punktualnie, jak zawsze.

– Wypij, dobrze ci to zrobi.

Podaliśmy sobie dłonie.

– Jak się trzymasz? Wszystko ok?

– Trzymam się tak sobie. I bardzo daleko od ok.

Marek przez krótką chwilę spoglądał na swoje ręce, jakby potrzebował przerwy, nim przejdzie do właściwego tematu.

– Nie chcę cię straszyć, ale to poważna sprawa. I zaangażowani są w nią ważni ludzie. Wiesz kto... – Popatrzył na płyn w swojej szklance, po czym podniósł ją do ust i wychylił jednym haustem.

– Twoje zdrowie!

Poszedłem za przykładem swojego informatora i wychyliłem drinka duszkiem.

– Wyjdźmy stąd, chodźmy na spacer.

Uregulował rachunek, dorzucił napiwek i wyszliśmy na zewnątrz. Szliśmy powoli w milczeniu w kierunku oddalonej od nas o kilkaset metrów Puszczy Kampinoskiej. Uświadomiłem sobie, że Marek mnie obserwuje.

– Aleksander Lichodzki i Leszek Tobiasz to ludzie powiązani z Bronisławem Komorowskim – podkreślił z naciskiem. – Wiedziałeś o tym?

– Wiedziałem, że Lichodzki się z nim „przecinał", ale on przecinał się ze wszystkimi, od biskupów po byłych premierów. Z Komorowskim to jakaś przyjaźń czy relacje biznesowe?

– Znają się i mają wspólne grono przyjaciół. Mówi ci coś nazwisko Buczyński?

– Generał, kolega Olka Lichodzkiego. Spotkałem go

raz lub dwa. Raz na pewno w Zaborku.

– Były attaché w Pekinie, wieloletni serdeczny przyjaciel i Lichodzkiego, i Komorowskiego. Był łącznikiem między nimi, poznał ich ze sobą przed laty i organizował ich spotkania.

– Nie wiedziałem, że to taka zażyła znajomość.

– Nie wiem, jak bardzo zażyła, ale wystarczająco.

– Nie miałem o tym pojęcia.

– To teraz już masz. Powinieneś poznać kilka faktów. Komorowski od lat w sposób dość szczególny był związany z generałem Rusakiem. Już w 1990 roku rekomendował go do kierowania delegaturą UOP w Krakowie, w efekcie czego został on przez Andrzeja Milczanowskiego mianowany na to stanowisko. Gdy Komorowski kierował Sejmową Komisją Obrony Narodowej i MON, Rusak został szefem Wojskowych Służb Informacyjnych. W całej sprawie nie byłoby nic dziwnego, gdyby nie fakt, że Komorowski to zasłużony działacz antykomunistycznej opozycji, zaś Rusak, jako dowódca kompanii czołgów w grudniu 1981 roku, zgłosił się na ochotnika do pacyfikowania kopalni „Wujek". Czołgi miały zostać użyte, gdyby ze spacyfikowaniem kopalni nie poradził sobie pluton specjalny ZOMO.

Szliśmy przez las, a ja słuchałem jak zaczarowany. Nie przerywałem mojemu informatorowi ani słowem. Odnosiłem wrażenie, że zamilkły nawet ptaki, a w lesie zrobiło się cicho, jak makiem zasiał.

– Współpraca była kontynuowana, gdy Komorowski został przewodniczącym Sejmowej Komisji Obrony Narodowej, następnie ministrem Obrony Narodowej, a w tym samym czasie Rusak został szefem Wojskowych Służb Informacyjnych. Kooperacja znalazła odzwierciedlenie w odniesieniu do działalności „Pro Civili", ale to już wiesz. – Marek zatrzymał się. Nie patrzyłem na niego, ale czułem, że on patrzy na mnie.

– Wiem wszystko o twoim głównym źródle z WSI, o Lichodzkim. I wiem coś, czego ty nie wiesz. Wiem, kto za nim stoi. Na samej górze zawsze jest jeden człowiek, choć to niekoniecznie zawsze ten sam człowiek. – Milczałem. Wiedziałem, że ma rację. Jak zwykle...

– Sądziłeś, że kontrolujesz sytuację, że otrzymujesz ważne informacje. Ale naprawdę to oni kontrolowali ciebie. I ty im to umożliwiłeś.

– Informacje od nich prawie zawsze były prawdziwe, to było czyste złoto – zareagowałem.

– Pieprzenie. Trochę świecidełek w błocie, nic ponadto. Pamiętasz akcję z Kwaśniewskim? Negocjowaliście wymianę, publikacja za zdjęcia, a to była pułapka. Rozegrali was, jak dzieci. – Marek nigdy nie owijał słów w bawełnę, za to ceniłem go najbardziej. I wiedziałem, o czym mówi.

***

Wiosną 2005 roku zadzwonił do mnie Aleksander Lichodzki.

– Za poł godziny tam gdzie zwykle.

– Za pół godziny nie dam rady, pisałem prawie do rana, poza tym muszę się wykąpać.

– Jesteś wystarczająco czysty na ten brudny świat wokół nas. Czekam na ciebie za pół godziny. Cześć...

– Przerwał połączenie nie czekając na odpowiedź. Choć wiele razy obiecywałem sobie, że nie będę reagował na tego typu specyficzne „zaproszenia", tym razem coś mi mówiło, że to nie jest dobry moment na wymówki.

Wziąłem prysznic, ogoliłem się, ubrałem i zjadłem szybkie śniadanie z takim pokrzepiającym skutkiem, że po pół godzinie byłem w stanie uśmiechnąć się i powiedzieć uprzejmie „dzień dobry" recepcjonistce w hotelu Ibis, kelnerce i na koniec mojemu informatorowi. Olek Lichodzki oczekiwał na mnie z zamówioną late.

– Jest temat. Bierzesz albo nie. Jeśli tak, stawiam tylko jeden warunek. Materiał musi być zwodowany najpóźniej w poniedziałek – zaczął bez zbędnych wstępów. – Potwierdzenie musi być w niedziele rano. Jeśli nie będzie, w poniedziałek newsa zwoduje ktoś inny.

– Słucham?

– Słyszałeś. W poniedziałek – powtórzył z naciskiem.

– Nie da rady. Dzisiaj jest czwartek, co najmniej dzień na weryfikację...

– Tym razem weryfikacja nie będzie potrzebna. Taki to materiał.

– Weryfikacja zawsze jest potrzebna i nie ma od tego wyjątków.

– Metr osiemdziesiąt, dobrze zbudowany, około siedemdziesiątki, siwiejący, w okularach. To będzie twoja weryfikacja. Nazywa się Kowalski. Przyniesie ci próbkę materiału, który sobie weryfikuj. Powiedzmy o jedenastej w tym samym miejscu. Jak ty i twoja redakcja będziecie zainteresowani, resztę otrzymasz o siedemnastej od Kucińskiego.

– Od kogo?

– Od Ryszarda Kucińskiego, adwokata marka Dochnala. Żegnam.

– Chwileczkę. – Olek zatrzymał się w pół kroku.

– Rzucasz ochłap i już cię nie ma. To nie jest uczciwe ani mądre.

– Uczciwość mnie nie obchodzi, a jeśli idzie o mądrość, to osądzisz ją później, jak zobaczysz próbki. Spieszę się. Cześć!

Zostałem sam na sam ze sobą. W oczekiwaniu na Kowalskiego, czy jak on się tam nazywał naprawdę, miałem półtorej godziny na przemyślenie całej historii. O tym, że Ryszard Kuciński, były rzecznik Prokuratury Apelacyjnej w Warszawie, a ostatnio adwokat Marka Dochnala, dysponuje materiałami pozyskanymi od swojego klienta, które mogą wysadzić pół sceny politycznej, słyszałem już wcześniej od dwóch informatorów. Działali razem i byli znani co najmniej kilku dziennikarzom śledczym, a część ich informacji pochodziła – jak mówiono na rynku – prosto z Abwehry i innych służb tajnych. Teraz te same informacje w wersji skonkretyzowanej przynosił Olek. Przypadek czy duża, prowadzona na szeroką skalę gra, w której jakąś rolę przypisano mediom? Na rozmyślaniach, z których nic nie wynikało, zeszło mi kilkadziesiąt minut.

– Pan Sumliński?

Mężczyzna zadający to pytanie nie wyglądał na sędziwego staruszka, w każdym razie nie tak, jak ja sobie wyobrażałem jegomościa pod siedemdziesiątkę. Twardy i wyglądający na przebiegłego osobnika. Rozpromieniony od ucha do ucha. Przysiadł się, nie czekając na zaproszenie.

– Nazywam się Kowalski.

Oddałbym swoje trzonowe zęby, żeby w to uwierzyć. Może i był nim, ale nie pod tym nazwiskiem się urodził. Jednakże przywitałem się z nim tak uprzejmie, jakby naprawdę nazywał się Kowalski.

– Ma pan do omówienia ze mną jakąś sprawę – zagadnąłem.

Powitalny uśmiech poszedł do zamrażalni.

– Ano właściwie mam i nie mam. I nie wiem, czy do omówienia.

– Proszę?

Kowalski zmarszczył brwi w zamyśleniu, wzruszył ramionami i zza poły marynarki wyjął zalakowaną kopertę, którą położył na stole.

– Tu nie ma nic do omawiania. Niech pan sobie obejrzy to. Do widzenia panu.

Podał mi rękę, wstał od stołu i ruszył do obrotowych drzwi, którymi wszedł zaledwie minutę wcześniej. Przez chwilę przyglądałem się leżącej na stole przesyłce, po czym naderwałem jej krawędź i szybko otworzyłem. W środku było tylko jedno zdjęcie, przedstawiające uśmiechających się do siebie prezydenta Aleksandra Kwaśniewskiego i lobbystę Marka Dochnala. W tym momencie wszystko było już jasne.

Nie pozyskałem sobie wielu przyjaciół w drodze z ulicy Konwiktorskiej, gdzie znajdował się hotel Ibis, do redakcji Tygodnika „Wprost" w Alejach Jerozolimskich. W normalnych warunkach prowadząc wóz tak po wariacku i nieodpowiedzialnie, powinienem spowodować co najmniej pół tuzina wypadków, ale to był mój dobry dzień. Po drodze szybko analizowałem wagę otrzymanego materiału. Przyciskany przez media i opozycję prezydent Aleksander Kwaśniewski od wielu tygodni wił się jak piskorz, zapewniając w licznych publicznych wypowiedziach, że nigdy nie poznał i nigdy nie spotkał się z Markiem Dochnalem. W najbliższy poniedziałek miał stawić się przed Sejmową Komisją Śledczą, by po raz sto pierwszy, za to pierwszy raz zeznając pod przysięgą, powtórzyć to, co mówił na ten temat dotychczas. Prezydent wahał się, czy wziąć udział w przesłuchaniu. Jeżeli zdjęcie, które otrzymałem, nie było mistyfikacją, miałem dowód, że Aleksander Kwaśniewski kłamał jak z nut. Zastanawiało mnie, dlaczego mojemu informatorowi, tudzież ludziom stojącym za nim, tak zależało, by materiał ukazał się w poniedziałek. Rozpatrywałem różne koncepcje, nawet te najbardziej irracjonalne, ostatecznie jednak dałem sobie spokój. Powodów mogło być tak wiele, że zastanawianie się nad nimi zwyczajnie nie miało sensu. „Koniec końców moja rola polega na zebraniu informacji prawdziwych i ważnych z punktu widzenia opinii publicznej, nie na rozważaniu motywacji informatorów" – przypomniałem sobie zasadę, która legła u podstaw współpracy z Lichodzkim i innymi informatorami. A o ewentualnej publikacji zdjęć i tak miało zdecydować kierownictwo „Wprost", więc to nie mój ból głowy – skonstatowałem. Nie dziwiło mnie natomiast wcale, że adwokat Dochnala kooperował z ludźmi służb specjalnych i posługiwał się materiałami uzyskanymi od klienta, niczym własnymi. Znałem dobrze „Kucińskich" tego świata. Byłem w branży dość długo, by wiedzieć, że dla służb specjalnych na całym świecie adwokaci są równie cenną agenturą jak dziennikarze. To prawda starsza od samego grzechu. I dwa razy bardziej złowroga. Połączenie szantażu, pieniędzy, niekiedy groźby złamania kariery lub nawet więzienia sprawiało, że na współpracę z ABW lub WSI decydowało się wiele osób – także kolegów z branży – których nazwiska znają wszyscy dziennikarze śledczy, ale publicznie z wielu względów nie wymieni ich nikt – także nazwisk adwokatów. Chyba od nikogo nie dostałem tak wielu informacji o interesujących mnie przestępcach, co od ich adwokatów... Zaparkowałem samochód na zazwyczaj pełnym parkingu, wysiadłem i popędziłem do redakcji. Poszedłem prosto do gabinetu Marka Króla, naczelnego „Wprost", ale nie było go u siebie. Wychodząc, wpadłem na Staszka Janeckiego, jednego z zastępców naczelnego. Pokazałem mu zdjęcie i powiedziałem, skąd dostaniemy jeszcze kilka takich fotek. Był oszołomiony.

– Na najbliższy numer przygotowywaliśmy już tekst na ten temat, ale te zdjęcia są stokroć ważniejsze od tekstu. Bez dwóch zdań wchodzimy w to – rzucił krótko.

Jeszcze tego samego dnia pojechałem do umiejscowionej blisko Belwederu kancelarii mecenasa Dochnala, z którym przed laty miałem styczność, jako rzecznikiem Prokuratury Apelacyjnej w Warszawie. Porozmawialiśmy jak starzy dobrzy znajomi o starych dobrych czasach, gdy on był twarzą warszawskiej prokuratury, zaś ja naiwnym dziennikarzem wierzącym, że świat ma wyłącznie tonację biało-czarną... Z kancelarii wyjechałem po godzinie dwudziestej, bogatszy o kilka zdjęć i notatniki Marka Dochnala na dokładkę. Taki prezent ekstra. Piątek zszedł na analizie wiarygodności zdjęć i przekazującego je pośrednika. Staszek uparł się, by w mojej obecności porozmawiać z mecenasem Kucińskim.

– Nie możemy sobie pozwolić na jakąkolwiek pomyłkę. To gra o najwyższą stawkę – tłumaczył.

Kuciński zgodził się na spotkanie. Obydwa testy – analiza zdjęć i „trójkowa" rozmowa z adwokatem – przebiegły pomyślnie... Materiał poświęcony Aleksandrowi Kwaśniewskiemu, opatrzony wielokroć ważniejszymi od tekstu zdjęciami, ukazał się w poniedziałkowy ranek, a już kilka godzin później przerażony prezydent zwołał konferencję prasową. Nazwał „Wprost" ubeckim tygodnikiem i odmówił stawienia się przed Sejmową Komisją Śledczą ds. PKN Orlen. – Mógłbym tam pójść, by zaśpiewać i zatańczyć, tylko po co? – spuentował. Paniczna reakcja Kwaśniewskiego na publikacje zdjęć demaskujących jego po wielokroć powtarzane kłamstwa była dla wszystkich zaskoczeniem. Po raz pierwszy prezydent tak jawnie postawił się ponad innymi obywatelami, mówiąc: – Róbcie co chcecie, nie będę zeznawał i koniec. – Większość mediów analizowała przyczyny tak ostrej reakcji Kwaśniewskiego, mnie tymczasem do głowy przyszła inna myśl: co by było, gdyby prezydent stanął przed Sejmową Komisja Śledczą, powtórzył pod przysięgą zapewnienia dotyczące nieznajomości z Dochnalem, które wcześniej po wielokroć wypowiadał w mediach i dopiero po tym zdjęcia opublikowane we „Wprost" ujrzałyby światło dzienne? Prezydent na oczach całej Polski – bo przecież posiedzenia Komisji były transmitowane na żywo – popełniłby jawne przestępstwo. Co byłoby dalej? *Impeachment*? Trybunał Stanu? Do tego jednak nie doszło, bo komuś zależało na wywołaniu reakcji łańcuchowej, która co prawda wprowadziła Kwaśniewskiego w stan przerażenia, ale *de facto* uratowała mu skórę. Dlaczego rozegrano to właśnie w ten, a nie inny sposób? Kto i po co wymyślił taki szatański, „wielopiętrowy" plan? Jaką rolę w tej grze odegrał Aleksander Lichodzki? Nigdy nie poznałem odpowiedzi na te pytania, ale jedno w tej historii nie ulegało dla mnie wątpliwości: miałem do czynienia ze znakomicie zorganizowanymi zawodowcami, przy których byłem zwyczajnym harcerzem. Przy współudziale mojego informatora po mistrzowsku wykorzystali i mnie, i „Wprost". Przypomniałem sobie słowa mojego mentora: jeśli coś tracisz, nie trać tej lekcji. Powinienem był zapamiętać ją uważnie, dużo uważniej, niż to zrobiłem. Czy jednak mogłem przewidzieć, że za utratę tej i kilku innych lekcji przyjdzie mi zapłacić tak wysoką cenę?

***

– Wojtku, byłeś tylko posłańcem. Biegałeś między nimi jak mały chłopiec, biegałeś między śmieciami. – Marek patrzył na mnie bez zmrużenia oka. Wiedziałem, że ma rację. – Lichodzki przetrwał tak długo, bo potrafił się dostosować, służyć rożnym panom.

– O co tak naprawdę tu chodzi?

– O to, komu służy teraz...

ROZDZIAŁ IX

ZŁA SIĘ NIE ULĘKNĘ

ZŁA SIĘ NIE ULĘKNĘ

Czerwiec 2008 roku mijał nam na leczeniu „ran". Wszystkie sprawy, nawet radości i problemy naszych dzieci, zeszły na plan dalszy. Dlatego zaraz po zakończeniu roku szkolnego podjęliśmy decyzję o wyjeździe nad morze. Oczywiście do Darłówka. Było to o tyle trudne, że zostałem przez sąd zobowiązany do meldowania się w miejscu zamieszkania na policji dwa razy w tygodniu. Mimo wszystko uznaliśmy, że dla dobra rodziny warto jeździć w tę i z powrotem, byle tylko wyrwać się w „inny świat". Każda spędzona wspólnie godzina wydawała się bezcenna. W trakcie tych krótkich wypadów znad morza do Warszawy, związanych z policyjnym dozorem, zaczęły pojawiać się niepokojące wieści.

– ABW nie odpuści, pozałatwiaj sprawy, bo dla nich jedyną szansą na uratowanie twarzy jest areszt wydobywczy – słowa moich informatorów i dziennikarzy były dziwnie zbieżne.

Gdy mówiłem o tym obrońcom, kręcili z niedowierzaniem głowami. Nieodmiennie słyszałem: brak podstaw. Tłumaczyli, że dowody to zeznania jednego człowieka, na dodatek z „firmy", o której patologiach robiłem reportaże. Poza tym mijał trzeci miesiąc od pierwszej rozprawy, a w żaden sposób nie utrudniam śledztwa. O areszcie nie mogło być mowy. Takie tłumaczenie przynosiło częściową ulgę – ale tylko częściową. Złowróżbne słowa mimo wszystko utkwiły w mojej pamięci. Odrzucałem je, ale

wracały jak bumerang. Darmo powtarzałem sobie, że pesymizm i gorycz są wynikiem własnych słabości, darmo przypominałem sobie strofę Cypriana Kamila Norwida:
„Strzeż się rozpaczy: ta jest nieprzytomność,
Albo niepamięć o NAJBLIŻSZYM... Bogu!"

Chcąc nie chcąc, zacząłem rozważać najczarniejszy scenariusz, początkowo czysto teoretycznie, z czasem coraz bardziej realistycznie. Wracając z Warszawy nad morze, do żony i dzieci, myślałem tylko o tym, jak uchronić bliskich przed tym, co być może nieuchronne. Myślałem o tym, z jakim bólem znieśli całą tę sytuację. Zwłaszcza żona. Przypomniałem sobie, jak kilka tygodni temu mówiła, że sytuacja ją przerasta i mimo starań nie potrafi sobie z nią poradzić. I widziałem, że tak faktycznie jest. Areszt wydobywczy – czyli w praktyce wielomiesięczna bądź nawet kilkuletnia izolacja, a na zewnątrz żona z dziećmi, już teraz na granicy wytrzymałości. Co będzie, jeśli zostanie poddana dalszej presji i fachowej obróbce? Pytałem sam siebie – ile jeszcze są w stanie wytrzymać?

Do Warszawy wróciliśmy pod koniec pierwszego miesiąca wakacji. Żona z dziećmi, nieświadoma zagrożenia, pojechała dalej, do Białej Podlaskiej. Ja zostałem w oczekiwaniu na decyzję sądu. Byłem spokojny. Wierzyłem, że nie ma takiego sądu, który w oparciu o istniejący materiał dowodowy mógłby podjąć decyzję o moim aresztowaniu. Na kilkanaście godzin przed rozprawą spotkałem się jeszcze z księdzem Stanisławem Małkowskim, przyjacielem Księdza Jerzego – i moim. 28 lipca 2008 roku, na dzień przed *katharsis*, rozmawialiśmy o czekającym mnie nazajutrz procesie. W najprostszych słowach ksiądz powiedział mi, że będzie się za mnie modlił i żebym był dobrej myśli. Umówiliśmy się na kolejne spotkanie w następnym tygodniu. Nie przypuszczałem, że dane będzie się nam zobaczyć dopiero po kilku miesiącach...

Następnego ranka wstałem wcześnie rano. Napiłem się kawy, wziąłem prysznic, ogoliłem, ubrałem i pojechałem do mojej świątyni – kościoła św. Stanisława Kostki na warszawskim Żoliborzu. Po Mszy Świętej i spowiedzi, z wiarą, że będzie dobrze, pojechałem na rozprawę. Posiedzenie trwało kilkadziesiąt minut i przebiegło zgodnie z oczekiwaniami. Prokurator powtórzyła argumenty wygłoszone w pierwszej instancji, o tym, że analizowane są materiały zebrane w śledztwie, że sprawa jest poważna itd. Moi obrońcy sprawiali wrażenie zadowolonych. Do tego stopnia, że namawiali mnie, bym wracał do rodziny pozostającej w Białej Podlaskiej, że o decyzji sądu powiadomią mnie telefonicznie, bo – jak mówili – „tu się już nic nie wydarzy". Niemal zupełnie uspokojony postanowiłem poczekać na ostateczne potwierdzenie dobrej wiadomości w „moim" kościele. Około południa zadzwonili zaniepokojeni przedłużającym się brakiem informacji pierwsi przyjaciele i członkowie rodziny, a już niespełna godzinę później przyjechało do mnie kilka osób. Od tego momentu modliliśmy się i dzwoniliśmy na zmianę. Ostatni telefon wykonałem o szesnastej, w porze zamykania sądu. Wciąż nie było wiadomości. Poprosiłem adwokata, by informację wysłał mi SMS-em, ponieważ w kościele nie będę odbierał rozmów. SMS przyszedł pół godziny później. Był krótki: „Zła wiadomość". Natychmiast oddzwoniłem.

– Nie umiem tego wytłumaczyć. To decyzja polityczna – odpowiedział krótko.

Nie pamiętam, co mówiłem dalej. Uświadomiłem sobie, co oznacza dla mnie ta wiadomość i straciłem poczucie czasu. Jak długo trwałem w stanie odrętwienia? Kilkadziesiąt sekund, kilka minut? Czułem ucisk w okolicy żołądka, ale mimo to nigdy w życiu nie byłem tak spokojny. Otoczony gromadką przyjaciół i członków rodziny usiadłem na ławce przy grobie księdza Jerzego. Niektórzy z bliskich próbowali dodawać mi otuchy, inni w bezsilnej bezradności milczeli. Milczałem i ja. Nigdy w życiu nie chorowałem na śmiertelną chorobę i nigdy w życiu żaden lekarz nie poinformował mnie, że wobec mojej choroby medycyna jest bezradna i zostało mi najwyżej kilkanaście godzin życia. Mieszanka uczucia goryczy, niewiary, rozpaczy, a jednocześnie jakiegoś niezmierzonego spokoju powodowała, iż czas stanął w miejscu, a ja sam miałem wrażenie, że lewituję nad ziemią. Siedząc tak przy grobie księdza Jerzego, robiłem rachunek mojego życia, które wydawało mi się skończone. Pod kościół napływali tymczasem bliscy i koledzy z czasów dzieciństwa i młodości. Byłem w desperacji i zapewne na to musiałem wyglądać, ponieważ rodzina i przyjaciele nie odstępowali mnie na krok. Trwaliśmy tak dużą grupą przy grobie Męczennika, nie wiedząc za bardzo, co począć.

Diabeł był blisko, trzymał mocno i nie puszczał. Dochodziła dwudziesta druga, gdy Czarek Gmyz, kolega, z którym w latach dziewięćdziesiątych pracowałem w dzienniku „Życie", powiedział, że najlepsze, co mogę zrobić, to zostać na terenie kościoła i to właśnie tego konkretnego kościoła. – Zajmowałeś się badaniem tajemnicy śmierci księdza Jerzego, napisałeś o tym książkę, jeżeli już mają cię aresztować, to niech dokona się to w tym konkretnie miejscu, a przez to całe wydarzenie nabierze wymiaru symbolu – tłumaczył. Postanowiłem, że nie ruszę się z kościoła i tu poczekam na funkcjonariuszy ABW. Gdy jednak już podjąłem decyzję, do naszej grupki podszedł ksiądz Zygmunt Malacki, proboszcz sanktuarium. Wysłuchał nas, chwilę pomilczał, po czym pokręcił głową. – Panie Wojciechu, aresztowanie przy grobie księdza Jerzego może i miałoby wymiar symbolu, zarazem jednak miałoby wymiar skandalu, którego wolałbym uniknąć. Decyzję jednak pozostawiam panu. Niech pana Bóg błogosławi. Odszedł równie cicho, jak się pojawił.

***

Nazajutrz, około dziewiątej rano udaliśmy się taksówką do notariusza, a stamtąd do naszego mieszkania na Bielanach po rzeczy przydatne mi w areszcie. Po drodze wytłumaczyłem żonie, że chciałbym jeszcze pomodlić się w „moim" kościele, bo nie wiem, kiedy znów będzie mi dana taka możliwość. Wytłumaczyłem jej, że nie mogę pojechać po rzeczy, bo już tam pewnie na mnie czekają, że musi pojechać sama, a ja w tym czasie ostatni raz – na prawdopodobnie bardzo długi czas – pomodlę się w moim kościele. Byłem opanowany i spokojny. Dalszą drogę odbyliśmy w milczeniu. W rzeczywistości od kilkunastu godzin myślałem już tylko o jednym, że to koniec, koniec wszystkiego, że nie zobaczę już nigdy ani żony, ani dzieci, ani pozostałych bliskich. Bałem się śmierci. Strach w takiej sytuacji to naturalne uczucie. Przywiązanie do życia jest tak wielkie, że w normalnych warunkach nie można sobie wyobrazić jego kresu. I ja także nie mogłem sobie wyobrazić tego kresu! Myślałem o Bogu, o tym że jest nie tylko sprawiedliwy, ale przede wszystkim miłosierny. Chciałem wierzyć, że wybaczy mi to, co – jak sobie tłumaczyłem – muszę zrobić dla rodziny, by ją ocalić, że w sytuacji, w jakiej się znaleźliśmy, lepsze dla niej będzie ogromne, ale jednak ograniczone w czasie cierpienie, niż cierpienie rozłożone na wiele miesięcy, a może i lat, w trakcie których nie wiadomo, ile jeszcze zła się wydarzy. Miałem sucho w ustach, pot spływał po moich rękach, serce głucho łomotało mi w piersi. Nie potrafię opisać tego wszystkiego, co działo się ze mną. Ukląkłem przed obrazem Maryi, w moim stałym miejscu, i zacząłem modlić się tak, jak tylko może modlić się człowiek, który wie, że za chwilę spotka się z tym, co nieuniknione. Nie wiem, jak długo to trwało, może kilka minut, może kilkanaście. Wstałem z kolan i udałem się do wyjścia. Znajdowałem się w takim stanie, że właściwie było mi obojętne, co ze mną będzie. W takim momencie śmierć wydawała się już tylko wybawieniem – przyjacielem, który miał przyjść, by skrócić cierpienia. Myślałem o tym, by udać się w jakieś ustronne miejsce, nad Wisłę. I gdy już byłem na progu świątyni, przypomniałem sobie słowa Czarka Gmyza: „jeżeli mają cię aresztować, niech zrobią to właśnie w tym kościele, niech to ma wymiar symbolu". Słowa te zabrzmiały w moich uszach tak dobitnie i wyraźnie, jakby mój kolega stał tuż obok. Spojrzałem na zegarek. Uświadomiłem sobie, że w kościele nie było żywego ducha, a najbliższa Msza Święta dopiero za kilka godzin. Popatrzyłem na bezchmurne niebo, na cudowny świat w ten piękny lipcowy dzień. Słowa „niech to ma wymiar symbolu" uderzyły z całą mocą. Nie zastanawiając się długo, zawróciłem do świątyni. Ukląkłem w najciemniejszym jej rogu, wyjąłem żyletkę i przeciąłem żyły w nadgarstkach...

Jak długo klęczałem w stanie całkowitego odrętwienia? Ile minut tak trwałem? W takich okolicznościach zatraca się poczucie czasu. Usłyszałem pochylającą się nade mną kobietę. Krzyczała. Podbiegł jakiś ksiądz, inni ludzie. Próbowałem przypomnieć sobie, jak się tu znalazłem, zrozumieć, co ja tu robię. Wokół siebie zobaczyłem krew. Zrobiło mi się niedobrze. Byłem bliski utraty przytomności. Następną rzeczą, jaką sobie uświadomiłem, była niewiarygodna cisza i białe szpitalne ściany. Po nieustannym napięciu nerwów, po dniach życia w stanie zawieszenia, mogłem leżeć bez ruchu w czystej pościeli, w pokoju, gdzie oprócz mnie był tylko jeszcze jeden człowiek. Przypomniałem sobie wszystko, spojrzałem na pozszywane nadgarstki i łzy same napłynęły mi do oczu. Zrobiłem to. A jednak to zrobiłem i w swoich własnych oczach nie znajdowałem dla siebie usprawiedliwienia. Niech mi to Bóg wybaczy! I niech diabli porwą tych ludzi o kamiennych sercach, którzy doprowadzili mnie na samo dno rozpaczy!

***

Pierwsze dwa tygodnie spędzone w szpitalu praktycznie przespałem. Budziłem się na kilka godzin, by ponownie zasnąć na dwadzieścia godzin. Był to efekt na poły działania dużej ilości leków uspokajających i usypiających, na poły ogromnego stresu wynikającego z sytuacji traumatycznej, w jakiej się znalazłem. Wiedziałem, że po tym, co przeżyłem, już nigdy nie będę takim samym człowiekiem jak wcześniej. Coś we mnie pękło i bezpowrotnie umarło, zarazem jednak coś narodziło się na nowo. O tym wszystkim rozmyślałem przez kilka pierwszych tygodni, w trakcie których byłem niemal całkowicie odcięty od świata. Pozostawałem sam na sam ze swoimi myślami i – paradoksalnie – to był dobry czas. Praca umysłowa, bez książek – bo w pierwszym okresie pobytu w szpitalu nie mogłem skupić się na czytaniu – bez notatek, daje odmienną jakość przeżyć od pracy w normalnych warunkach. Działa o wiele silniej... Z każdym dniem coraz bardziej poznawałem realia życia na oddziale psychiatrycznym. Jakże odmienny był to obraz od tego, który lansowany jest zwłaszcza w świecie filmu. Po kilkunastu dniach spędzonych na sali obserwacyjnej, w której oprócz mnie przebywał tylko jeszcze jeden pacjent – starszy człowiek, który większość czasu spał i prawie w ogóle się nie odzywał – trafiłem do sali ośmioosobowej. Moimi sąsiadami byli przeważnie pacjenci z depresją, ludzie poturbowani przez życie. Obserwując współtowarzyszy niedoli, nabierałem dystansu i właściwego stosunku do własnych przeżyć. Myślałem o słowach Zbigniewa Herberta: „Nie przeżyłeś, aby żyć, lecz by dać świadectwo prawdzie". Coraz mocniej zwracałem się w kierunku Boskiej Opatrzności. Od dziecka miałem skłonność do pogłębionej refleksji, dużo się modliłem i rozmyślałem o Bogu, pięciokrotnie odbyłem piesze pielgrzymki z Warszawy do Częstochowy, w moim otoczeniu nigdy nie brakowało księży i ludzi uduchowionych. Dopiero jednak w szpitalu po raz pierwszy w życiu od deski do deski przeczytałem całe Pismo Święte i to nie raz, a kilka razy. Dopiero tutaj uświadomiłem sobie, że szukając przez całe życie Boga, nie zauważałem Go w innych ludziach. Uświadomiłem sobie, że musiałem przejść tak wiele, by dostrzec rzeczy, których w tzw. normalnym świecie nigdy nie dostrzegałem. Przypomniałem sobie słowa doktora Wojciecha Zambrowskiego ze szpitala psychiatrycznego w podlubelskich Abramowiczach, gościa mojego telewizyjnego programu, który zwykł mawiać, że ludzie normalni, wrażliwi i dobrzy są u niego w szpitalu, a tzw. „wariatkowo" zaczyna się za bramą. Nie rozumiałem go wówczas. Dopiero na oddziale psychiatrycznym Szpitala Bielańskiego zrozumiałem, że miał sporo racji.

Miałem szczęście, że trafiłem na ten konkretnie oddział, niezwykle kameralny, raptem dwadzieścia siedem łóżek. Dobroci i fachowości, których tam doznałem, nie zapomnę do końca życia. Podobnie jak nie zapomnę większości pacjentów, których lekarze charakteryzowali jako ludzi z „chorobą duszy". Na przykład taki M. Młody, wrażliwy chłopak, któremu po samobójczej śmierci obojga rodziców i siostry świat zawalił się na głowę. Albo A., wychowywana w domu dziecka, dla której wszystkim był narzeczony. Za kilka dni mieli wziąć ślub, ale narzeczony zginął w wypadku samochodowym. Pozostała sama i nie chciała dłużej żyć...

W pierwszej połowie października odwiedzało mnie coraz więcej osób, wychodziłem na coraz dłuższe przepustki. Był to sygnał, że moja terapia zbliża się do końca. Przed odejściem z oddziału uścisnąłem pozostających tu pensjonariuszy, moich współtowarzyszy niedoli. Po siedemdziesięciu siedmiu dniach wracałem do rzeczywistości i do świata, który wciąż wydawał mi się złowrogi.

Jeszcze w trakcie pobytu w szpitalu zaczęły do mnie docierać pierwsze informacje dotyczące mojej sprawy. Początkowo przedostawały się wąskim strumieniem, z czasem coraz większa falą. Niektóre dobre, jak solidarność kolegów i znajomych, którzy nigdy nie zwątpili w moją uczciwość, inne złe, jak informacje o podłości innych, na szczęście nielicznych, osób. Jeszcze inne równie zaskakujące, co interesujące i wiele wyjaśniające. W dniu, w którym trafiłem do szpitala, wielu rzeczy się domyślałem, ale wciąż stosunkowo niewiele wiedziałem o szczegółach roli, jaką w całej sprawie odegrali pułkownik Leszek Tobiasz i marszałek Sejmu Bronisław Komorowski. O pierwszym wiedziałem tyle, że był znajomym Komorowskiego, moim oskarżycielem, i oczywiście to, co powiedział mi Marek. Dopiero pod koniec pobytu w szpitalu dowiedziałem się, że ten znajomy marszałka, drugiej osoby w państwie, był przestępcą skazanym prawomocnym wyrokiem sądowym, zawodowo fałszywie oskarżał wiele osób, inwigilował hierarchów kościoła katolickiego, no i odegrał kluczową rolę w sprawie opatrzonej kryptonimem „Anioł", w ramach której szantażował księdza arcybiskupa Paetza. Był także zaangażowany w sprawę ojca Hejmo oraz nieudaną próbę zdyskredytowania biskupa Michalika, odnośnie do którego próbował zdobyć informacje potwierdzające jego rzekomą współpracę z SB. Takimi i podobnymi działaniami pułkownik Leszek Tobiasz parał się od lat, jednak o roli tego człowieka w operacjach opartych o próby szantażu i nacisku dowiedziałem się dopiero na początku października 2008 roku, tuż przed opuszczeniem szpitala. Mniej więcej w tym samym czasie dowiedziałem się od zazwyczaj świetnie poinformowanego dziennikarza śledczego z Krakowa, Przemka Wojciechowskiego, iż Tobiasz, oficer WSI, jest także... współpracownikiem Agencji Bezpieczeństwa Wewnętrznego. Przemek nie chciał powiedzieć mi, skąd ma tę wiedzę, zapewnił jednak, iż jest to informacja „stuprocentowo pewna".

To, czego nie mógł dopowiedzieć mi Przemek, uzupełnił niezawodny Wojtek Wybranowski. Był wyraźnie podekscytowany.

– To jest historia bardziej śmierdząca, niż kiedykolwiek mógłbym przypuszczać – odezwał się. – Tobiasz od lat niszczył życie wielu ludziom. Zajmował się pomawianiem innych ludzi o popełnianie przestępstw, których nigdy nie było, i był z tego powodu ścigany przez warszawską prokuraturę garnizonową, ale nie koniec na tym. Wyobraź sobie, że był także podejrzewany o dużo poważniejsze przestępstwa, zahaczające o kontakty z rosyjskim wywiadem. Szkopuł w tym, że po objęciu przez Bondaryka szefostwa

w ABW za pośrednictwem Komorowskiego związał się
z tą służbą i „Abwehra" ukręciła łeb wszystkim jego
sprawkom. No i na koniec rarytas, przeczytaj sobie
to. Mówiąc te słowa wręczył mi protokół przesłuchania
w prokuraturze... Bronisława Komorowskiego:

*Uprzedzony o odpowiedzialności karnej za skła-
danie fałszywych zeznań (oraz o treści art.182 i 183
kpk i pouczony o treści art.185 kpk) oświadczam, że:
Znam pana płk. Aleksandra Lichockiego. O ile pamiętam, to zetknąłem się z nim po raz pierwszy w roku
1990, gdy byłem Wiceministrem Obrony Narodowej,
a Pan Lichocki chyba był szefem komórki Kontrwywiadu,
zajmującej się IC MON. Kojarzyłem go jako osobę blisko
związaną z gen. Bułą, ówczesnym szefem WSW. Obie
postacie kojarzyłem ze sprawą niszczenia akt ówczesnej
WSW. O sprawie tej meldowałem ówczesnemu Ministrowi
Obrony Narodowej adm. Kołodziejczykowi oraz Premierowi Mazowieckiemu. Zaowocowało to m.in. wnioskiem
do Prokuratury i skazaniem gen. Buły na karę chyba 2
i pół roku pozbawienia wolności z warunkowym zawie-
szeniem. Nie jestem w stanie określić, czy płk Lichocki
objęty był tym postępowaniem, ale wydarzenie to oraz
dość powszechna opinia o związkach gen. Buły ze służbami radzieckimi spowodowały, że przy reorganizacji
WSW miałem istotny wpływ na to, że pan płk Lichocki
utracił funkcję i odszedł z wojska. Drugi raz pana płk.
Lichockiego spotkałem w listopadzie 2007 r., zgłosił się
do mnie poprzez pośrednictwo gen. Józefa Buczyńskiego,
swego czasu szefa Departamentu Kadr, a potem attaché
wojskowego w Pekinie. Pan gen. Buczyński poinformował*

mnie, że jest taki pan pułkownik, który może mieć istotne dla mnie informacje, także osobiście mnie dotyczące. Wymienił nazwisko pułkownika Lichockiego. Postanowiłem przyjąć go w swoim biurze poselskim przy ul. Krakowskie Przedmieście. Było to około 19 listopada 2007 r. Lichocki przyszedł sam. W rozmowie z nim nikt więcej nie uczestniczył. Pan Lichocki w rozmowie ze mną sugerował możliwość dotarcia albo do tekstu, albo do treści całości lub fragmentu dotyczącego mojej osoby aneksu do raportu WSI. Nie było dla mnie zaskoczeniem pojawienie się mojego nazwiska w aneksie. Wcześniej prasa sugerowała, że moja osoba ma być objęta treścią tego raportu. W rozmowie Lichocki nie określił wprost, ale że ma taką możliwość poprzez swoje kontakty. Nie określił żadnych żądań. Ja wyraziłem wstępnie zainteresowanie jego propozycją. Umówiliśmy się, że on odezwie się, gdy będzie na pewno miał możliwość dotarcia do tych dokumentów. Miał się wtedy do mnie odezwać poprzez telefon mojego biura. Jednak po kilku dniach pani Jadwiga Zakrzewska, poseł PO, przekazała mi, że chce się ze mną spotkać pułkownik z WSI, który jest jej sąsiadem. Spotkanie odbyło się w moim biurze poselskim. Rozmówcą okazał się nieznany mi wcześniej pułkownik Leszek Tobiasz. Według zapisów mojego kalendarza spotkanie miało miejsce 21 listopada 2007 r. i tej daty jestem pewien, w kalendarzu niestety nie zapisano dnia spotkania z Lichockim, ale mogło to być około dzień lub dwa przed rozmową z Tobiaszem. Płk Tobiasz powiedział mi, że ma dowody na korupcyjną działalność Komisji Weryfikacyjnej. Wśród osób zamieszanych w tę działalność wymienił płk. Lichockiego, członka komisji Leszka

Pietrzaka i wspomniał o udziale w doprowadzeniu do spotkania z Pietrzakiem jakiegoś pośrednika. Tobiasz mówił, że chodziło o pozytywną weryfikację jego osoby i syna oraz że nagrał rozmowy z Lichockim oraz rozmowę z Pietrzakiem. Według ustaleń Tobiasza w sprawę korupcji miało być zamieszanych dwóch członków komisji. Nie wymienił, o jakiego członka, poza Pietrzakiem, miało chodzić. Z relacji Tobiasza wynikało, że wie o tym bezpośrednio od Lichockiego. Pod koniec rozmowy z Tobiaszem powiedziałem mu, że do mnie próbował docierać płk Lichocki. Od samego początku rola Lichockiego wydawała mi się dziwna, tym bardziej zachowałem dużą ostrożność i przeciągałem w czasie drugie spotkanie z nim – Lichocki bowiem odzywał się do mnie poprzez gen. Buczyńskiego. Tobiasz chciał mi okazać zdobyte dowody w postaci nagrań i na kolejne spotkanie, 3 grudnia 2007 r., przyniósł je. Widziałem kamerę, dyktafon, kasetę video i kasety do dyktafonu. Nie chcąc odsłuchiwać pozyskanych przez Tobiasza materiałów, poprosiłem tylko o pokazanie kadru z kamery z wizerunkiem Lichockiego. Jakkolwiek zarejestrowane na taśmie video sceny były kręcone z tyłu rozmówcy, to w pewnym momencie mężczyzna odwrócił się i zobaczyłem znaczną część profilu – faktycznie był to płk Lichocki. Tobiasz pytał się, co ma z tym materiałem zrobić. Odpowiedziałem mu, że powinien to zabrać, a ja wyjaśnię to z odpowiednimi organami. O ile pamiętam, następnego dnia przekazałem powyższą informację Ministrowi Koordynatorowi Pawłowi Grasiowi oraz szefowi SKW płk. Reszce. Minister Graś następnie powiedział mi, że jest to sprawa, którą powinna zająć się ABW

*z uwagi nie tylko na korupcję, ale również na zagroże-
nie państwa. Po kilku dniach przeprowadziłem rozmowę
z szefem ABW, panem Bondarykiem. Po pewnym czasie,
myślę że po około dwóch tygodniach, Tobiasz stawił się
w umówionym miejscu i czasie do dyspozycji
ABW, która zajęła się tą sprawą. Nie jestem pewien czy przed drugim spotkaniem z Tobiaszem,
czy po nim, miało miejsce moje drugie spotkanie
z płk. Lichockim. Lichocki nie powiedział mi wprost,
że ma dostęp do fragmentu aneksu, ja go też specjalnie
nie naciskałem zachowując ostrożność, bowiem wszystko wskazywało na to, że jest to jakaś gra. Doszedłem do
wniosku, że jest to prowokacja względem mojej osoby.
Lichocki przecież musiał wiedzieć, że i tak przed opu-
blikowaniem dostanę ten tekst do wglądu. Ja fotel marszałka objąłem z dniem 5 listopada 2007 r., więc Lichocki po raz pierwszy docierając do mnie wiedział, że
będę miał dostęp do aneksu. Kategorycznie stwierdzam,
że Lichocki w zamian za ujawnienie mi fragmentu aneksu niczego nie żądał. Podczas drugiej rozmowy Lichocki
nie potwierdził ani nie zaprzeczył możliwości dotarcia
do aneksu. Chwalił się natomiast, że on sporo wie, że ma
szerokie kontakty. Odniosłem wrażenie jakby stawiał się
do dyspozycji. Odpowiedziałem wymijająco, że w razie
czego się odezwę. Więcej się z nim nie spotkałem. Tobiasz natomiast parokrotnie odwiedzał mnie w biurze.
Próbował mi dalej opowiadać, był zaniepokojony, że nie
udzielono mu instrukcji, jak się ma zachować. Ja wiedząc, że jest już prowadzone postępowanie, odsyłałem go
do ABW. Nie jest mi nic wiadomym, aby Lichocki pro-
ponował pozytywną weryfikację w zamian za korzyści*

majątkowe innym (poza płk. Tobiaszem) oficerom WSI ani aby komukolwiek innemu oferował aneks. Wiem o jego działalności hobbystycznej i biznesowej. O ile pamiętam, z firmą Polaqua – przekazałem takie informacje szefowi ABW panu Bondarykowi. To wszystko, co mam do zeznania.

Na pytania prokuratora:

Zdziwiła mnie inicjatywa pana Lichockiego co do mojej osoby – jednak w rozmowie ze mną nie wyrażał żadnych pretensji związanych z przeszłością i moją rolą w odejściu jego osoby ze służby.

Według mnie Tobiasz relacjonując mi po raz pierwszy przedmiotową sprawę nie wiedział, że Lichocki kontaktował się ze mną. Nie wiedział też o mojej roli w spowodowaniu odejścia Lichockiego ze służby w roku 1990.

Nazwisko Wojciecha Sumlińskiego kojarzę jedynie z prasy. Nie znam go osobiście. Leszka Pietrzaka także nie kojarzę.

Nie kojarzę nic poza informacjami z mediów na temat ewentualnej sprzedaży aneksu spółce Agora. Nie wykluczam, że coś takiego mogło przewijać się w relacjach Tobiasza, ale nie pamiętam szczegółów.

Nie kojarzę osoby Piotra Bączka, chociaż słyszałem informacje, że jest to osoba odpowiedzialna w komisji za przecieki w sensie budowania negatywnego wizerunku WSI, ale nie są to informacje oparte o moją wiedzę, raczej cudze opinie. Nie słyszałem nic, aby pan Bączek miał sprzedać Agorze aneks za kwotę 1 mln zł. To wszystko co mam do zeznania.

Przynajmniej dla mnie sprawa była już tak klarowna, że bardziej klarowana być nie mogła. Koło się domykało...

Wiedziałem już dość, by złożyć formalne zawiadomienie o możliwości popełnienia przestępstwa przez Bronisława Komorowskiego. I tak też się stało. W zawiadomieniu, które 27 października 2008 roku złożyłem do Prokuratury Rejonowej dla Warszawy Woli, napisałem między innymi:

Obecnie zgromadzony materiał dowodowy wskazuje na następujący scenariusz działań: pułkownik Leszek Tobiasz skontaktował się z Bronisławem Komorowskim. Zeznania Leszka Tobiasza, że spotkanie z Bronisławem Komorowskim nie dotyczyło Aneksu do raportu WSI zostało przez niego obalone przez fakt, iż na spotkaniu z Bronisławem Komorowskim Leszek Tobiasz pokazywał nagrania swojej rozmowy z Aleksandrem Lichodzkim opisane na wierzchu, jako rozmowy o Aneksie WSI. Spotkanie z Bronisławem Komorowskim, zgodnie z zeznaniami Leszka Tobiasza, odbyło się między 21 października, a 3 listopada 2007 roku. Zeznania Bronisława Komorowskiego są sprzeczne z zeznaniami Leszka Tobiasza, gdyż Bronisław Komorowski twierdzi, że pierwszy raz spotkał się z Leszkiem Tobiaszem 21 listopada 2007 roku. Z okoliczności sprawy wynika, że Bronisław Komorowski złożył fałszywe zeznania. Przesunięcie w jego zeznaniach spotkania z Leszkiem Tobiaszem miało ukryć fakt, że spotkanie z dnia 19 listopada 2007 roku z Aleksandrem Lichodzkim odbyło się już po uzyskaniu informacji o przestępczej działalności Lichodzkiego. Po spotkaniu Bronisława Komorowskiego z Aleksandrem Lichodzkim dochodzi do kolejnego spotkania Leszka Tobiasza z Aleksandrem Lichodzkim, na którym ten ostatni twierdzi, że Aneks kupiła Agora S.A. W dniu 23 listo-

pada dochodzi do powiadomienia o sprawie ABW, w wyniku czego przeprowadzono czynności z zakresu techniki operacyjnej, które miały za zadanie sprawdzić kwestię możliwości skompromitowania Komisji Weryfikacyjnej WSI za rzekomy brak szczelności i handel Aneksem. Po kilku miesiącach, które nie wykazały wycieku Aneksu, Leszek Tobiasz (kontaktując się w tym czasie wielokrotnie z Bronisławem Komorowskim) zmienił swoje zeznania w ten sposób, że oskarżył fałszywie również mnie o żądanie korzyści majątkowej od niego za weryfikację w Komisji Weryfikacyjnej. Żądania te są sprzeczne z treścią zawiadomienia oraz sprzeczne z treścią oświadczenia notarialnego przedłożonego do akt sprawy, które Leszek Tobiasz sporządził bezpośrednio po rozmowach z Aleksandrem Lichodzkim. Ich zmiana wynikała z załamania się ustaleń w sprawie Aneksu i chęci objęcia mnie podejrzeniami, aby spróbować wymusić zeznania w sprawie Aneksu do raportu WSI. Z przedstawionego wyżej stanu faktycznego, oprócz fałszywych zeznań Bronisława Komorowskiego i fałszywych zeznań Leszka Tobiasza, wynika również fakt przestępstwa z artykułu 231 paragraf 22 kk, popełnionego przez Bronisława Komorowskiego ze względu na chęć skompromitowania Komisji Weryfikacyjnej WSI, co miało osłabić wymowę Aneksu o działaniach Bronisława Komorowskiego. Przestępstwo to polegało na tym, że Bronisław Komorowski będąc urzędującym posłem i wicemarszałkiem Sejmu nie zawiadomił o przedłożonych mu informacjach o potencjalnym przestępstwie przy weryfikacji żołnierzy WSI, tylko uczestniczył w operacji prywatnej prowokacji polegającej na prowokowaniu Aleksandra Lichodz-

kiego i sugerowaniu mu możliwości otrzymania korzyści majątkowej w zamian za dostęp do Aneksu do raportu WSI. Tego typu działania stanowiły przekroczenie uprawnień i niedopełnienie obowiązków przez funkcjonariusza publicznego, skutkujące odpowiedzialnością karną. Bronisław Komorowski ani Leszek Tobiasz nie mieli zgody na dokonywanie operacji kontrolowanego wręczenia korzyści majątkowej. Tymczasem z uzyskanych taśm w prowadzonym śledztwie wynika, że Leszek Tobiasz po rozmowach z Bronisławem Komorowskim podżega Aleksandra Lichodzkiego do popełnienia przestępstwa przekupienia członków Komisji Weryfikacyjnej w celu uzyskania Aneksu do Raportu WSI. Działanie to podejmowali Bronisław Komorowski i Leszek Tobiasz wspólnie i w porozumieniu, a jego istota sprowadzała się do przekupienia funkcjonariuszy publicznych (członków Komisji Weryfikacyjnej WSI), aby złamali prawo wynosząc Aneks do Raportu WSI. Fakt późniejszego zawiadomienia o możliwości popełnienia przestępstwa nie zmienia oceny działań Leszka Tobiasza i Bronisława Komorowskiego. Motywacja ich działania może mieć wpływ na wymiar kary, a nie na ocenę czynu.

Wniosek był dobrze uzasadniony i trudno go było odrzucić. A jednak odpowiedź, która nadeszła po kilkunastu dniach, jakoś mnie nie zaskoczyła. Sprowadzała się do informacji, że decyzja o tym, czy wszcząć śledztwo z mojego powiadomienia o przestępstwie Komorowskiego i Tobiasza, czy też nie, zostaje zawieszona bezterminowo, przynajmniej do czasu zakończenia mojego procesu. To zaś oznaczało jedno: ktoś chciał, by śledztwa przeciwko Bronisławowi Komorowskiemu nie było – więc śledztwa nie będzie. Ten „ktoś" cały czas trzymał rękę na pulsie i robił to naprawdę dobrze.

***

– Proszę to przemyśleć – odezwała się gładko pani prokurator. W jej głosie brzmiała mieszanina zatroskania i skondensowanej obłudy, która pewnie przyprawiłaby mnie o mdłości, gdyby nie to, że i tak mnie już mdliło.

Z drugiej strony nie mogłem wyjść z podziwu dla jej niepospolitej umiejętności przeistaczania się w zależności od sytuacji. W świetle oczywistego dla mnie faktu, że o niczym tak nie marzą, jak o zamknięciu mnie na długie lata, nie potrafiłem patrzeć na nich inaczej, niż tak, jak ofiara patrzy na siedmiometrową, szykująca się do skoku anakondę.

– Niepokoimy się o pana. Może gdyby pan napisał podanie...

– Tak, tak. Właśnie. Dużo pan przeszedł, panie Wojciechu, więc gdyby napisał pan podanie i dobrze to uzasadnił, to kto wie, być może bylibyśmy gotowi rozważyć czasowe zawieszenie śledztwa. – Pomyślałem, że także prokurator Andrzej Michalski minął się z powołaniem. Byłby z niego świetny aktor. Wytwórnia filmowa Metro-Goldwyn-Meyer zaproponowałaby mu dożywotni kontrakt.

– Proszę pamiętać, co kiedyś już panu mówiłem: prokurator jest pierwszym obrońcą podejrzanego. My też jesteśmy ludźmi i gdy sytuacja tego wymaga, potrafimy kierować się współczuciem.

Tylko przez jedną maleńką sekundę zastanawiałem się nad tą propozycją. Zwyczajnie nie wierzyłem we współczucie tych ludzi, których uważałem za wypranych z poczucia empatii czy litości. Byli zimni jak noc arktyczna i działali na zimno, z wyrachowaniem. Nieoczekiwaną ofertę byłem skłonny traktować raczej w kategoriach wygodnej dla nich ucieczki od sprawy i zaprezentowania się przed opinią publiczną od strony „humanitarnej".

„Jesteśmy pewni, ze materiał dowodowy jest mocny, a podejrzany winny, ale wskutek doznanych przejść nie jest w stanie brać udziału w śledztwie. Dlatego sprawę bezterminowo zawieszamy" – tak mógłby wyglądać wypuszczony w eter komunikat, gdybym przyjął propozycję prokuratorów.

A więc tak chcieli to rozwiązać. Przypomniałem sobie słowa prokuratora Andrzeja Witkowskiego: „Likwidacja, to ostateczność, bo zawsze ściąga uwagę. Najpierw spróbują odebrać wiarygodność. Jeśli niewiarygodny jest człowiek, który dokonał ustaleń, to tym samym niewiarygodne stają się ustalenia, których dokonał. Jaką wiarygodność mają ustalenia przestępcy?" Miałem zostać przestępcą, ale że pojawiły się komplikacje, postanowiono zrobić ze mnie człowieka szalonego, co byłoby równie skuteczne, jak fizyczna eliminacja. Jaką wartość mają ustalenia wariata?

Dlatego już po chwili wiedziałem, że nie będę mógł przyjąć „oferty". Jej przyjęcie oznaczałoby dla mnie śmierć cywilną i zawodową. Byłbym żywy, ale tak naprawdę już bym nie żył. Sprawa mogłaby zawisnąć na lata, zaś ja pozostałbym z opinią człowieka winnego niepopełnionych win, który teraz szuka ucieczki w tzw. „żółtych papierach". Dlatego odpowiedziałem z całą mocą:

– Dziękuję za propozycję, ale żadnego podania pisać nie będę. Jednak będziecie musieli postarać się zrobić ze mnie przestępcę. Przeżyłem załamanie, ale dziś czuję się już na siłach, by brać udział w postępowaniu przygotowawczym.

Prokuratorzy spojrzeli na siebie zaskoczeni. Zapewne nie co dzień byli równie „humanitarni" i nie co dzień „ofiara" tak reagowała na propozycję odroczenia egzekucji.

– Czy to pana ostatnie słowo? – zapytała prokurator.

– Tak.

– Proszę to jeszcze przemyśleć.

– Już przemyślałem.

***

Psychiatrów było dwóch. Jeden z nich miał na sobie drelichowe spodnie i bawełnianą koszulę, drugi długi, sięgający niemal samej ziemi, fartuch.

Patrzyli na mnie bez zmrużenia oka. Kamienne miny nie maskowały uczuć, przeciwnie, podkreślały malujące się na ich twarzach zimne nieprzejednanie. Nie musiałem studiować podręczników etykiety, by poznać, że nie są sympatycznie nastawieni. Świadczyło o tym pierwsze zadane mi pytanie.

– To luksusowe BMW stojące przed budynkiem, to pańskie?

Pomyślałem o słowach Churchilla: „Jak idziesz przez piekło, to się nie zatrzymuj" – i odpowiedziałem przecząco.

– Ale jakieś Audi 8 to pan tu gdzieś zaparkował?

Zadałem sobie w duchu pytanie, skąd biorą się tacy ludzie. Pomyślałem, co powiedziałby o nich ojciec Ryszard Przymusiński. Zapewne coś w rodzaju: „Wybacz im, bo nic nie rozumieją". Kilka miesięcy wcześniej odkryłem, że w dolinę strachu nie schodzi się w nieskończoność, że gdzieś tam znajduje się dno, a wtedy człowiek znów zaczyna się wspinać. Kilka miesięcy temu wiedziałem, że muszę umrzeć, ale nie umarłem, więc nic gorszego nie mogło mnie już spotkać. Istotnie, jak mawiał poeta: „jest taka cierpienia granica, za którą się spokój zaczyna." Zresztą nic mnie już nie obchodziło. Przyjechałem na badania psychiatryczne do Tworek zmuszony do tego decyzją prokuratorów, którym nic udało się mnie namówić, bym o takie badania poprosił. W efekcie dwa tygodnie po wizycie w prokuraturze dostałem wezwanie na przymusowe badania. Prokuratorzy wydawali się być zdeterminowani, by zrobić ze mnie wariata. I oto teraz stanąłem przed wysoką komisją, która miała ocenić, czy jestem poczytalny.

– Nie chce pan mówić. No więc dobrze, zacznijmy z innej beczki – powiedział ten w fartuchu. – Jak pan myśli, dlaczego tu pana zaprosiliśmy?

– Ponieważ prokuratorzy zabrnęli w ślepy zaułek i nie bardzo wiedzą, co dalej zrobić z tą sprawą.

– Mam tak zanotować?

– Proszę tak zanotować.

– Jak pan sobie życzy.

– A czy czuje się pan zdrów? – zaintonował drugi z lekarzy.

– Czuję się mocno poobijany, jak człowiek po przejściach, ale jestem zdrów.

– To też mamy zanotować?

– Oczywiście. I zanotujcie jeszcze to, że przed przyjściem tutaj konsultowałem się z profesor Lidią Grzesiuk, psychoterapeutką i wykładowcą z Uniwersytetu Warszawskiego, która poinformowała mnie, że jeżeli nie będę się zgadzał z wynikami waszych badań, mam prawo się odwołać, a już następne badania muszą się odbyć w obecności wskazanych przeze mnie biegłych. Informuję zatem, że jeżeli podejmiecie próbę zrobienia ze mnie wariata, odwołam się na pewno. Prokuratorom nie uda się tak wyjść z tej sprawy! To także zapiszcie.

W gabinecie można było usłyszeć przelatującą muchę. Cisza trwała dobre kilkadziesiąt sekund, nim przerwał ja ten w fartuchu.

– Niech pan nam opowie swoją wersję wydarzeń.

Opowiedziałem im wszystko po kolei. Długa to była opowieść, ale nie przerywali mi. Gdy skończyłem, patrzyli na mnie bez słowa. Nie wiem, o czym myśleli. Nie interesowało mnie to zbytnio. Pragnąłem tylko jednego: jak najprędzej stad odejść. Czułem się obco w tym obcym świecie i było mi wszystko jedno, czy uwierzono moim słowom, czy też nie. Nie należałem do świata tych ludzi, w którym wszystko jest takie dwulicowe, a przy tym nieważne, jak w świecie cieni.

– Panie Wojciechu, jeżeli mogę tak do pana mówić – odezwał się ten z fartuchu.

Mówił jakoś inaczej, niż na początku spotkania. A może tylko tak mi się wydawało.

– Pan się bardzo różni od większości naszych klientów, którzy nie marzą o niczym innym, jak tylko o wyjściu stąd z opinią o niepoczytalności.

Zatrzymał się na moment.

– Ale pan nie jest niepoczytalny. Pan rzeczywiście jest zdrów i taką opinię dostanie od nas prokuratura. Powodzenia!

ROZDZIAŁ X

OSTRZEŻENIA

OSTRZEŻENIA

Sprawę dostał starszy aspirant, zgorzkniały, gburowaty i cwany typ, ale twardy glina. Znałem go z widzenia. Był kumplem mojego kumpla, Ryszarda Modelewskiego, szefa sekcji kryminalnej policji w Białej Podlaskiej. Prawie przez cały czas, kiedy rozmawiał ze mną, trzymał ręce splecione na kolanach, jak grzeczny uczeń. Wiedziałem, że to poza – aspirant nie należał do grzecznych. Rozmawialiśmy w pustym pokoju w bialskiej komendzie miejskiej policji, w którym naprzeciwko siebie pod ścianami stały dwa biurka zostawiając między sobą tyle miejsca, żeby można się było poruszać, o ile nie spróbowałyby tego dwie osoby naraz. Podłogę pokrywało brudne brunatne linoleum, a w powietrzu wisiał odór starych niedopałków. Aspirant miał wystrzępioną koszulę, a mankiety marynarki podwinięte do środka. Wyglądał wystarczająco biednie, aby być uczciwym, i z tego, co o nim słyszałem, to był. W granicach rozsądku, rzecz jasna, bo przecież pływał w tej samej mętnej wodzie, co inni.

– Ma pan wrogów? – pytanie było porażające w swojej głupocie, dlatego potraktowałem je w kategoriach „podpuchy".

– W mojej branży, proszę pana, trudno zaskarbić sobie wdzięczność. Mam wielu wrogów.

– Nie poskąpi mi pan szczegółów?

– Bondaryk Krzysztof, Dukaczewski Marek, Komorowski Bronisław...

– Uważasz mnie pan za głupka?

– Nie zastanawiałem się. Niech mi pan da kilka dni do namysłu, to...

– Teraz to już pan ze mnie kpi w żywe oczy?! – przerwał mi bez pardonu.

– Ani myślę. Zacząłem wymieniać alfabetycznie ludzi, których nie określiłbym jako swoich przyjaciół, ale nie pozwolił mi pan dokończyć. Pan zapytał, ja odpowiedziałem. To bardzo jasny układ.

Popatrzył na mnie badawczo, jakby miał ochotę na wygłoszenie jakiegoś komentarza, ale widocznie zmienił zdanie, bo odezwał się tonem, w którym dostrzegłem mikrony życzliwości.

– Zacznijmy od początku. Czytałem protokół, ale proszę powiedzieć jeszcze raz, co się dokładnie wydarzyło?

– Pojechałem do firmy Łuciuk i synowie. Kupiłem cztery nowe letnie opony i poprosiłem, by mi je założono. Zaraz potem planowałem wyjazd do Warszawy. Mamy maj, pomyślałem, że szkoda „zimówek”... Przejechałem może ze dwa kilometry po asfaltowej drodze i zaparkowałem dosłownie na pięć minut pod Urzędem Miasta. Stąd ruszyłem w dalszą drogę, do Warszawy. Przejechałem kolejny kilometr i rozerwało mi oponę na strzępy. Pańscy koledzy uważają, że ktoś wbił szpikulec w boczne obramowanie przedniej opony mojego auta. Przy większej prędkości musiał rozerwać oponę od środka. Nie zdążyłem nawet wyjechać za rogatki miasta. Gdybym wyjechał, być może nie rozmawialibyśmy teraz. Oponę rozerwało przy prędkości niespełna sześćdziesięciu kilometrów na godzinę, w efekcie czego uderzyłem w cmentarny mur. Samochód nadaje się już tylko na szrot, a ja spędziłem dobę w szpitalu. Wyszedłem na własną prośbę. I prosto ze szpitala przyjechałem taksówką do pana. To wszystko.

– Szpikulec pan mówi... hm. A może pan sobie wbił ten szpikulec?

Teraz ja popatrzyłem uważnie na aspiranta.

– Oskarżano mnie o wiele, ale nigdy o coś takiego. Wie pan, Polska to kraj plotkarzy. Nie chcę być postacią z dowcipów. Ktoś zadał sobie wiele trudu, więc proszę to wybadać. Proszę chociaż spróbować.

– Teraz pana poznaję. Jak mogłem nie skojarzyć od razu? To pan jesteś ten wścibski dziennikarz. Słyszałem o panu to i owo. To, co pan robi, to jeszcze praca, czy już obsesja?

– Niekiedy trzeba czasu, by odkryć własne powołanie. Mnie się udało...

– Grzebanie w cudzych brudach nazywa pan powołaniem?

– A pan? Czym pan się zajmuje? Łatwiej prowadzić śledztwa w sprawie przejechanych kotów, niż narażać się cwanym politykom, nie?

– Robię tyle, ile mogę, ale nikt nie działa w próżni. A za panem ktoś stoi, czy jest pan sam?

– A kto nie jest sam?

– Ok. Jesteśmy po tej samej stronie. Zajmę się tą sprawą, ale czy mogę być szczery ?

– Jeśli pan potrafi?

– Powiedzmy, że ich znajdziemy, w co wątpię. Powiedzmy, że postawimy ich przed sądem, a oni zaproszą na kolację sędziego. Wydaje się panu, że pan wie, z czym ma do czynienia. Ale to złudzenie.

Uśmiechnąłem się.

– Co w tym śmiesznego? – spytał.

– To samo mówiło mi już kilka osób.

– I mieli rację?

– Spójrzmy na to tak: ktoś na siłę robi ze mnie przestępcę, niszczy mi życie, nasyła na mnie zbirów, a teraz jeszcze ten szpikulec. Wiec nawet jeśli nic nie ustalicie, to chcę, żeby pozostał po tym jakiś ślad. Rozumie pan? Ktoś działa na moją szkodę. Chcę temu przeciwdziałać. Tylko tyle.

– Niech pan już idzie.

– Wpadnę jeszcze.

– Proszę najpierw zadzwonić. Będziemy w kontakcie.

***

Rozerwana opona i zawiadomienie o możliwości popełnienia przestępstwa przez „nieznanych sprawców" w maju 2010 roku były tylko dwoma z licznych „dziwnych" wydarzeń, jakie w tamtym okresie działy się wokół mnie. W sposób dla mnie zauważalny wydarzenia nabrały tempa po tragedii smoleńskiej, gdy – jak mówili mi koledzy pracujący w kancelarii Prezydenta RP, odpowiadający za medialny wizerunek śp. Marii i Lecha Kaczyńskich – Bronisław Komorowski „buszował" już po kancelarii prezydenta zapoznając się z dokumentami, które dotąd były poza jego zasięgiem i gdy było już wiadome, że będzie sposobił się do kandydowania na stanowisko głowy państwa. W krótkim czasie maja i czerwca nastąpiła cała seria wydarzeń. Najpierw adwokata, który miał mnie bronić w procesie po tym, jak wypowiedziałem pełnomocnictwo Giertychowi, do którego całkowicie straciłem zaufanie, odwiedzili funkcjonariusze ABW. Adwokat był bliskim kolegą Tadeusza Grzesika, mojego kolegi i właściciela portalu Fronda, był więc osobą do pewnego stopnia zaufaną. A jednak nawet taka korelacja nie ochroniła mnie przed inwigilacją i działaniem funkcjonariuszy służb specjalnych, którzy przedstawili koledze Tadzia Grzesika ultimatum: jeśli będzie pan bronił Sumlińskiego, straci pan reprezentacje dużych firm i instytucji, z których pan żyje. Zadbamy o to. Był na tyle uczciwy, że szczerze mi o wszystkim powiedział.

W tym samym czasie mój znajomy, pracownik służb dyplomatycznych, stracił stanowisko i został ciupasem odesłany do Polski. Zanim to jednak nastąpiło, zadano mu szereg pytań o kontakty ze mną. Gdy potwierdził, że są one faktem, uznano, że nie kwalifikuje się do dalszej służby w dyplomacji.

Jednocześnie jeszcze przed wakacjami pojawiła się pierwsza seria anonimów, dostarczana mailowo i pocztą do osób mi życzliwych, głównie ze świata mediów, choć nie tylko, w których autor-anonim pytał: czy warto bronić Sumlińskiego? I oczywiście odpowiadał: nie warto, a na potwierdzenie swoich słów dołączał pięciostronicowy tekst, zgrabną mieszaninę faktów i kłamstw, w proporcjach jeden do stu. Dzieło to trafiło do wszystkich, którzy okazywali mi wsparcie, w jakikolwiek bądź sposób.

Na to wszystko nałożyły się kolejne wezwania do Prokuratury Okręgowej w Warszawie, gdzie młody, mały człowiek, za to „wielki" prokurator, który z pewnością zrobi wielką karierę, wytłumaczył mi mój status: „w tym budynku pańskie nazwisko pojawia się w tylu sprawach, że jak zaczniemy w tym grzebać, to do końca życia będzie pan chodził od prokuratora do prokuratora".

Na koniec, kilka tygodni po tych wydarzeniach, skonstatowałem, że przywrócono całodobową obserwację. Ruszałem na spotkanie z nowym adwokatem – kolejnym obrońcą, któremu miałem zawierzyć swój los. Ale nie ruszałem sam. Przy pierwszych światłach spojrzałem w lusterka. Srebrna Skoda Octavia, która ruszyła za mną spod domu, zatrzymała się dwa samochody za mną. Ale mógł to być zbieg okoliczności. Światła zmieniły się na zielone i ruszyliśmy w kierunku Woli. W pewnym momencie, nie sygnalizując, zaparkowałem auto przy krawężniku. Wysiadłem z samochodu, poszedłem do kiosku po gazetę, której nie potrzebowałem. Kilka metrów przed moim samochodem stała zaparkowana srebrna skoda z dwoma mężczyznami wewnątrz. Ruszyłem bardzo wolno, by po kilku minutach mocno przyspieszyć. Zbieg okoliczności zbiegiem okoliczności, ale to już było śmieszne – skoda była wciąż za mną. Ponieważ miałem zapas czasu – rzecz u mnie nieczęsta – postanowiłem zrobić sobie objazd po Warszawie. Mniej więcej po trzydziestu minutach, w trakcie których co chwilę przyspieszałem i zwalniałem – a w ślad za mną skoda – ktoś widocznie poszedł po rozum do głowy i odwołał (może tylko zamienił na inną?) nieudolną obserwację. Po przeszło dwóch latach od rozpoczęcia tej nieszczęsnej historii, która moje i moich bliskich życie zamieniła w piekło, wciąż śledzono każdy mój krok. Pomyślałem, że na nic się zdał mój powrót na Podlasie, do Białej Podlaskiej, na nic zejście z głównego nurtu pracy dziennikarskiej w Warszawie – co po przeżyciach, które kosztowały moją rodzinę tak wiele, obiecałem Monice i dzieciom – podjęcie pracy na prowincji w charakterze redaktora naczelnego w regionalnym tygodniku. Wszystko na nic, bo ONI o mnie nie zapomnieli. Niestety, wciąż byłem dla nich ważny...

Te pozornie oderwane od siebie fragmenty tak niedawnej rzeczywistości, która z całą mocą wróciła do mnie w okresie poprzedzającym kampanię prezydencką, dla mnie łączyły się całość. Były niczym puzzle, które dopiero zebrane w jedno pokazują pełny obraz. Tym bardziej, że po kolejnych kilku miesiącach doszło do trzech wydarzeń, które choć pozornie w ogóle nie były ze sobą powiązane, to jednak były elementami jednej całości. Elementami, które łączył jeden człowiek i jego środowisko.

***

27 maja 2011 roku na stronie internetowej Samoobrony ukazały się kondolencje następującej treści: *„Odszedł nasz Kolega Mecenas Ryszard Kuciński, przyjaciel i długoletni współpracownik. Łącząc się w żalu z sercem pełnym bólu, w imieniu działaczy i sympatyków Samoobrony oraz własnym, składam Rodzinie i Bliskim wyrazy głębokiego współczucia. Żegnaj Ryszardzie! Przewodniczący Andrzej Lepper"*.

Mecenas Ryszard Kuciński był dla Andrzeja Leppera jedną z najbardziej zaufanych osób, na tyle bliskim, że to właśnie u niego Lepper zdeponował tajne dokumenty i nagrania, które miały być zagrożeniem dla ludzi na wysokich stołkach – bardzo wpływowych, zajmujących najwyższe stanowiska w państwie. Dla Andrzeja Leppera miały stanowić swoistą polisę ubezpieczeniową. Lepper nie mógł ulokować dokumentów w gorszym miejscu – równie dobrze mógł je przekazać generałowi Markowi Dukaczewskiemu czy innym wysokim rangą oficerom WSI. Do końca nie wiedział o związkach Kucińskiego z tajnymi służbami, o czym świadczy fakt, że współpracownikom i jednemu z dziennikarzy deklarował, że dokumenty zostały zdeponowane w najbardziej bezpiecznym miejscu z możliwych. Tym „bezpiecznym miejscem" okazała się kancelaria adwokata, o właścicielu której mój informator, pułkownik Aleksander Lichodzki, mówił: „nasz człowiek". Kuciński potwierdził prawdziwość tych słów przekazując mi na polecenie swoich mocodawców zdjęcia prezydenta Aleksandra Kwaśniewskiego, na których ten ostatni znajdował się w towarzystwie Marka Dochnala...

Mecenas Ryszard Kuciński zmarł pod koniec maja 2011 roku, na zawał serca, a nieco ponad dwa miesiące później w jego ślady podążył Andrzej Lepper, który miał zginąć śmiercią samobójczą. Czy tak było rzeczywiście? Czy ta tragiczna zbieżność – śmierć w tak krótkim odstępie czasu dwóch osób, które połączyła wspólna tajemnica, związana z dokumentami zdeponowanymi przez przewodniczącego Samoobrony – była tylko dziełem przypadku? Nie wiem, ale wiem jedno: to, czego obawiał się Andrzej Lepper mówiąc, że jeśli zdeponowane dokumenty trafią w niepowołane ręce, to jego życie nie będzie warte złamanego grosza – to właśnie stało się faktem. I jeszcze coś: moje wątpliwości wzbudziło to, iż ja wiedziałem coś, czego nie wiedział prawie nikt: co znajdowało się w tych dokumentach...

Pierwsza notatka operacyjna ABW powstała 30 sierpnia 2006 roku i potwierdzała to, co Agencji Bezpieczeństwa Wewnętrznego było wiadome już wcześniej: że Andrzej Lepper zawiązywał – delikatnie rzecz ujmując – dwuznaczne relacje na Ukrainie oraz w Rosji i usiłował prowadzić swoją własną politykę wewnętrzną i zagraniczną, nakierowaną na rozbicie koalicji rządowej, której częścią była „Samoobrona". Przez wzgląd na bezpieczeństwo państwa kolejne notatki powstawały 7 października, 20 października i 9 listopada. Interesujące informacje zawierała zwłaszcza ostatnia z wymienionych notatek ABW:

„Podczas spotkania Kazimierza Zdunowskiego z najbliższymi doradcami, wymieniony stwierdził, że Andrzej Lepper w chwili obecnej oczekuje na wyniki wyborów samorządowych, które będą barometrem wskazującym na faktyczne poparcie wyborców „Samoobrony" we wszystkich grupach społecznych, a także będą określały faktyczne znaczenie partii na scenie politycznej. Uzyskanie dobrych wyników umocni „Samoobronę" w stosunku do Prawa i Sprawiedliwości, pozwoli przewodniczącemu „Samoobrony" na śmiałe ruchy polityczne wewnątrz koalicji i stworzenie sytuacji politycznej, w której „Prawo i Sprawiedliwość" będzie zakładnikiem „Samoobrony", zarówno w Parlamencie, jak i w samorządach wojewódzkich czy powiatowych. „Samoobrona" dąży do sytuacji,

*w której będzie miała większy wpływ na obsadę stano-
wisk w ministerstwach i instytucjach odpowiedzialnych
za dystrybucję środków finansowych spływających do sa-
morządów. Andrzej Lepper liczy, że „Prawo i Sprawiedliwość" będzie powoli tracić poparcie społeczne. Wobec
takiej sytuacji będzie mógł wywierać wpływ na polityków PiS i doprowadzić do korzystnego dla siebie momentu wyjścia z koalicji parlamentarnej. Wynik wyborów
samorządowych determinuje według K. Zdunowskiego
czas trwania rządu koalicyjnego. Słaby wynik wyborów
samorządowych spowoduje wydłużenie czasu trwania
rządu do momentu odbudowania wpływów „Samoobrony". Wewnątrz partii coraz głośniej mówi się o utracie
wpływów na rzecz Andrzeja Leppera przez Stanisława
Maksymiuka. Zdunowski stwierdził, że Maksymiuk
nie może rozliczyć się z części funduszy, które miały
być wydatkowane na kampanię wyborczą w samorządach, a które wpłacali po cichu kandydaci na radnych
wojewódzkich i powiatowych. W chwili obecnej chodzi
prawdopodobnie o około 450 tysięcy złotych. Do najbliższych ludzi Andrzeje Leppera w chwili obecnej należy
Krzysztof Filipek i wbrew pozorom odzyskujący łaski
Stanisław Łyżwiński. Przewodniczący „Samoobrony"
w ostatnich tygodniach wielokrotnie podejmował decyzje wbrew zdaniu najbliższego otoczenia i grupy doradców, decyzje całkowicie sprzeczne z wcześniejszymi
ustaleniami. Część posłów „Samoobrony" uważa, że
sytuacja, w której „Prawo i Sprawiedliwość" wykona-
ło pierwszy krok usuwając Andrzeja Leppera z koalicji
i odbierając przewodniczącemu „Samoobrony" inicjaty-
wę polityczną, przerosła Leppera jako polityka, powodu-*

jąc u niego strach, iż mogą zostać zniweczone jego długofalowe plany polityczne. Przewodniczący „Samoobrony" nie do końca zdawał sobie sprawę, jak słabo skonsolidowany jest jego klub parlamentarny i z jaką łatwością politykom „Prawa i Sprawiedliwości" uda się go rozbić. Ponadto przewodniczący przeliczył się ze stanowiskiem SLD oraz Platformy Obywatelskiej, którym nie do końca odpowiadał termin jesiennych wyborów parlamentarnych i połączenie ich z wyborami samorządowymi. Politycy „Samoobrony" w dalszym ciągu zobligowani są do nawiązania jak najszerszych kontaktów, szczególnie z działaczami terenowymi SLD (możliwość współpracy w samorządach wojewódzkich i powiatowych). K. Zdunowski stwierdził, że do A. Leppera próbował docierać Józef Oleksy i Leszek Miller, inicjując chęć spotkania. Andrzej Lepper odrzucił możliwość spotkania z Józefem Oleksym wiedząc, że w wypadku ujawnienia tego faktu stosunki z pozostałymi członkami koalicji stałyby się bardzo napięte. Poważnie rozważana jest natomiast możliwość spotkania z Leszkiem Millerem.

Przewodniczący „Samoobrony" obawia się, że politycy PiS wykorzystają przeciwko niemu i jego najbliższym współpracownikom informacje zgromadzone w archiwach WSI w momencie, kiedy będzie chciał wyjść z koalicji lub w chwili kryzysu politycznego. Dlatego też w/w upoważnił Stanisława Łyżwińskiego do nawiązania kontaktu z byłymi oficerami WSI, którzy posiadają materiały na prominentnych działaczy Prawa i Sprawiedliwości lub polityków powiązanych z Porozumieniem Centrum, realizujących różne projekty biznesowe, np. A. Glapińskiego, Jana Parysa itp.

Andrzej Lepper bardzo dużą uwagę przywiązuje do prowadzonych przez B. Borysiuka negocjacji w sprawie odblokowania rynku rosyjskiego dla polskich produktów rolnych, z czego chce uczynić sztandarowy sukces polityczny. W czasie październikowej wizyty w Moskwie nie udało się przewodniczącemu „Samoobrony" spotkać z prominentnymi politykami rosyjskimi i skłonić ich do omówienia tego tematu. Kazimierz Zdunowski stwierdził, że Andrzej Lepper zasygnalizował ten temat tylko w rozmowie z przewodniczącym Dumy, Gryzłowem, ale nie znalazł zrozumienia z powodu niewielkiego wpływu tego polityka na posunięcia polityczne Kremla. Bolesław Borysiuk wykorzystując swój kontakt prywatny rozpoczął nieoficjalne rozmowy na temat odblokowania rynku dla artykułów rolnych z Polski, ale rozmowy stanęły w miejscu. Jak uważają doradcy „Samoobrony", powodów jest kilka. Rosjanie przyglądają się uważnie rozwojowi sytuacji w Polsce i także oczekują na ułożenie się sceny politycznej po wyborach samorządowych i odczytania rozkładu sił politycznych (będą rozmawiać z najsilniejszym partnerem lub rokującym nadzieje na przyszłość, a takim ma nadzieję się stać Andrzej Lepper).

Borysiuk i jego inicjatywa torpedowana jest przez radcę handlowego Federacji Rosyjskiej, który osobiście bardzo nie lubi posła Samoobrony, a także chciałby zmonopolizować personalnie rozmowy w celu osiągnięcia korzyści materialnej. W/w ma dobre relacje z prominentnymi działaczami na Kremlu i od jego działań dużo zależy w kwestii powodzenia prowadzonych rozmów".

Podobnie jak premier Jarosław Kaczyński i koordynator służb specjalnych Zbigniew Wasserman, bardzo dobrze znałem oficera, który sporządził tę oraz inne tego typu notatki. Moją uwagę przykuwały nawet nie tyle informacje – swoją drogą wiele tłumaczące, a przez to interesujące – o specyficznie pojmowanej „lojalności" Andrzeja Leppera względem koalicjantów, ile to, czego dowiedziałem się niejako w oparciu o te notatki. Nieformalny news od oficerów ABW, którzy z bliska przyglądali się poczynaniom Andrzeja Leppera i mieli bieżący podgląd na całokształt otaczających go spraw, był tyleż krótki, co jednoznaczny: Andrzej Lepper zginął nie przez sam fakt powierzenia tajnych dokumentów niewłaściwemu człowiekowi, lecz dlatego, że dokumenty te, stanowiące dla niego polisę ubezpieczeniową, dotyczyły Fundacji „Pro Civili"!

W jaki sposób przewodniczący „Samoobrony" wszedł w ich posiadanie? Czy cokolwiek wspólnego miał z tym Janusz Maksymiuk, polityk „Samoobrony" i zarazem jeden z założycieli „Pro Civili"? Jak doszło do tego, że w oparciu o te właśnie materiały Lepper próbował zapewnić sobie polisę ubezpieczeniową i nietykalność?

Odpowiedzi na te pytania nie uzyskałem nigdy. Jednak złowróżbny cień mafijnej organizacji, której rozpracowaniem zajmowałem się tak długo, a której sama wymieniona nazwa wywoływała u Bronisława Komorowskiego skrajne zdenerwowanie, nad którym nie próbował nawet zapanować, po raz kolejny rozciągnął się nad moim życiem...

***

Normalnie nie zatrzymuję się w pięciogwiazdkowych hotelach z tej prostej przyczyny, że nie mogę sobie na to pozwolić. W tym jednak wypadku nie ja decydowałem o miejscu spotkania, a poza wszystkim bywają sytuacje, gdy istnieje taka konieczność i już. Mowa o sytuacjach, co do których pytania są dość rzadko zadawane, a odpowiedzi nigdy nie padają. To była właśnie jedna z takich sytuacji. Przeszedłem przez recepcję, poszedłem do windy i wjechałem na ostatnie piętro. Usiadłem przy wolnym stoliku przy oknie i zamówiłem kawę. Spojrzałem za okno. Łuna kolorowych świateł przedświątecznej Warszawy ponad ciemniejącymi ulicami i konturami miasta miała w sobie coś z bajki, ale nie przyjechałem tu dla podziwiania takich widoków. Świat, w którym kiedyś żyłem i który znów mnie przywoływał, był równie daleki od świata bajek, jak najodleglejsza galaktyka na niedostrzegalnym krańcu wszechświata. Kelnerka przyniosła kawę, ale nie zdążyłem jej spróbować, gdy podeszła około czterdziestoletnia, ładna, elegancka kobieta.

– Pan Sumliński, prawda? – To nie było pytanie.

– Widziałam pana w telewizji – powiedziała takim tonem, jakby chciała się wytłumaczyć.

– Mogę usiąść?

– Oczywiście, proszę.

– Dziękuję, że zgodził się pan na tak niekonwencjonalne spotkanie.

– To nie jest zwyczajna sprawa i dlatego niekonwencjonalne spotkania, jak to pani ładnie określiła, są w niej niemal regułą.

– Ma pan słuszność, że to nie jest zwyczajna sprawa. Powiem więcej, sprawa jest całkowicie niezwyczajna i dlatego ktoś chciałby się z panem spotkać – odczekała chwilę, chcąc wywołać większy efekt.

– Teraz, zaraz. – Kelnerka ponownie podeszła do naszego stolika.

– Co pani podać? – zwróciła się do mojego gościa.

– Poproszę herbatę.

– To wszystko?

– Tak, dziękuję. – Kelnerka oddaliła się niespiesznie, a ja przyjrzałem się mojej rozmówczyni. Miała na sobie ciemną spódnicę i takiż żakiet, a jej ciemne włosy, piwne, jakby smutne oczy i jasna karnacja dopełniały reszty.

– Zanim zaczniemy rozmawiać, pozwoli pani, że zapytam: kto chce się ze mną spotkać? I dlaczego spotykamy się właśnie tutaj? To nie jest najbardziej odludne miejsce w tym mieście.

– Ja jestem tylko pośrednikiem. Ale jest ktoś, kto chciałby pana zobaczyć i pomówić – zawahała się na moment. – To ma być prywatna rozmowa, tyle mogę powiedzieć.

– Proszę pani, przyjechałem tutaj, bo przekazano mi, że poznam fakty, które dotyczą śmierci księdza Jerzego, że to przełomowe informacje, które...

– Które pozwolą zakończyć tę sprawę raz na zawsze i na dodatek pomogą się panu wydźwignąć z kłopotów – przerwała mi bez pardonu. – Wiem, co panu przekazano, bo na pewnym etapie sama nadałam temu bieg. Musieliśmy pana zachęcić do przyjazdu tutaj, a jedyne, co przyszło nam do głowy, to sprawa śmierci księdza Popiełuszki. Wiemy, że ma pan na tym punkcie obsesję. Zawahała się na moment. – Mam nadzieję, że się pan nie gniewa, że tak to nazwałam.

– Nie gniewam się. Jak pani chce, możemy przyjąć, że na punkcie tej sprawy mam obsesję. To nie jest dla mnie zwyczajna sprawa. Ale może pani wyłoży wszystko na stół jak karty w pasjansie.

– Teraz nie mogę wyłożyć wszystkich kart i nie będziemy o tym rozmawiać. To znaczy nie tutaj – poprawiła się.

Głos miała miękki i przyjemny. Choć miałem wiele pytań, postanowiłem jej nie przerywać. Byłem w równym stopniu zaniepokojony, co zaintrygowany. Jakie są prawdziwe przyczyny, że mnie tu ściągnięto? Kim są ludzie, o których moja rozmówczyni mówi: „My"? I najważniejsze: czy rzeczywiście jest szansa, że dowiem się czegoś nowego o okolicznościach śmierci księdza Jerzego i jeszcze o czymś, co według zapewnień mojej rozmówczyni miało zakończyć moje kłopoty? Dwa ostatnie wątki zadecydowały o tym, że w ogóle przyjechałem na to spotkanie. Od pewnego czasu, po traumatycznych dla mnie i moich najbliższych doświadczeniach, w pełni świadomie usunąłem się na pobocze wielkiego dziennikarstwa, a już na pewno na pobocze poważnego dziennikarstwa śledczego. Dotychczasowe doświadczenia pokazały, że zbyt wysoką cenę płacili za to przede wszystkim moi najbliżsi, że po tym wszystkim, co nas spotkało, moja rodzina znalazła się, jakby to ujęli operatorzy wieży kontrolnej lotniska w Smoleńsku „na kursie i na ścieżce" – kursie i ścieżce prowadzącej wprost do katastrofy. Była tylko jedna sprawa, która mogła spowodować, że wróciłbym do gry: TA sprawa. Ci, którzy chcieli „grać", doskonale o tym wiedzieli i postanowili zagrać kartą, którą już tyle razy w stosunku do mnie zagrywano. Niekiedy tylko po to, by mnie zwabić w pułapkę. Zastanawiałem się, czy teraz nie będzie podobnie. Nie dowierzałem szczerości intencji mojej rozmówczyni, ale raz jeszcze postanowiłem zaryzykować i sprawdzić, dokąd mnie to zaprowadzi.

Moja tajemnicza rozmówczyni wolno upiła łyk herbaty, odstawiła filiżankę i podniosła się z fotela, czekając, aż zrobię to samo.

– A dlaczego miałbym jechać gdzieś z osobą, o której nic nie wiem, nawet tego, dla kogo pracuje?

Pomyślała chwilę.

– No cóż... Może pan ze mną pojechać lub zostać tutaj. Ale byłoby lepiej, gdybyśmy wyszli stąd razem. Lepiej dla pana. – Uśmiechnęła się rozbrajająco. Nie odwzajemniłem uśmiechu.

– Panie Sumliński... rozumiem, że nie ma pan powodów ufać komuś, kogo pan nie zna. Wiem, ile musiały pana kosztować wszystkie te wydarzenia i powrót do nich. Przykro mi z tego powodu, proszę mi wierzyć. Ale to nie jest tak, że wszyscy ludzie z tamtej strony są pańskimi wrogami. Ma pan naprawdę dużo powodów, żeby porozmawiać z moim zleceniodawcą.

Wciąż jeszcze się wahałem.

– Więc jak pan woli. Idzie pan czy zostaje?

Wstałem bez słowa, uregulowałem rachunek i wyszliśmy na zewnątrz. Jej terenowe volvo stało zaparkowane za rogiem. Gdy wsiedliśmy do samochodu, wyjęła komórkę i wybrała numer.

– Będziemy za dwadzieścia minut – powiedziała. Poprosiła, żebym zapiął pasy, a potem skierowała się na most Poniatowskiego, którym pojechaliśmy na drugą stronę Wisły. Zatrzymaliśmy się na Alejach Stanów Zjednoczonych. Podeszła do bramy i wystukała kod. Wjechaliśmy windą na piąte piętro i stanęliśmy pod drzwiami mieszkania. Na drzwiach nie było nazwiska właściciela.

– To wynajęte mieszkanie – otworzyła drzwi.

– Na prawo, do salonu – wskazała kierunek. Sama udała się w lewo, do innego pokoju. Pierwszą osobą, którą zobaczyłem, był... Były Premier, którego nie widziałem całe wieki. Były Premier był kiedyś moim kontaktem na informatorów, którzy, co ciekawe, przekazywali także newsy o partyjnych kolegach Byłego Premiera. Skoro pofatygował się, żeby wezwać mnie na spotkanie, to oznaczało, że sprawa musiała być poważna. Po chwili zobaczyłem jeszcze kogoś, kto odwrócił się w moją stronę. Znajomy dziennikarz, a ściślej były dziennikarz, który z innym byłym dziennikarzem dawno temu założył firmę PR i pracował głównie dla tych, których działalność kiedyś opisywał, w niezbyt korzystnym zresztą świetle. W mieście mówiono, że zarabia miliony. Były dziennikarz w milczeniu uścisnął mi rękę.

– Witaj Wojtku, kopę lat! – przywitał mnie Były Premier.

Nigdy nie przechodziliśmy na „ty", więc ta zdumiewająca zmiana formy nieco mnie zaskoczyła. Byłem jednak na tyle rozdrażniony, że postanowiłem podjąć i tę grę, i tę formułę. Pomyślałem, że jeśli ma działać – niech działa w obie strony...

– Wybacz proszę, że zaprosiliśmy cię w taki sposób, ale rozważaliśmy sytuację i wspólnie doszliśmy do wniosku, że musimy z tobą porozmawiać. Czy mogę zaproponować ci kawę lub coś innego do picia?

– Poproszę tonik.

– Zanim przejdziemy do rzeczy, musimy coś sprawdzić. Wiem, że mnie zrozumiesz. Miałbym prośbę, byś zdjął buty i rozstawił ręce. – Byłem pewny, że coś takiego nastąpi. Nie protestowałem. Obszukali mnie starannie obydwaj.

– Mogę obejrzeć twój zegarek?

– Nie mam zegarka.

– A kluczyki samochodowe, komórka, jakiś długopis – PR-owiec nie przeoczył niczego.

– Wszystko zostawiłem w płaszczu, w przedpokoju. Obejrzyj sobie, jeśli chcesz.

– Nie ma takiej potrzeby – powiedział Były Premier.

Nie podobało mi się to wszystko: cała ta otoczka tajemniczości, sposób „zaproszenia" z użyciem zawoalowanych gróźb, no i ten skład osobowy. To od dawna nie był już mój świat – świat blichtru, brudu, gier, matactw, prowokacji i ludzi, których prawica nie wie, co czyni lewica. Zostawiłem to już dawno temu za sobą i nie miałem najmniejszej ochoty, by do tego wracać. Zrobiło mi się niedobrze. Pomyślałem, że chciałbym stąd jak najszybciej wyjść i wrócić do mojego lasu na Podlasiu.

– Macie coś dla mnie, czy czegoś ode mnie oczekujecie? – zapytałem zdecydowanym tonem.

Oczy Byłego Premiera przyglądały mi się badawczo.

– Czy rzeczywiście musisz iść na zderzenie? – zapytał. – Chcesz dalej kopać się z koniem?

– O czym mówisz?

– Wiesz o czym. Powołałeś na świadków ważnych ludzi. I cały czas się miotasz. Po co ci to, chłopie. Wyluzuj i uspokój się.

– Chcę spokoju. Ale ONI, czy może raczej WY, nie pozwalacie mi...

– Nie MY! ONI – przerwał mi Były Premier.

– A więc dobrze. Tacy jak WY nie pozwalają mi o sobie zapomnieć. Niszczą mnie na raty. Tacy jak WY odebrali mi już prawie wszystko.

– Nie wszystko.

– Czy to kolejna groźba?

– Nikt ci nie grozi, spokojnie. Spotkaliśmy się, by porozmawiać, a to rozmowa z gatunku tych, których nigdy nie było...

– Kto jeszcze wie o rozmowie, której nigdy nie było?

– Wiesz dobrze, że nie powinieneś zadawać takich pytań. I tym bardziej nie powinieneś spodziewać się odpowiedzi.

– Czy możemy przestać kręcić się w kółko? Dlaczego zwołaliście to spotkanie?

– A jak sądzisz?

– Żeby się dowiedzieć, co wiem i co zamierzam zrobić. Ksiądz Jerzy był tylko przynętą. Nie macie dla mnie żadnego newsa.

– Po części masz rację. Ale news jest i jak się dogadamy, to go odpalimy. Kiedyś. Ale tak generalnie masz słuszność. Chcielibyśmy, abyś zluzował. Nie naciskaj, by wszyscy świadkowie stawiali się w sądzie. No i odpuść sobie Winiarskiego.

– Nie bardzo rozumiem.

– Chcesz powołać świadka, który jest przestępcą...

– Tobiasz też był przestępcą i jakoś nikomu to nie przeszkadzało.

– To nie to samo.

– Naprawdę? Różnica jest tylko taka, że Tobiasz był autentycznym przestępcą, a Winiarski został nim, jak stał się dysponentem ważnych nagrań i zaczął stanowić zagrożenie. Taki zbieg okoliczności.

– Żadnych nazwisk.

– Ja nie muszę używać nazwisk. Nie pakujcie mnie w te brudy. Bronię się uczciwie. Powołuję świadków, którzy mają wiedzę i potrafią ją udowodnić. Jeśli im w tym nie przeszkodzicie.

– My nie...

– Jasne.

– Domyślam się, że na pewne tematy wiesz więcej niż inni. I przeżyłeś więcej niż inni.

Potwierdziłem skinieniem głowy i zapytałem: – Spytam tylko teoretycznie: co będzie, jeśli zgodzę się na taką, nazwijmy to, współpracę?

– Zaplusujesz. Pierwszy raz od dawna. Bo na razie masz same minusy. Zebrała się niezła teczka. Ale my – ONI – nie zamierzamy się z tobą targować. Zrobisz, co zechcesz. Twój wybór i twoje ryzyko.

– Znowu mi grozisz?

– Nikt ci nie grozi. Masz problemy i nie ma potrzeby, żebyś miał jeszcze większe. Masz rodzinę, chłopie. Pomyśl o tym.

– Myślę o rodzinie. I dlatego prawie nie ruszam się z Podlasia, dlatego wyszedłem z rynku, dlatego wybrałem emigrację wewnętrzną.

– Nie przesadzaj z tą emigracją. Zdecydowanie za dużo i za często kłapiesz dziobem, tyle ci mogę powiedzieć.

– Przemyślę twoją propozycję.

– Przemyśl dobrze.

***

Gdy wracałem do domu wiedziałem, że muszę zrobić to, co muszę i że ze wszystkich sił będę walczył o prawdę. Żadnych układów z takimi ludźmi, jak ci, z którymi dziś rozmawiałem. Już nigdy więcej. Gdy wracałem do domu, zastanawiałem się, jak się to wszystko skończy. Wariantów jest bez liku, co najmniej tyle, ile rodzajów przestępstw. Zostanę pedofilem, a może współpracownikiem Osamy bin Ladena? Mam świadomość, że jak będzie trzeba, twórczy ludzie zrobią coś z niczego, jak nieraz już robili. Tak jest przecież w sprawie, która toczy się od lat, a prokuratura nie przedstawiła ani jednego dowodu mojej rzekomej winy, ani jednego świadka. Z kolei ci, którzy się pojawiają, udają, że pamiętają bardzo niewiele – albo nic. Dzieje się tak dlatego, że, jak to ujął zeznający w sądzie Piotr Wojciechowski z Komisji Likwidacyjnej i Weryfikacyjnej WSI: „Sąd konsumuje właśnie prowokację i kombinację operacyjną Wojskowych Służb Informacyjnych, czyli organizacji przestępczej". Trudno o bardziej trafne słowa. I nawet jeśli po latach okaże się, że wszystko to było fikcją, to jakie będzie miało to znaczenie? Kto zwróci czas odebrany rodzinie, kto naprawi zniszczone zdrowie, kto odbuduje zniszczone życie? Czy w ogóle można naprawić zniszczone życie? Chciałem wierzyć, że tak...

To wszystko było szalenie ważne – najważniejsze. W całej tej sprawie poruszyło i wstrząsnęło mną jednak co innego. Coś, co nie dawało mi spokoju, jedno pytanie bez odpowiedzi: dlaczego Były Premier naciskał na rezygnacje z zeznań świadka, który miał mówić o Bronisławie Komorowskim? I wiedziałem, że od teraz to pytanie stanie się przyczyną moich kolejnych bezsennych nocy. „Stare demony powróciły" – pomyślałem.

Choć tak na dobrą sprawę – czy kiedykolwiek naprawdę odeszły?

***

Telefon zaczął dzwonić o wpół do szóstej rano. Doprowadzało mnie to do szału. Nie spałem dobrze poprzedniej nocy i moje nerwy były napięte jak postronki. Nie spałem zresztą dobrze od wielu miesięcy, a bywały dni, że w ogóle zapominałem, co to sen. Od dawna żyłem w stanie ciągłego napięcia psychicznego i skrajnego wyczerpania. Było mi coraz trudniej skoncentrować się na setkach spraw, które wymagały stale mojej uwagi. Ogromnym wysiłkiem woli zmuszałem się do w miarę normalnego funkcjonowania. Procesy, wezwania do prokuratur, kontrole, oszczercze publikacje, życie w stanie zagrożenia, rano, wieczór, we dnie, w nocy – miałem dość wszystkiego, zwłaszcza telefonów przed szóstą rano. Wciąż jeszcze byłem uznanym „panem redaktorem" i tym podobne bzdury, ale bliscy mi ludzie dobrze wiedzieli, że jestem zaszczuty i moje życie od dawna jest w strzępach. Jak to się stało, że mój własny kraj stał się moim wrogiem? Czyżbym był aż takim zagrożeniem dla tych wszystkich „Bronków", że trzeba było dokończyć operację wykańczania mnie na raty?

Są takie okresy w życiu, gdy wszędzie wokół piętrzą się kłopoty, a duch upada nisko.

To zdecydowanie był jeden z takich okresów. Nasunąłem kołdrę głębiej na głowę, by dalej spać jak suseł, ale byłem już rozbudzony. Poza tym zimno było wrogiem snu, a kominek, który ogrzewał pomieszczenie w naszym domu w Białej Podlaskiej, dawno już wygasł. Nie kwapiłem się do wstawania, ale mimo wszystko wyszedłem po drewno. Na zewnątrz wiatr prawie ucichł. Mróz był mniej dokuczliwy, niż poprzedniej nocy. Pomyślałem, że może to szczęśliwa zapowiedź. Ale po tym ranku dałem sobie najuczciwsze słowo, że nigdy już nie będę wierzył żadnym przeczuciom i żadnym przepowiedniom. Gdy wróciłem do domu z drewnem, żona zajmowała się już przyrządzaniem kawy.

Miałem trudności z zapaleniem kominka, gdyż drewno było mokre, w końcu jednak zapłonął z donośnym hukiem. Raz jeszcze spojrzałem na tarczę zegara. Wskazywał godzinę szóstą. I wtedy telefon zadzwonił ponownie. TEN telefon. Przez pięć, a może dziesięć sekund stałem nieruchomo wyprostowany i sztywny, dopiero teraz rozumiejąc, co to oznacza. Ten numer znał tylko jeden człowiek: Marek, mój informator i przyjaciel w jednej osobie, a przed laty ważna persona służb tajnych. Choć czy słowo „kiedyś" jest na miejscu, skoro z tych służb tak naprawdę odchodzi się w jeden tylko sposób, opisany przez

Wiktora Suworowa w „Akwarium" – przez komin?...

Dawno temu ustaliliśmy z Markiem, że będziemy spotykać się bez telefonowania w pewnej restauracji przy trasie Warszawa – Gdańsk, o pewnej godzinie w pewien dzień miesiąca. Gdyby to nie zadziałało, miał to być kolejny czwartek miesiąca i tak aż do skutku. Telefon na specjalnie zakupiony numer na kartę, znany tylko Markowi, to był właśnie plan B. Miałem nie odbierać, tylko przyjechać w południe w określone miejsce w Warszawie. Jeżeli bym nie mógł dotrzeć na czas, miałem przyjechać następnego dnia lub jeszcze kolejnego. I tak do skutku. Jeżeli teraz Marek dzwonił, nie musiałem odbierać telefonu, by zrozumieć, że stało się coś nadzwyczajnego. Co takiego mogło się stać? Warianty odpowiedzi na to pytanie osiągały cyfrę astronomiczną. Nie tracąc więc czasu na bezproduktywne rozmyślania włożyłem przygotowaną specjalnie na taką okazję odzież, w której z pewnością nie zamontowano żadnego mikronadajnika. Podsłuchiwaną komórkę i zegarek, do którego także można było coś wpakować, wszelkie inne drobiazgi oraz swój samochód, w którym moi „przyjaciele" z „Abwehry" na sto procent zamontowali jakiś chip, zostawiłem w Białej Podlaskiej i korzystając z pożyczonego od jednego z sąsiadów auta, a następnie już w Warszawie zmieniając środki lokomocji, próbując zgubić potencjalne „ogony", pojechałem na spotkanie. Po kilku godzinach przesiadek w samym centrum złapałem taksówkę, którą pojechałem do podwarszawskiej restauracji. Marek przybył punktualnie, jak zawsze. Przez krótką chwilę spoglądał na swoje ręce, jakby potrzebował przerwy, nim przejdzie do właściwego tematu.

– Pułkownik Leszek Tobiasz nie żyje – rzucił krótko. Słowa Marka wypowiedziane tak spokojnym głosem, jakby mówił o najprostszych sprawach, równały się co najmniej godzinie tłumaczenia.

Po raz pierwszy od dawna zareagowałem w sposób inteligentny, to znaczy zamilkłem. Nie odzywałem się przed dłuższą chwilę. To, co usłyszałem, wymagało przetrawienia. Wsłuchiwałem się w wycie szalejącej na zewnątrz wichury i byłem tak samo ponury, jak otaczająca nas przyroda.

Pułkownik Leszek Tobiasz, człowiek, którego spotkania z Bronisławem Komorowskim poprzedziły mój dramat, był ni mniej, ni więcej, tylko wysoko postawionym oficerem Wojskowych Służb Informacyjnych, zajmującym się operacjami specjalnymi, w wyniku których niejedno życie legło w gruzach. W Zarządzie III WSI był odpowiedzialny między innymi za przygotowanie i pozyskanie materiałów, które udostępnione w ramach gry operacyjnej wyselekcjonowanym dziennikarzom miały na celu skompromitowanie arcybiskupa Juliusza Paetza. „Teraz jest właściwy moment, by przycisnąć kler, można uderzyć w czarnych" – to jeden z wielu meldunków jednej z wielu spraw, w tym wypadku sprawy zgromadzonej w Teczce Nadzoru Szczególnego kryptonim „Anioł", prowadzonych w tamtym czasie przez pułkownika Tobiasza. Operacja poszła dobrze: dziennikarze podjęli przynętę, w efekcie arcybiskup Paetz został skompromitowany w otoczce skandalu homoseksualnego, więc niedługo później Tobiasz, już na stałe, został wyznaczony do inwigilowania i pozyskiwania do współpracy właśnie dziennikarzy. Był już wówczas doświadczonym oficerem, po szkoleniach w Rosji, i miał za sobą pracę w charakterze oficera operacyjnego attachatu w Moskwie. Nie było tajemnicą, że to właśnie po powrocie z placówki w Moskwie zaczął wspinać się po szczeblach kariery, bo w tamtym czasie to była przepustka do osiągnięcia sukcesu. Dalej poszło już łatwo, bo prawie każdy na świecie ma pewne apetyty i impulsy, odruchy uczuć, wyspy samolubstwa, żądze ledwie ukryte pod powierzchnią. A wielu ludzi albo trzyma je na wodzy, albo folguje im potajemnie. Wytrawny oficer WSI, a takim bez wątpienia był Leszek Tobiasz, nie tylko dostrzegał u innych takie impulsy, ale umiał je obracać na swoją korzyść. Jest zupełnie możliwe, ze nie wierzył w istnienie jakichkolwiek odmiennych skłonności u ludzi, bo o ile był nadnaturalnie wyczulony w pewnych kierunkach, to – jak wskazywał jego „dorobek" – w innych odznaczał się całkowita ślepotą. Nauczono go, że seksualizm wraz z towarzyszącymi mu tęsknotami i cierpieniami, zazdrością i wszystkimi tabu jest najbardziej niepokojącym popędem, jaki mają ludzie. Zapewne uwierzył, że każdy ukrywa w sobie to małe piekło, zarazem publicznie udając, że ono nie istnieje, i pojął, że posługując się ową cząstką natury ludzkiej może uzyskać i zachować władzę nieomal nad każdym. A że jak wielu innych oficerów służb specjalnych, miał nieludzką zdolność wyrzekania się tego, czego nie mógł uzyskać i czekania na to, co mógł zyskać, te dwa dary dawały mu wielkie korzyści. Mimo że Tobiasz obracał się na szczytach służb tajnych, jego nazwisko przez długi czas nie pojawiało w mediach, a zatem musiał być naprawdę kimś ważnym, co najmniej bezpośrednim podwładnym generała Marka Dukaczewskiego, ostatniego szefa Wojskowych

Służb Informacyjnych.

A teraz Tobiasza nie było już wśród żywych...

Od początku tej historii okoliczności zmuszały mnie do prędkiego myślenia. A w tej chwili trzeba było myśleć z podwójną szybkością. Niestety, byłem zupełnie zdezorientowany. Od dawna nie miałem spokojnego umysłu i zdawałem sobie sprawę, że myślę coraz słabiej, ale instynktownie czułem, że nie pomyliłem się w ocenie wydarzeń, które poprzedziły śmierć Tobiasza. Zrozumiałem teraz, dlaczego Tobiasz do ostatniej chwili unikał stawienia się w sądzie. Nie miał żadnego wyboru i nie wiedział jak ma postąpić. Konsekwentnie, choć bardzo wolno, moje myśli porządkowały się w logiczną całość. Ten, kto był odpowiedzialny za tę śmierć, był świadom tego, jak niebezpieczne dla wielu ważnych ludzi może być stawiennictwo Tobiasza w sądzie i pozwolenie na to, by go gruntownie przepytano. Byłem pewien, że nie odszedł z tego świata z przyczyn naturalnych. Usta miałem suche, jakbym od wielu dni nie używał żadnych płynów. Serce biło mi głośno. Rozumiałem już, co oznacza fakt, że Leszek Tobiasz nie żyje – co oznacza fakt, że zmarł mój oskarżyciel, człowiek, który pośród innych zniszczył także moje życie. Zrozumiałem, że paradoksalnie teraz sprawy staną się jeszcze bardziej skomplikowane, niż były dotąd.

Minęło pół minuty. Pół minuty, nim poczułem, że jestem zdolny do wydania z siebie głosu, zdolny do wysłowienia się czy choćby logicznego myślenia...

– Jak to się stało? – wydusiłem wreszcie z siebie.

– Zatańczył się na śmierć. To wersja oficjalna.

Pomyślałem, że Marek zawsze potrafił znakomicie

określać sprawy. Gdy to mówił, uśmiechał się cierpko, jego uśmiech nie obejmował jednak oczu, które w dalszym ciągu pozostały chłodne i zdecydowane.

Niewesołą musiałem mieć minę, bo po chwili odezwał się ponownie.

– Weź się w garść.

Jego twarz przepełniała troska. Czujne oczy odzwierciedlały przejęcie, które ten człowiek rzadko okazywał.

– Dobry Boże, Wojtek, wyglądasz okropnie.

Spojrzałem w lustro nad kontuarem. Faktycznie, nie przesadzał. Moja twarz odpowiadała stanowi mojego ducha.

– Może coś zjesz.

– Dziękuję. Nie jestem głodny.

Popatrzył za okno. Wyglądał przez chwilę na zamazane światła, odbijające się w mokrej ulicy. Wiedziałem, że myśli o tym samym, o czym myślałem ja: „Jak teraz mam się bronić, skoro nie można kłamcy skonfrontować z innymi kłamcami, którzy współpracowali z nim od początku tej gigantycznej prowokacji? Jak teraz wykazać manipulację, w wyniku której zniszczono mi życie i zaprowadzono na ławę oskarżonych?".

Marek westchnął i splótł dłonie na blacie.

– Wiem o czym myślisz: że to wszystko komplikuje... – urwał i wbił wzrok w dłonie.

– To nie był przypadek, prawda? – na poły zapytałem, na poły stwierdziłem.

– To nie był przypadek.

– Nie powiedziałbyś tego, gdybyś nie był tego pewien.
Milczał.

– Mam do ciebie tysiąc pytań, ale to może poczekać.
Dlatego zadam tylko jedno: czy wiesz coś więcej? – Zastanowiłem się przez chwilę. – Czy kiedykolwiek dowiemy się czegoś więcej? – poprawiłem się.

– Poinformowano mnie w ogólnych zarysach, że śledztwo od początku prowadzone jest z opcją, by je jak najszybciej zamknąć. Są naciski, by je ukierunkować na „brak znamion udziału osób trzecich". Nie muszę ci tłumaczyć, co to oznacza.

– Nie musisz. Teraz, by wykazać swoją niewinność, będę musiał przycisnąć prezydenta Komorowskiego, a to oczywiste samobójstwo – wydusiłem wreszcie z siebie.

– To ryzyko – poprawił Marek. – Pewnym i nieuniknionym samobójstwem jest pozostawienie spraw własnemu biegowi.

Marek miał rację. Jak zwykle.

– Lepiej opowiedz mi, jak ty to wszystko widzisz.

Opowiedziałem mu wszystko po kolei. Długa to była opowieść, ale nie przerywał mi ani razu.

Dlaczego już w pierwszej chwili pomyślałem, że to było morderstwo? Oczywiście nie miałem na to żadnych dowodów, nic poza przeczuciem i kilkoma pozornie niezwiązanymi ze sobą wydarzeniami. Nic, co można by nazwać rzetelnym dziennikarstwem. Może to tylko moja wyobraźnia, może brak snu, albo może objaw wypalenia? A jednak intuicyjnie czułem, że Leszka Tobiasza zamordowano z zimną krwią, bez litości. Prawdopodobnie ktoś zadbał, by przeszkodzić mu mówić.

Kiedy uświadomiłem to sobie, mimo woli przeszedł mnie dreszcz. Tobiasz nie zdawał sobie sprawy, że tak skończy i naturalnie nigdy już z niczego nie zda sobie sprawy. Nie żałowałem go. Jestem człowiekiem, który popełnił wiele błędów, ale nie jestem hipokrytą i, niestety, nie nauczyłem się kochać nieprzyjaciół, jak Bóg tego pragnie. Jeśli komuś szczerze w życiu źle życzyłem, to był to właśnie pułkownik Leszek Tobiasz. Nienawidziłem tego, co zrobił mojej rodzinie i wielu innym ludziom. Obrócił w ruinę los niejednego człowieka.

Nie udaję, że wiem, jak się zostaje kimś takim, jak Tobiasz. Nie zamierzam też udawać, że wiem, co kieruje postępowaniem tego typu ludzi, co ich napędza i motywuje do działania, co powoduje, że świadomie i z premedytacją niszczą ludzkie życie, a Bóg jeden wie, ile osób przez niego cierpiało. Niektórzy ludzie są w głębi duszy przyjaźni z całym światem, a znowu inni nienawidzą sami siebie i rozprowadzają dookoła tę nienawiść niczym masło po gorącym chlebie.

Istnieją różni ludzie. Jedni zawsze nakładają na talerz więcej, niż mogą zjeść. Zawsze więcej sieją, niż mogą zebrać. Zanadto się cieszą, zanadto się martwią. Są tacy ludzie. Nie wiem, co ich czeka. Może wielkość, a może stryczek.

Niewykluczone, że podobne odczucia do moich miał arcybiskup Juliusz Paetz, „bohater" sprawy opatrzonej kryptonimem „Anioł", w której Tobiasz odegrał główną rolę. Teczka Nadzoru Szczególnego kryptonim „Anioł" w sensie formalnym nie stanowiła materiałów archiwalnych, ponieważ nigdy nie została zewidencjonowana ani zarchiwizowana przez żadną komórkę WSI. Została założona w związku z działaniami prowadzonymi przez Wojskowe Służby Informacyjne w sprawie pozyskania do współpracy właśnie arcybiskupa Juliusza Paetza. Arcybiskup Juliusz Paetz z Poznania był w przeszłości pozyskany do współpracy przez niemieckie służby specjalne STASI w okresie, gdy przebywał w Watykanie, na bazie swoich skłonności homoseksualnych. W wyniku działań podjętych przez WSI przekazano Jurkowi Morawskiemu z „Rzeczypospolitej" informacje, ze wskazaniem, gdzie należy szukać ich źródła. Jurek Morawski został zadaniowany w kierunku dotarcia do dokumentów arcybiskupa Paetza i zapoznania się z nimi. Znając Jurka jeszcze z okresu wspólnej pracy w „Życiu", nie miałem żadnych wątpliwości, że ten uczciwy i rzetelny dziennikarz „zadaniowany" został w ogóle bez choćby cienia wiedzy ze swojej strony, że jest „zadaniowany".

Na tym właśnie polegała cała perfidia tych ludzi, którzy potrafili wykorzystać cudzą uczciwość i rzetelność do tylko sobie znanych celów. Informacje, mające pomóc Jurkowi Morawskiemu w realizacji zadania, przekazano przez oficera WSI oraz za pośrednictwem Jerzego Wójcickiego, byłego ministra energetyki w PRL, który był kuzynem Morawskiego. W tym celu zorganizowano spotkanie operacyjne z Wójcickim, z którym także już wcześniej prowadzony był przez WSI dialog operacyjny i którego zakwalifikowano jako OZI „Rektor". Dokumenty dotyczące biskupa Paetza udało się pozyskać Jurkowi Morawskiemu z Instytutu Gaucka, kanałami informacyjnymi „Gazety Wyborczej", w której zatrudniona była jego żona, Irena. Oficjalnie operacja pozyskania dokumentów dotyczących Paetza została zakwalifikowana przez WSI jako przeciwdziałanie potencjalnej prowokacji obcych służb specjalnych, które mogły mieć na celu skompromitowanie Polski w oczach opinii międzynarodowej. W rzeczywistości jednak dokumenty te zostały wykorzystane jako źródło nacisku na biskupa. Dla WSI istotne było, kto może posiadać wiedzę na temat ewentualnych związków Juliusza Paetza ze STASI i kto mógłby poszerzyć informacje odnośnie tych związków. Usiłowano potwierdzić, czy wiedzą taką dysponują służby rosyjskie bądź czy w przeszłości wiedzą taką dysponowała Służba Bezpieczeństwa.

Weryfikację tych założeń usiłowano przeprowadzić przy pomocy kontaktów towarzyskich Wójcickiego z wysokimi oficerami byłej SB, między innymi poprzez generała Henryka Dankowskiego. Wiedza ta była WSI niezbędna do zastosowania skutecznego szantażu na biskupie Juliuszu Paetzu. Ostatecznie szantaż się nie powiódł. Paetz odmówił kooperacji z WSI, w efekcie czego informacje o nim zostały ujawnione opinii publicznej. Kluczową rolę w operacji szantażu na arcybiskupie odegrał pułkownik Leszek Tobiasz – mój oskarżyciel – który podobnymi operacjami zajmował się „od zawsze". Był zaangażowany między innymi w sprawę ojca Hejmo oraz nieudaną próbę zdyskredytowania biskupa Michalika, odnośnie do którego próbował zdobyć informacje potwierdzające jego rzekomą współpracę z SB. Takimi i podobnymi działaniami pułkownik Leszek Tobiasz parał się od lat, niszcząc życie wielu ludzi, zajmując się inwigilacją kościelnych hierarchów i posługując przy tym metodami szantażu i podstępu. A przecież to był tylko drobny fragment jego „twórczej" działalności, która obejmowała szpiegowanie, intrygi, kombinacje operacyjne i pomawianie ludzi o czyny, których nigdy nie popełnili. Z tego zresztą między innymi powodu Tobiasz był ścigany przez warszawską prokuraturę garnizonową...

Mogliby coś na ten temat powiedzieć kapitan Piotr Jasiak i major Sławomir Krawczyk, dwaj oficerowie kontrwywiadu wojskowego, którym Tobiasz zniszczył życie. W 2006 roku pomówił tych dwóch nieszczęśników, zajmujących się tak zwanym odcinkiem rosyjskim, o popełnienie bardzo poważnego przestępstwa i podejrzane kontakty z rosyjskimi specsłużbami. Informacja spowodowała w ich życiu spustoszenie, pomówienia Tobiasza odczuli boleśnie. W efekcie jeden z oficerów znalazł się w szpitalu w Aninie na operacji serca, drugiemu omal nie rozpadła się rodzina. Zbadanie zarzutów autorstwa pułkownika przez Wojskową Prokuraturę Garnizonową trwało rok i wykazało ich całkowitą bezpodstawność. Doprowadziło to do wszczęcia sprawy o sygnaturze akt Pg. Śl. 269/06, w której obaj pomówieni oficerowie uzyskali status pokrzywdzonych. Teraz to Tobiasz był ścigany, a śledztwo Wojskowej Prokuratury Garnizonowej prowadzone przez prokuratora Zbigniewa Badelskiego, skierowane przeciwko Tobiaszowi, szybko zbliżało się do końca.

Co więcej, przyglądając się Tobiaszowi prokuratura wpadła na ślad sprawy o kryptonimie „Siwy", prowadzonej w latach 1996-1999, gdy Tobiasz był ekspertem ataszatu wojskowego w Moskwie. To z tamtych czasów datowała się jego bliska znajomość z Turowskim, fałszywym jezuitą, który później zajmował się inwigilacją polskich księży w Watykanie, i z innymi ludźmi tego pokroju. Po zagłębieniu w sprawę okazało się, że to Tobiasz, a nie Krawczyk czy Jasiak, miał podejrzane kontakty z rosyjskim wywiadem. Śledztwo zmierzało w kierunku postawienia pułkownikowi Tobiaszowi bardzo poważnych zarzutów, absolutnie z najwyższej półki. Jako wytrawny spec od kombinacji operacyjnych i rozmaitych intryg, a także przestępca – bo za takie właśnie intrygi Tobiasz miał już jeden wyrok więzienia w zawieszeniu – rozumiał dobrze, że tym razem nie dostanie „zawiasów", że za to, co zrobił, pójdzie do więzienia i to na wiele lat. Rozumiał dobrze, że tym razem musi przeprowadzić „operację", w której stawką będzie jego własne życie. I do tej operacji przygotował się niezwykle starannie. Scenariusz był genialny w swojej prostocie: sprokurować sytuację, w oparciu o którą można będzie skompromitować zbierającą dowody na jego przestępstwa Komisję Weryfikacyjną WSI – która w tamtym czasie już go negatywnie zweryfikowała – pozyskać możnych protektorów, którzy podobnie jak on, obawiali się wyników prac Komisji Weryfikującej Żołnierzy Wojskowych Służb Informacyjnych, i następnie uderzyć w tę Komisję, pokazując rzekomą nieuczciwość pracujących tam ludzi. Czy to w tym momencie wybór padł na Bronisława Komorowskiego ? Nie będę udawał, że wiem, kiedy i w jakich okolicznościach ci dwaj się poznali. Poszlaki wskazują, że dawno temu. Przypuszczam, że po tylu latach knowań i kłamstw stali się ludźmi z gatunku tych, których prawica nie wie, co czyni lewica. Dalej już razem szukali drogi dotarcia do Komisji Weryfikacyjnej WSI. Padło na Mariana Cypla, byłego rezydenta polskiego wywiadu w Wiedniu, a wcześniej łącznika pomiędzy dygnitarzami PRL, a hiszpańskim dyktatorem generałem Franco, no i przy okazji dobrego znajomego kilku biskupów, m.in. Leszka Sławoja Głodzia i Antoniego Pacyfika Dydycza, z którymi dobre relacje miał i którym ufał Antoni Macierewicz, szef Komisji Weryfikacyjnej WSI. Ale tu spiskowców spotkało pierwsze rozczarowanie, bo Marian Cypel postawił nieoczekiwany opór. Tobiasz posługiwał się sprawdzona bronią, tą samą, którą posługiwał się zawsze. Metodami szantażu i podstępu zażądał od Cypla zaprotegowania go u biskupów, by oni z kolei zaprotegowali go u Macierewicza, przedstawiając jako człowieka pomocnego i godnego zaufania. Pomimo jednak kilku jego wizyt w Zaborku koło Białej Podlaskiej, gdzie Marian Cypel mieszkał, i pomimo szantażu oraz gróźb kierowanych pod jego adresem, rezydent wywiadu nie dał się zastraszyć i Tobiaszowi odmówił. Najwyraźniej nie chciał brać udziału w grze, która nie była jego grą i której celu nie rozumiał. Tobiasz nie zniechęcił się – nie ten człowiek. Potrzebna była „wtyczka", która doprowadziłaby do Komisji Weryfikacyjnej WSI, by ją skompromitować – zatem wtyczka musiała się znaleźć. To była kluczowa sprawa, od której zależało wszystko, a którą Tobiasz rozegrał po mistrzowsku.

Problem, na który musiał znaleźć jakąś metodę, bo inaczej wszystko by wzięło w łeb, sprowadzał się do tego, czy potencjalną „ofiarę" uda się złapać w pułapkę, którą stanowiła oferta finansowa za doprowadzenie go do szefa Komisji Weryfikacyjnej WSI. Pajęcza sieć została rozstawiona szeroko, pozostało już tylko oczekiwanie, aż ktoś w nią wpadnie. Pułkownik nie czekał długo. Niebawem na horyzoncie pojawił się inny pułkownik – dobry znajomy Tobiasza ze służb tajnych, Aleksander Lichodzki.

Lichodzki, który w związku ze śmiertelną chorobą żony wpadł w poważne tarapaty finansowe, zwietrzył okazję łatwego, jak sądził, zarobku i dał się podpuścić Tobiaszowi, obiecującemu pieniądze za doprowadzenie do Komisji. Oczywiście Lichodzki nigdy nie zamierzał wywiązać się z obietnicy, bo zwyczajnie nie miał takich możliwości, a po prostu połasił się na „okazję". W swojej rozgrywce z Tobiaszem przewidział rolę także dla mnie, bez mojej woli i wiedzy. Zapewne w jego ocenie byłem na tyle głupi i naiwny, że się do tej roli nadawałem – rozumiem, co nim kierowało – a jako dziennikarz, który z jednej strony miał kontakty z członkami Komisji Weryfikacyjnej WSI, z drugiej informatorów wśród oficerów WSI, spełniałem wszystkie „kryteria". Teraz Aleksandrowi Lichodzkiemu wystarczyło już tylko przygotować grunt i tak umówić któreś ze spotkań ze mną, by Tobiasz przychodząc na swoje spotkanie z Lichodzkim po mnie lub wychodząc przede mną mógł zobaczyć, iż Olek rzeczywiście mnie zna. No i, poza wszystkim, To-

biasz mógł mnie sobie obejrzeć. To było dziecinnie łatwe, bo moje spotkania z informatorem w tamtym
czasie były przecież systematyczne. W moim przekonaniu był tylko jeden człowiek dla którego mogło to
stanowić realizację najskrytszych marzeń – usmażyć
w jednym kotle złowrogą Komisję Weryfikacyjną WSI
i wścibskiego dziennikarza, który napsuł mu tyle krwi –
to było więcej, niż mógłby oczekiwać.

Tobiasz poinformował kolegę, że zarejestrował prowadzone z nim rozmowy i że od teraz będą pracować razem. Niewykluczone, że Tobiasz miał w zanadrzu jeszcze
inne argumenty, by skłonić Lichodzkiego do współpracy,
bo po latach babrania się w kombinacjach operacyjnych,
intrygach i zwyczajnych kłamstwach obydwaj należeli do
gatunku ludzi, których prawica nie wie, co czyni lewica. Rzecz jasna szantażowany Lichodzki był wściekły na
Tobiasza, ale z drugiej strony rozumiał, że okazanie mu
głębi uczuć tylko pogorszy jego sytuację. Lis nigdy nie
poluje na psy, bo życie jest ważniejsze od obiadu. Koniec
końców Lichodzki przyjął propozycję nie do odrzucenia
i od tego momentu działali już we trójkę. Lichodzki szybko zorientował się, że w grze jest jego znajomy, Bronisław Komorowski, co ostatecznie skłoniło go do „pracy”.
Nie będę też udawał, że wiem, w jaki sposób Aleksander Lichodzki przedstawił Tobiaszowi to, co wiedział
albo czego się domyślał o moich kontaktach z członkami
Komisji Weryfikacyjnej WSI. Z pewnością nie musiał
go specjalnie przekonywać, że znam co najmniej jednego z nich, bo Leszek Pietrzak w tamtym czasie systematycznie występował jako ekspert w ogólnopolskim,

mającym ponad półtoramilionową widownię programie „30 minut", który demaskował przestępczą działalność Wojskowych Służb Informacyjnych, a którego byłem głównym autorem. Nie zamierzam też udawać, że wiem, w jaki sposób Lichodzki instruował Tobiasza odnośnie do mojej osoby czy osoby Leszka Pietrzaka. Według zeznań złożonych w sądzie przez tego ostatniego, któregoś dnia Tobiasz po prostu zaczepił go w SKW twierdząc, że dużo o nim słyszał i chciałby powierzyć Komisji Weryfikacyjnej pewne tajemnice, ale wcześniej musi porozmawiać z nim nieformalnie. Podobno ze względów bezpieczeństwa. Spotykali się później co jakiś czas przez kilka miesięcy i prowadzili rozmowy o niczym, w trakcie których Tobiasz mamił Pietrzaka bezwartościowymi informacjami. Oczywiście Leszek Tobiasz, człowiek z gatunku tych, którzy nawet pod prysznicem nie rozstają się z aparaturą nagrywającą, wszystkie spotkania z Pietrzakiem rejestrował. Szkopuł w tym, że w nagraniach nie pojawił się nawet ślad czegoś, co choćby zahaczało o korupcję. Taki ślad nie pojawił się również w odniesieniu do mnie, z jednego prostego powodu: nie było żadnych nagrań korupcyjnych.

Z zawiadomieniem – złożonym zresztą w bardzo specyficznej formie, bo bynajmniej nie organom ścigania – o rzekomym przestępstwie w łonie Komisji Weryfikacyjnej WSI Tobiasz odczekał dziesięć miesięcy, aż do czasu, gdy władzę w Polsce przejęła Platforma Obywatelska i teraz mógł już wciągnąć do rozgrywki protektorów, a ci – zgodnie z oczekiwaniami – przystąpili do niej nad wyraz ochoczo. Gdy nastąpiła zmiana władzy, „Tobiasz ścigany przez prawo", niczym w kreskówkach, błyskawicznie przemienił się w „Tobiasza wzorowego obywatela", który jakoby dopiero teraz „poinformował" marszałka Bronisława Komorowskiego o rzekomej korupcji w Komisji Weryfikacyjnej WSI. W rzeczywistości pułkownik Leszek Tobiasz i pułkownik Aleksander Lichodzki systematycznie naradzali się z Komorowskim, ustalając sposoby skompromitowania Komisji Weryfikacyjnej oraz zdobycia najbardziej strzeżonego dokumentu w Polsce – tajnego Aneksu do Raportu WSI. Komorowski panicznie bał się swojej przeszłości i wiedział, że w Aneksie mogą znajdować się obciążające go informacje. Zdobycie Aneksu interesowało go zatem nie tylko dlatego, że był zadeklarowanym przeciwnikiem Komisji Weryfikacyjnej WSI – a Komisja Weryfikująca żołnierzy WSI była sztandarowym dziełem jego politycznych przeciwników – ale przede wszystkim z troski o własny tyłek. W konsekwencji, gdy wybuchła afera nazwana później przez media „marszałkową", przyznał w prokuraturze, że „wyraził zainteresowanie" propozycją pułkowników. Takie „wyrażenie zainteresowania" wykradzeniem tajemnicy państwowej to zwyczajne przestępstwo, ale jak się okazało, niektórzy są ponad prawem. To zresztą nie jedyne złamanie prawa przez marszałka w tej sprawie. Początkowo przyznał się do niespełna trzech tygodni pokątnych spotkań z pułkownikami i twierdził, że jest tego pewien, bo wszystko notował w kalendarzu. Przyłapany na kłamstwie zmienił zeznania i ostatecznie przyznał, że spotkania trwały prawie dwa miesiące. Prokuratura potraktowała to jako rozwinięcie wcześniejszych zeznań, ale gdyby ktokolwiek inny tak rozwijał zeznania, miałby już zarzut prokuratorski. Ale nie to nawet było tu najważniejsze: chodziło o to, że przez dwa miesiące marszałek Sejmu kuglował z oficerami tajnych służb, jak wykraść opatrzony klauzulą najwyższej tajności dokument! Wydawałoby się, że nic gorszego nie może zrobić polityk, by raz na zawsze przekreślić swoją karierę, ale niebawem okazało się, że było stokroć gorzej!

Wczesnym przedpołudniem 28 listopada 2008 roku w Prokuraturze Krajowej na ulicy Ostroroga w Warszawie pojawił się Paweł Graś. Późniejszy rzecznik rządu Donalda Tuska zapędzony do „narożnika" serią pytań wyznał śledczym, że Bronisław Komorowski, marszałek polskiego Sejmu, z pełną świadomością spotykał się z dwoma oficerami wojskowych służb tajnych, odnośnie których podejrzewał, że jeden z nich może być powiązany z rosyjskim wywiadem. Z zeznań samego Komorowskiego wynikało z kolei, że mimo takich podejrzeń „wyraził zainteresowanie" względem oficerów zdobyciem dla niego w sposób sprzeczny z prawem dokumentu stanowiącego najpilniej strzeżoną tajemnicę państwową – Aneksu do Raportu Komisji Weryfikacyjnej Wojskowych Służb Informacyjnych! Trudno sobie wyobrazić, by polityk mógł zrobić coś więcej, aby trafić w polityczny niebyt. Tymczasem życie potoczyło się dalej tak, jakby tej historii nigdy nie było i niedługo później Bronisław Komorowski został prezydentem „w wolnej Polsce".

O spotkaniach Komorowskiego z oficerami tajnych służb, które odbywały się między innymi w jego poselskim biurze, wiedziało sporo osób. Dlatego w pewnym momencie Komorowski przestraszył się konsekwencji i wówczas, już jako marszałek Sejmu, powiadomił o sprawie Agencję Bezpieczeństwa Wewnętrznego udając, że uczynił to niemal natychmiast po tym, jak obydwaj pułkownicy do niego dotarli. „Abwehra" zabrała z Prokuratury Garnizonowej wszystkie dokumenty dotyczące Tobiasza, a on sam po tajnej naradzie z udziałem marszałka Bronisława Komorowskiego, późniejszego rzecznika rządu Pawła Grasia i szefa Agencji Bezpieczeństwa Wewnętrznego Krzysztofa Bondaryka, został zawieziony przez tego ostatniego do siedziby ABW w celu złożenia formalnych zeznań o rzekomym przestępstwie.

Niedługo potem dotyczące Tobiasza śledztwa – także to, w którym fałszywie oskarżeni przez Tobiasza oficerowie Jasiak i Krawczyk uzyskali status pokrzywdzonych – zostały zawieszone. Zrobiono to pod pozorem paragrafu kodeksu postępowania karnego, w oparciu o który zawiesza się śledztwa dotyczące osób ukrywających się lub niemogących brać udziału w postępowaniu prokuratorskim ze względu na bardzo poważną chorobę. Tobiasz nie ukrywał się, nie był też chory, co nie przeszkodziło w tym, by dotyczące go śledztwa „zamordować". Zresztą nie tylko te. Tobiasz był także podejrzewany o dużo poważniejsze przestępstwa, zahaczające o kontakty z rosyjskim wywiadem. Już tylko za to nasz pułkownik najprawdopodobniej poszedłby siedzieć na wiele lat, ale że po objęciu przez Krzysztofa Bondaryka kierownictwa w ABW, za pośrednictwem Bronisława Komorowskiego związał się z tą służbą i obiecał przynieść na tacy głowę Antoniego Macierewicza, jego protektorzy zabrali wszystkie do-

kumenty z Prokuratury Garnizonowej i ukręcili sprawom
łeb. Gdy Wojskowej Prokuraturze Garnizonowej odmó-
wiono dostępu do dokumentów dotyczących Tobiasza
znajdujących się w Służbie Kontrwywiadu Wojskowego,
nic już nie stało na przeszkodzie, by dorabiać elementy,
które mogłyby uprawdopodobnić rzekome przestępstwo
w Komisji Weryfikacyjnej WSI. To było coś, o czym
marzyło wiele osób, dla których skompromitowanie Komisji było wybawieniem. Jeżeli bowiem Komisja byłaby
skorumpowana, to jakie znaczenie miałyby jej informacje na przykład o Bronisławie Komorowskim zawarte
w Aneksie i wszystkie ustalenia o przestępstwach żołnierzy WSI? Tobiasz był tak cenny, iż za odegranie
swojej roli obiecano mu objęcie kierowniczego stanowiska w Służbie Kontrwywiadu Wojskowego. Ostatecznie
obiecany awans zablokował szef Służby Kontrwywiadu
Wojskowego, Grzegorz Reszka – który po zapoznaniu
się z teczką ochrony kontrwywiadowczej o kryptonimie
„Siwy", dotyczącej właśnie Tobiasza, rzucił papierami przez cały gabinet krzycząc: „po moim trupie" – ale
cel podstawowy Tobiasz i tak osiągnął: ten prowokator,
szantażysta i przestępca, który już raz został skazany
prawomocnym wyrokiem na więzienie w zawieszeniu
w związku z jedną ze swoich licznych „kombinacji", z po-
tencjalnego wielokrotnego przestępcy stał się szanowa-
nym obywatelem, ważnym świadkiem – chociaż trudno
o świadka mniej wiarygodnego.

W toku procesu udało mi się pozyskać informację, że
Lichodzki zwierzył się komuś z prawdziwego przebiegu
tej historii i zwierzenia te zostały nagrane! Gdy powie-

działem o tym w trakcie jednej z rozpraw, Aleksander Lichodzki sądząc, że dotarłem do nagrań i obawiając się utraty wiarygodności, składając w sądzie wyjaśnienia przyznał się, że o tym, iż zostanie zatrzymany i że za odegranie przydzielonej mu przez Tobiasza i ABW roli „konia trojańskiego" przyjdzie mu spędzić kilka miesięcy w areszcie, wiedział na wiele miesięcy przed zatrzymaniem! Innymi słowy przyznał się, że prawie od początku współpracował z prowokatorami w akcji wymierzonej przeciwko mnie i Komisji Weryfikacyjnej WSI.

Wszystko to było stosunkowo łatwe do udowodnienia – wystarczyło jedynie zastosować w odniesieniu do Tobiasza tę samą metodę, która z takim powodzeniem zdała egzamin przy przesłuchaniu Lichodzkiego i zadać pytania, na które nie było dobrych odpowiedzi. Więcej, nie było odpowiedzi innych niż tylko takie, które musiałyby Tobiasza pogrążyć, z jednego prostego powodu: by kłamstwo było skuteczne, kłamca musi mieć doskonałą pamięć i nie mówić za wiele, o obaj pułkownicy mówili i dużo, i chętnie. Za dużo i za chętnie, by swoje kłamstwa mogli obronić, co wykazało już sądowe przesłuchanie Aleksandra Lichodzkiego. Przyparty do muru co chwila zmieniał swoje wyjaśnienia, których jedne fragmenty przeczyły innym, zasłaniał się niepamięcią, odmawiał odpowiedzi, wreszcie, gdy już nie miał żadnych argumentów, uciekał w zasłabnięcia i prosił o przerwy. W opinii osób, które od początku śledziły proces, z jego wiarygodności nie pozostał nawet najmniejszy ślad.

OSTRZEŻENIA

Byłem pewien, że podobnie będzie z Leszkiem Tobiaszem, w stosunku do którego planowałem nie tylko zadanie stu kilkudziesięciu pytań, ale także konfrontacje z Lichodzkim, Pietrzakiem i ze wszystkimi uczestnikami tajnej narady z listopada 2007 roku w gabinecie marszałka Bronisława Komorowskiego, m.in. z Krzysztofem Bondarykiem, Pawłem Grasiem, no i oczywiście z gospodarzem spotkania, Bronisławem Komorowskim. Zwłaszcza ta ostatnia konfrontacja zapowiadała się niezwykle interesująco i mogła rzucić wiele światła na całą sprawę. Zeznania Leszka Tobiasza i Bronisława Komorowskiego w wielu punktach wzajemnie sobie przeczyły, a były składane pod odpowiedzialnością karną. Gdy dwóch świadków o jednej i tej samej sytuacji mówi w sposób skrajnie sprzeczny i wzajemnie się wykluczający, wniosek jest prosty: kłamie jeden z nich lub kłamią obaj. Jeżeli kłamał marszałek, powinien, tak jak każdy inny obywatel w takiej sytuacji, otrzymać prokuratorskie zarzuty. Jeżeli kłamał pułkownik, moje kłopoty powinny odejść do przeszłości, bo cały akt oskarżenia został oparty nieomal wyłącznie o jego zeznania, on zaś sam musiałby zamienić rolę świadka na status oskarżonego. W takiej sytuacji „afera marszałkowa" zakończyłaby się gigantyczną kompromitacją prokuratury, Agencji Bezpieczeństwa Wewnętrznego i wszystkich tych, którzy brali udział w tej historii, z Bronisławem Komorowskim na czele. Tak czy inaczej, przesłuchanie Leszka Tobiasza zapowiadało się tyleż intrygująco z mojego punktu widzenia, co niepokojąco z perspektywy marszałka i pułkownika. Prawdopodobnie to dlatego ten ostatni miał problem z dotarciem do sądu mimo kilkukrotnych wezwań. Gdy nie przyszedł po raz trzeci, obecny na rozprawie znany działacz opozycji solidarnościowej, Zbigniew Romaszewski, komentował głośno: „idę o zakład, że na kolejną rozprawę też nie przyjdzie, pewnie zachoruje".

Stało się inaczej: pułkownik Leszek Tobiasz nie zachorował, a po prostu zmarł. Przyznaję, że to było genialne posunięcie. Ten, kto to zrobił, upiekł dwie pieczenie przy jednym ogniu. W aktach sprawy pozostawały zeznania Tobiasza złożone w prokuraturze, niezweryfikowane w sądzie przez serię pytań i konfrontacji, no i za jednym zamachem odsunięto niebezpieczeństwo od najważniejszych osób w państwie.

Oczywiście żaden sąd w tym kraju nigdy nie zajmie się wyjaśnianiem tej sprawy. Brak dowodów, że ktoś pomógł Tobiaszowi pożegnać się z tym światem. Ale zbyt wiele poszlak przemawiało za tym, że ta śmierć, nieomal w przededniu złożenia zeznań, które musiałyby zakończyć się fatalnie dla pomysłodawców potwornej intrygi, nie była przypadkiem. Tak samo, jak nie była przypadkiem „utrata pamięci" przez innego ważnego świadka, który przyszedł do sądu zaopatrzony w stos lekarskich zaświadczeń uwiarygadniających amnezję, czy śmierć Mariana Cypla, który mógł opowiedzieć o kulisach „afery marszałkowej", o szantażu ze strony Leszka Tobiasza i o próbie uwikłania w tę historię dwóch znanych biskupów. Mógł – ale nie opowiedział i już nigdy nie opowie, bo zmarł nagle kilka tygodni przed Tobiaszem...

OSTRZEŻENIA

Gdy żegnaliśmy się z Markiem, jego spojrzenie goniło mnie przez cały czas, kiedy szedłem przez restaurację. Czułem je na swoich placach nawet wówczas, gdy znalazłem się na zewnątrz.

Świeże powietrze przywróciło mi jasność myślenia. Uderzył we mnie cały absurd sytuacji, w jakiej się znalazłem, a w której moim wrogiem stał mi się mój własny kraj – i jego prezydent.

Kraj, za który byłem gotowy oddać życie i w takim duchu wychowywałem dzieci.

Czy mam w ogóle wierzyć, że to się dzieje?
O tak, to się dzieje naprawdę!

ROZDZIAŁ XI

PRZESŁUCHANIE

PRZESŁUCHANIE

Rozprawa się zakończyła i wszystko, co było do powiedzenia, zostało już powiedziane. Teraz pozostały już tylko komentarze reporterów czekających przed Pałacem Prezydenckim. Po czterogodzinnym przepytywaniu Bronisława Komorowskiego byłem zmęczony i nie chciałem rozmawiać o wydarzeniu, które właśnie dobiegło końca. Zwłaszcza że jeszcze przed wyjściem na zewnątrz poinformowano mnie, że awizowany przez cztery niezależne telewizje przekaz z rozprawy „na żywo" został zablokowany. Wozy transmisyjne TVP, TVN, Polsatu i Superstacji na zewnątrz, wewnątrz kamery i dziennikarze, którzy wypełnili całą pulę przyznanych akredytacji na transmisję z bezprecedensowego wydarzenia, jakim było przesłuchanie prezydenta – i nic. Przyznaję, to było genialne posunięcie. Nie zadawałem sobie pytania, kto mógł zablokować przekaz czterech „niezależnych" telewizji, mających przecież czterech „niezależnych" szefów, bo już dawno wyrosłem z pytań o sprawy oczywiste. Zazwyczaj chętnie wierzę w zbiegi okoliczności, ale każda wiara ma swoje granice... Kto jak kto, ale akurat ja wiedziałem też, że mimo takiego „spektaklu" w wydaniu czterech „niezależnych" stacji telewizyjnych będę musiał odpowiedzieć na pytania „niezależnych" dziennikarzy czekających przed pałacem prezydenckim – bo jeśli nie odpowiem, to akurat moje milczenie wyemitują na pewno, z odpowiednim komentarzem, rzecz jasna. Wyszedłem na zewnątrz. Z miejsca oślepił mnie błysk lamp aparatów fotograficznych i kamer.

– Co powiesz o dzisiejszej rozprawie w Pałacu Prezydenckim? – odezwała się dziennikarka TVN.

Uśmiechnąłem się najpogodniej, jak tylko potrafiłem, zaglądając reporterce w oczy.

– Żałuję, że Polacy zostali odcięci od przekazu z tak bezprecedensowej rozprawy i pozbawieni wyrobienia sobie samodzielnej opinii o tak niezwykłym wydarzeniu, jakim w każdym normalnym kraju byłoby przesłuchanie prezydenta. Zastanawiam się, co chcieli ukryć ludzie, którzy o tym zadecydowali...

– Czy jesteś zadowolony z przesłuchania? – przerwała młoda dziewczyna z Polsat News. Ton pytania nie był przyjazny. Zastanowiłem się więc kilka sekund nad odpowiedzią.

– Sądziłem, że rekord byłego rzecznika rządu, Pawła Grasia, który przepytywany w tej sprawie w sądzie siedemdziesiąt siedem razy odpowiedział: „nie pamiętam", będzie nie do pobicia. Nie przewidziałem, że Bronisław Komorowski może mieć jeszcze słabszą pamięć i nie pamiętać w zasadzie niczego. Martwię się o zdrowie pana prezydenta.

– Sugerujesz, że prezydent jest chory, może nienormalny? – znów zapytała ta z TVN. Za pytaniem kryła się pułapka, z potencjalnie katastroficznym komentarzem i może nawet kolejnym oskarżeniem, tym razem o obrazę głowy państwa. Co by się stało, gdybym odpowiedział twierdząco? Doszedłem do wniosku, że nie chcę znać odpowiedzi na to pytanie. Postanowiłem odpowiedzieć nie wprost.

– Po dzisiejszym przesłuchaniu uważam, że są powody do zadawania pytań o stan zdrowia głowy państwa. Uzasadnię to. Po odczytaniu prezydentowi złożonych przez niego zeznań z 28 lipca 2007 roku, potwierdził on dziś ich prawdziwość: „skoro tak zeznałem w prokuraturze, to jest to prawda" – powiedział. Po chwili odczytano prezydentowi jego kolejne zeznania złożone w prokuraturze, z 18 stycznia 2008 roku, w których przyznawał, że poprzednie zeznania składane przed prokuratorami – te z lipca – były niezgodne z prawdą, że się w nich wielokrotnie mylił. Ku zdumieniu słuchaczy prezydent potwierdził jednak także i te zeznania, dokładnie tak, jak poprzednie: „skoro tak zeznałem w prokuraturze, to jest to prawda". Niemożliwością w tej sytuacji było niezadanie kolejnego pytania: „to które z tych dwóch zeznań są prawdziwe, bo przecież jedne wykluczają drugie?" Po chwili namysłu prezydent odpowiedział: „wszystko, co zeznałem w prokuraturze, jest prawdą i nic więcej nie mam do powiedzenia". Czy ktoś z obecnych potrafi wyjaśnić ten absurd bez konsultacji z lekarzem?

Mimo powagi sytuacji reporterzy nie mogli powstrzymać się od uśmieszków. Po chwili jednak spoważniałem.

– Poza wszystkim jestem rozczarowany także i tym, że prezydent zeznając pod odpowiedzialnością karną i dodatkowo jeszcze zaprzysiężony, manipulował faktami i drastycznie mijał się z prawdą.

– To poważny zarzut. Zapominasz, że dziennikarz musi poprzeć swoje opinie dowodami – przypomniał jeden z kilku uczestniczących w rozmowie reporterów radiowych.

– Dowody są w aktach tej sprawy. Większość kłamców daje się przyłapać, ponieważ albo zapominają, co powiedzieli, albo ich kłamstwo staje niespodziewanie wobec niezaprzeczalnej prawdy. Dlatego ludzie mówiący nieprawdę i nieufający swojej pamięci lub po prostu mniej przebiegli najczęściej stosują najprostszy wybieg, polegający właśnie na zasłanianiu się niepamięcią. Skuteczniejszym systemem kłamstwa jest przeplatanie prawdy kłamstwem albo trzymanie się na tyle blisko prawdy, że nigdy się nie ma pewności. Dziś było wszystko z tego po trochu, najwięcej oczywiście niepamięci. Ale tam, gdzie prezydent nie zasłaniał się niepamięcią, przeczył słowom większości innych świadków, od Krzysztofa Bondaryka, byłego szefa ABW, począwszy, na Pawle Grasiu, byłym rzeczniku rządu, skończywszy. Albo więc kłamało wielu innych świadków – a przecież zeznawali pod odpowiedzialnością karną – albo kłamał Bronisław Komorowski. Trzeciej drogi nie ma. Poza tym prezydent wielokrotnie twierdził dziś, że nie musiał nielegalnie zapoznawać się ze ściśle tajnym Aneksem do raportu WSI, bo i tak by się z nim zapoznał natychmiast po nominacji na stanowisko marszałka Sejmu. To kłamstwo. Przeczytałby Aneks dopiero po decyzji prezydenta Lecha Kaczyńskiego o jego ujawnieniu, a takiej decyzji Lech Kaczyński nigdy nie podjął. To tylko przykłady dzisiejszych manipulacji ze strony Bronisława Komorowskiego. Jest ich znacznie więcej.

Udzielałem odpowiedzi jeszcze przez kilka minut, nim dziennikarze, dostawszy to, czego chcieli, rozeszli się do swoich redakcji.

Po kilkunastominutowym spotkaniu z członkami Stowarzyszenia „Solidarni 2010", którzy przez czas rozprawy trwali na zewnątrz na deszczu i porywistym wietrze, udzielając mi moralnego wsparcia, postanowiłem wró-

cić do domu. Chciałem się przejść, by pomyśleć o tym
i owym.

Wracając do domu zastanawiałem się, jak to możliwe,
że prezydent cały czas cieszy się tak dużym poparciem.
Wymykało się mojej wyobraźni, że można nie dostrzegać
tego, co widać gołym okiem – i nie chodziło mi tylko o to,
w jak fatalnym kierunku idą sprawy kraju. Myślałem o
kolegach z branży, o tym jak dziś się zachowali... Trzeba było nie lada kunsztu i potężnej medialnej osłony, by
w tym stanie rzeczy taki stan poparcia dla prezydenta
utrzymać – i oczywiście odpowiednich wykonawców.
I wtedy pomyślałem o moim dawnym koledze, z którym
nasze drogi już dawno się rozeszły.

Poznałem go przed wielu laty, w czasach, gdy
w mediach nie znał go jeszcze nikt. Było to latem 1998
roku, gdy ścigany przez Interpol po całej Europie zgłosił się do redakcji „Życia", na mój dyżur redakcyjny, by
złożyć spowiedź nomen omen z życia. Po dwóch tygodniach monologu na jego prośbę odprowadziłem go do
Prokuratury Apelacyjnej na Krakowskim Przedmieściu
w Warszawie, gdzie na moich oczach zakuto go w kajdanki, a następnie przetransportowano do aresztu. Tę
historię, pełną zawirowań i zwrotów akcji, opisałem
w dwukolumnowym reportażu w „Życiu" w sierpniu
1998 roku. Sylwester Latkowski – bo o nim owa – był
poszukiwany między innymi w związku ze sprawą o po-
dwójne zabójstwo w Szczecinie, ale tego – wbrew suge-
stiom Małgorzaty Wierchowicz, szefowej grupy „Generał" z Komendy Głównej Policji, prowadzącej śledztwo
w sprawie zabójstwa generała Marka Papały – nigdy mu

nie udowodniono. Ostatecznie więc Sylwek Latkowski odsiedział w więzieniu niecałe dwa lata, za wymuszenia rozbójnicze dokonywane z grupą rosyjskich reketierów, a następnie rozpoczął nowe życie. Rozpoczął od... realizacji dla Telewizji Polskiej filmu dokumentalnego swojego autorstwa. W całej tej sytuacji było coś niepojętego. Telewizja Publiczna nie dawała ot tak sobie ludziom spoza branży, którzy właśnie opuścili więzienie, telewizyjnej ekipy, środków itp. A jednak wówczas irracjonalnie uwierzyłem, że oto na moich oczach ziszcza się cud „zmartwychwstania" człowieka, który upadł i powstaje – kto chce, może się ze mnie śmiać, ale naprawdę tak wtedy myślałem... Przez następne lata Sylwester szedł do góry – zawsze z prądem, zawsze na fali. Przy okazji zmieniał poglądy, jak rękawiczki: gdy rządził PiS, był dziennikarzem o konserwatywnych poglądach i dawał wyraz „swoim przekonaniom" m.in. w autorskim programie telewizyjnym pt. „Konfrontacje", gdy do władzy doszła PO, Sylwester obwieścił światu, że był przez PiS... prześladowany. A potem nagle znalazł się we „Wprost", który w tamtym czasie był już tygodnikiem pro prezydenckim. Sylwester, jako redaktor naczelny, był jednym z tych, którzy na uroczystej gali wręczali prezydentowi nagrodę Człowieka Roku – za to, że łączy, a nie dzieli...

Na „rewelacje" ujawniane przez „Wprost" w tamtym czasie, w tym także na „aferę podsłuchową", patrzyłem, jak na wojnę dwóch zwaśnionych obozów władzy. Myślałem, że to oczywiście dobrze, że ogół wreszcie może zobaczyć to, co dotąd jasno wiedzieli nieliczni – jakiego autoramentu ludzie nami rządzą – ale byłem przekonany, że w tym przypadku nie chodzi o żadną „wolność słowa". Sylwek nigdy nie był typem człowieka idącego pod prąd, stąd jego wizerunek „obrońcy wolnego słowa", broniącego przed funkcjonariuszami ABW, w imię tej wolności, laptopa skrywającego tajne informacje – to wydawało mi się tak nieprawdopodobne, że aż wręcz groteskowe. Znałem go zbyt dobrze, by to „kupić". Dla mnie od początku to był PR, zaś cała sytuacja – wojną w łonie jednej „sitwy", w której nie ma „dobrego" i „złego". Sylwester, jak zwykle, był po stronie silniejszego – w tym wypadku po stronie środowiska prezydenta w kontrze do środowiska premiera. Utwierdziłem się w swoim przekonaniu, gdy niedługo później sympatyzujący z Bronisławem Komorowskim „Wprost" odgrzał stare kotlety sugerując, że Komisja Weryfikacyjna WSI była skorumpowana. Pozwoliłem sobie na publiczne zajęcie stanowiska:

„Rzeczywistość III RP za rządów Donalda Tuska i Bronisława Komorowskiego najłatwiej zrozumieć przez pryzmat powieści „Paragraf 22": „Nie musisz latać (na akcje bombardowania), jeśli jesteś szalony, ale nie chcąc latać dowodzisz, że nie jesteś szalony, bo tylko wariat może chcieć brać udział w niebezpiecznych akcjach". Ta krótka wykładnia słynnego „Paragrafu 22" z powieści Josepha Hellera jak ulał pasuje do rzeczywistości dzisiejszej Polski. Kiedy ktoś próbuje się w tej rzeczywistości posługiwać racjonalnymi argumentami, wkracza tajna broń, właśnie w postaci paragrafu 22, w którym rządziła żelazna zasada: kiedy niemal wszystkie zachowania są patologiczne, kluczem do zrozumienia rzeczy-

wistości jest absurd. Tę logikę widzę jasno w odniesieniu do propagowanej dziś nienormalności, którą ubiera się w szaty normalności. W kontekście logiki z „Paragrafu 22" łatwiej zrozumieć ostatnie wydarzenia związane z rewelacjami tygodnika „Wprost" odnośnie do Aneksu do Raportu WSI, który – jak widać dziś – żadnym aneksem nie był. Skąd to wiadomo? Przemysław Wipler i Janusz Korwin Mikke zorganizowali konferencję prasową, podczas której poinformowali, iż z kilku niezależnych i wiarygodnych źródeł wiedzą i mają w tym zakresie absolutną pewność, że materiały opublikowane przez sympatyzujący z prezydentem Komorowskim Tygodnik „Wprost" wyciekły do redaktorów owego tygodnika z prokuratury, która sześć lat temu zabrała je Wojciechowi Sumlińskiemu. Rzeczonemu niżej podpisanemu Sumlińskiemu tymczasem prokuratura – rękami panów z ABW – zrabowała materiały dotyczące przestępczości zorganizowanej, tajnych zeznań świadków koronnych, tajemnicy śledztwa Ks. Jerzego Popiełuszki oraz służb tajnych, wykorzystane w mającym blisko dwumilionową widownię programie śledczym „30 minut", emitowanym w TVP. Żadnego Aneksu ani u mnie, ani u nikogo innego nigdy nie znaleziono – choćby jednej strony! – i wszystkie prowadzone z olbrzymim rozmachem prokuratorskie śledztwa w tym zakresie zostały (z wielkim smutkiem i bólem zapewne) dawno umorzone, z jednego prostego powodu: aneks nigdy nie wyciekł. Warto przypomnieć, że raz już w tej sprawie wyciekły z prokuratury zeznania interesującego świadka, Bronisława Komorowskiego. Było to latem 2008 roku, a więc na samym początku śledztwa prowadzonego w sprawie „afery marszałkowej", gdy wszystkie zeznania były tajne(!) i wówczas, co ciekawe, zeznania te trafiły do tygodnika „Najwyższy Czas", powiązanego z Januszem Korwinem Mikke. Jeżeli zatem panowie Wipler i Korwin Mikke mówią prawdę, to mamy do czynienia z surrealizmem w postaci czystej: prokuratura, która dokonała przecieku do „Wprost", wszczęła śledztwo w sprawie przecieku, którego dokonała. W tej sytuacji nie mam już wyjścia i pierwszy raz muszę poprzeć pana prezydenta Bronisława Komorowskiego, w imieniu którego do publikacji – sympatyzującego z prezydentem Tygodnika „Wprost" – odniosła się Joanna Trzaska–Wieczorek, szefowa prezydenckiego biura: „Ujawnienie tajnych informacji jest kolejnym skandalem w sprawie raportu WSI i należy oczekiwać, że prokuratura tym razem i w przeciwieństwie do wcześniejszych skandali związanych z raportem podejmie odpowiednie działania" – powiedziała. W pełni popieram oczekiwania pani Joanny Trzaski–Wieczorek: prokuratura bezwzględnie powinna podjąć w sprawie prokuratury odpowiednie działania i koniecznie powiadomić o ich efekcie opinię publiczną (a tak na marginesie pytanie do państwa prokuratorów: czy zlokalizowano autora wycieku z prokuratury zeznań Bronisława Komorowskiego w roku 2008? Żartowałem! – to pytanie retoryczne...). Przy absurdach, które gotują nam decydenci III RP, blednąnawet pomysły jednego z bohaterów przywołanego na wstępie „Paragrafu 22" Josepha Hellera, w której to powieści niejaki Major Major miał zasadę, że przyjmował petentów wtedy, gdy go nie było, a nie przyjmował wtedy, gdy był obecny. I wszystko to byłoby naprawdę śmieszne, gdyby przede wszystkim nie było straszne i nie dotyczyło spraw naprawdę bardzo ważnych, wręcz fundamentalnych. Bo to, że publikacja „Wprost" to element szerszej rozgrywki, jest dla mnie – nawiązując do słów klasyka – „oczywistą oczywistością". Ciąg dalszy tej rozgrywki z całą pewnością nastąpi – i to szybciej niż później...

I ciąg dalszy właśnie nastąpił, a jego efekty obserwowałem podczas „spektaklu", który właśnie dobiegł końca...

Jedyny możliwy wniosek wypływający z mojego dumania był dość przerażający. Nie należę do strachliwych, lecz wiem, kiedy trzeba się bać – najlepsza po temu okazja jest wówczas, gdy człowiek uświadamia sobie własną bezsilność. A najlepszy dowód na moją bezsilność otrzymałem kilka dni temu – i właśnie przed chwilą. Najpierw prokuratura. Ta zrobiła wszystko, by prezydent nie zeznawał w tej sprawie w sądzie. Gdy zabiegi prokuratury zakończyły się fiaskiem i gdy okazało się, że Bronisław Komorowski, którego potajemne spotkania z dwoma oficerami służb tajnych były pierwszą przyczyną całej tej historii, w związku z moim wnioskiem będzie jednak zmuszony do złożenia zeznań w sądzie, na kilka tygodni przed terminem przesłuchania prokuratura złożyła wniosek o wyłączenie jawności rozprawy. Działania prokuratury, podobnie jak ograniczenie przez Kancelarię Prezydenta do minimum dostępności dla mediów i publiczności uczestnictwa w tej nie mającej precedensu rozprawie, od początku postrzegałem jako chęć ukrycia przed opinią publiczną prawdy o niepochlebnej roli Prezydenta RP w tej sprawie – i w ogóle o całej tej historii. Gdy także i ten wniosek prokuratury zakończył się niepowodzeniem, w trybie pilnym zostałem wezwany na dzień 12 grudnia do Prokuratury Apelacyjnej w Warszawie, pod rygorem przymusowego doprowadzenia, do kancelarii tajnej. Tu przedstawiono mi kilkustronicowe pismo z zapisem szeregu spraw i wątków, o których mówienie publiczne – jak mnie poinformowano – będzie złamaniem tajemnicy państwowej, za co grozi kara do 5 lat pozbawienia wolności. I zapewne tylko przez „przypadek" większościowy zakres rzeczonych spraw i wątków dotyczył Bronisława Komorowskiego. No, a teraz jeszcze media...

Do tego momentu chyba się jeszcze łudziłem, ale teraz nareszcie zrozumiałem. Nie jestem Einsteinem, ale jak mi dać parę razy po głowie, potrafię dostrzec to, co widać gołym okiem. Ktoś chciał, by bezprecedensowe wydarzenie, jakim w każdym demokratycznym kraju byłoby przesłuchanie prezydenta w sprawie jego nieformalnych związków z oficerami służb tajnych, z potencjalnym udziałem szpiegów obcego państwa, zostało zakryte przed widokiem opinii publicznej – więc zostało zakryte. W efekcie o tym, że takie wydarzenie w ogóle miało miejsce, dowiedziało się kilka procent Polaków. Dla zdecydowanej większości 18 grudnia 2014 roku w Pałacu Prezydenckim nie wydarzyło się kompletnie nic godnego uwagi.

Przypomniałem sobie spotkanie sprzed kilku dni z Przemkiem Wojciechowskim, kolegą, byłym dziennikarzem śledczym, który odnalazł się w realiach i podjął pracę w Telewizji Polskiej – już nie jako śledczy. Znaliśmy się od kilkunastu lat. Kiedyś, choć Przemek mieszkał w Krakowie, a ja w Warszawie, widywaliśmy się systematycznie, ale po roku 2008, gdy w efekcie traumatycznych przeżyć, aresztowania i próby samobójczej na stałe wyjechałem do Białej Podlaskiej, nasze kontakty stały się sporadyczne.

– Popatrz na tę panią – Przemek wskazał na kobietę w średnim wieku spacerującą z psem. – Czy myślisz, że obchodzą ją związki Komorowskiego z WSI, mafią czy kim tam jeszcze chcesz?

– Mam nadzieję, że obchodzą – odparłem bez przekonania.

– Nawet jej pies nie kupiłby tej bzdury. Albo spójrz na tego pana – tu wskazał starszego mężczyznę zmierzającego spiesznie do tramwaju. – Czy myślisz, że jego to obchodzi? Albo weź tych dwoje młodych, albo tamtych – popatrzyłem za jego wzrokiem na dwie pary nastolatków.

– Czy naprawdę sądzisz, że to, co robisz, ma dla nich jakiekolwiek znaczenie?

Milczałem, bo i cóż tu było do dodania?

– Książki? Jutro to tylko numery na anonimowej liście, która prędzej czy później i tak pewnie gdzieś się zawieruszy, a życie jest jedno. Zastanów się, zanim rozjadą cię na pasach albo zrobią coś gorszego. Pomyśl, zanim będzie za późno!

Miałem szczery zamiar pogłówkować o tym, co, jak i dlaczego wydarzyło się dziś w pałacu prezydenckim, bo dawno już powinienem wykazać choćby szczątkowe przejawy inteligencji, ale nie wziąłem pod uwagę nieprzespanych nocy, zmęczenia i stresu, jaki od dawna był mi nieodłącznym towarzyszem – i dałem spokój. Poszedłem za to tokiem sugestii kolegi i pomyślałem o tych wszystkich dobrze mi radzących, życzliwych mi przecież i przyjaznych ludziach. Zastanawiałem się, czy skoro tyle osób mówi mi w gruncie rzeczy to samo przekonując, że moja praca – praca dziennikarza śledczego – w tym kraju nie ma najmniejszego sensu i żadnego znaczenia, to może rzeczywiście tak jest? A jeśli tak jest, to po co było to wszystko?

Czy było warto?

ZAKOŃCZENIE

ZAKOŃCZENIE

Wszedł do kancelarii tak bezszelestnie, jakby był muchą poruszająca się po ścianie. Usiadł za biurkiem i wskazał na krzesło dla interesantów po drugiej stronie biurka. Zignorowałem zaproszenie. Jego czarne oczka patrzyły mało przyjaźnie.

– Niech pan siada – powiedział z naciskiem.

Wlepiałem w niego wzrok i usiłowałem zmusić do spuszczenia oczu. Wyglądał na człowieka tak samo pozbawionego nerwów, jak mur z cięgieł.

Usiadłem.

– Przyszedłem tylko dlatego, że było mi po drodze – powiedziałem. – Czego pan chce?

– Żeby pan zgłosił mojego znajomego na świadka.

– Hę? – zapytałem.

– Mój znajomy dużo by dał, by móc opowiedzieć w sądzie o swoich problemach z Bronisławem Komorowskim.

– Chce rozgłosu, niech idzie do prasy.

To mu się chyba nie spodobało. Powoli zamknął usta, uroczyście przymrużył oko i prawie się uśmiechnął. Po chwili jednak pomyślał chyba o czymś innym, bo nagle parsknął i nozdrza mu się rozszerzyły. I bez tego każde z nich było jak wlot do mysiej nory.

– Media? To nie jest takie proste. Nie w sprawie, w której główna rolę odgrywa prezydent – podniósł głos.

– Dla mnie to jest proste. Jak jest coś do zrobienia, to robię to i już. Nie mam czasu na bzdury.

– Proszę najpierw przejrzeć ten materiał. I wrócić,

jeśli pan uzna, że warto. – Mówiąc te słowa wręczył mi cienki skoroszyt.

– Najpierw to będę musiał sprawdzić to i owo – odpowiedziałem sięgając po zwitek papierów. – Ale wrócę.

***

Upływanie czasu jest pełne paradoksów. Byłoby rzeczą rozsądną sądzić, że czas niewypełniony wydarzeniami musi się ciągnąć bez końca. Tak być powinno, ale tak nie jest. Właśnie nudne, puste okresy nie mają żadnej rozciągłości. Natomiast czas naznaczony ciekawymi wydarzeniami, tragicznymi czy radosnymi, wydaje się długi we wspomnieniach. Między niczym a niczym nie ma odstępu czasu. Gdy nie ma zdarzeń, nie ma słupów, na których można rozpiąć trwanie. W moim przypadku głównymi słupami, naznaczającymi upływ czasu, były rozprawy sądowe, zazwyczaj jedna, a niekiedy dwie w miesiącu.

Większość rozpraw była niezwykle interesująca, zeznawał bowiem sam „kwiat" polityków i oficerów służb tajnych. Niektóre zeznania były porażające, inne rodem z kabaretu Monty Pythona, ale ja w sposób szczególny zapamiętałem zwłaszcza jedną rozprawę – pozornie mało istotną, która jednak powiedziała mi więcej o stanie państwa, niż najbardziej tajne z tajnych dokumentów.

3 listopada 2014 roku zeznawała poseł Jadwiga Zakrzewska, wiceprzewodnicząca Komisji Obrony Narodowej, wcześniej wiceminister Obrony Narodowej. Kogo

nie było, niech żałuje, bo było bezcennym doświadczeniem usłyszeć na własne uszy historię niezwykłej kariery, przy której bajka o Kopciuszku czy *american dream* jest tylko niewinną igraszką – historię pracownicy sieci spożywczej „Społem", która z dnia na dzień na wniosek ministra Obrony Narodowej Bronisława Komorowskiego została... wiceministrem Obrony Narodowej, przełożoną generałów i pułkowników, odpowiedzialną za całą polską armię i bezpieczeństwo kraju. Przy okazji pani minister – ostatnio odpowiadająca za kontakty na najwyższym szczeblu pomiędzy polskim Sejmem i dowództwem NATO – okazała się osobą z zaawansowaną „sklerozą", bo obok wielu innych „nie pamiętanych" wydarzeń zapomniała nawet tak kluczowe, jak czas, miejsce i wszystkie inne okoliczności, w jakich poznała Bronisława Komorowskiego, promotora jej wielkiej kariery. Po wysłuchaniu takich zeznań i przekonaniu się z autopsji, jacy ludzie odpowiadają za bezpieczeństwo naszego kraju, moje własne poczucie bezpieczeństwa, wcześniej przecież już poważnie nadwerężone, spadło do takiego poziomu, że teraz musiałbym go chyba szukać pod mikroskopem.

Oprócz rozpraw sądowych, były także inne „rozpięte słupy", stanowiące bynajmniej nie uboczny efekt moich publikacji i wypowiedzi o prezydencie RP – spotkania z prokuratorami, oficerami służb tajnych czy innymi, równie „ciekawymi", co przestraszonymi ludźmi, którzy niekiedy byli tak przerażeni, że po pewnym czasie wycofywali się i błagali, bym zapomniał, że kiedykolwiek z nimi rozmawiałem, i broń Boże nic nie publikował. Zawsze natomiast prosili o jedno: o anonimowość. Pozostali, ci bardziej odważni, prosili natomiast o jedno: o anonimowość. Przynajmniej dopóki Bronisław Komorowski będzie Prezydentem RP. To akurat powtarzało się, jak refren.

I właśnie jedno z takich spotkań miało teraz miejsce...

Gdy kilka tygodni wcześniej przejrzałem przekazany materiał – lektura była frapująca – a następnie sprawdziłem to i owo, okazało się, że mam przed sobą, jak na talerzu, kolejną niezwykłą historię. Było tak: lobbysta miał nagrywać Bronisława Komorowskiego, swojego znajomego, a następnie posunął się do zawoalowanej próby nacisku, która przy braku dobrej woli mogła być nawet uznana za groźbę. Bronisław Komorowski grał na zwłokę – lobbysta się przestraszył. Udał się do Prokuratury Rejonowej Warszawa-Śródmieście mówiąc, że dysponuje nagraniami świadczącymi o tym, że bardzo ważny polityk mógł złamać prawo. Kilka tygodni później był już aresztowany – nie polityk, rzecz jasna, a lobbysta. Zarzut – przemyt papierosów. W areszcie nie żałowano nieszczęśnikowi żadnych atrakcji, co miało go przekonać, by oddał nagrania. W międzyczasie szukano ich intensywnie u krewnych lobbysty, notariuszy – wszędzie. Bezskutecznie. Gdy lobbysta wyszedł na wolność, był wrakiem człowieka. Być może w ogóle by nie wyszedł, ale zapowiedział, że jak w areszcie poślizgnie się na mydle tak nieszczęśliwie, że umrze, to notariusz będzie zobligowany do ujawnienia nagrań. I tak lobbysta trafił do mnie...

Mój rozmówca zacisnął dłonie na poręczach fotela. Mieszanka gniewu i rozpaczy, jak płomień, obejmowała jego twarz, lecz wiedział, że na niego patrzę. I powoli opanowywał się. Pytającym wzrokiem spoglądał na mnie. Skinąłem głową.

– Proszę opowiedzieć wszystko, co pan wie. Wszystko i o wszystkim. Mam dużo czasu.

– Od początku?

– Tak, od początku.

***

Długo trwała ta opowieść. Gdy skończył, miałem dosyć – dosyć wszystkiego. Zastanawiałem się, jak to się stało, że zostałem powiernikiem takich opowieści. Przecież wcześniej nie okazywałem zainteresowania Bronisławem Komorowskim, nie obierałem go za dziennikarski cel, ani nic takiego. W podjęciu dziennikarskiego śledztwa nie przyświecał mi też żaden konkretny cel, polityczny czy jakikolwiek inny. Generalnie nie lubiłem polityki i polityków – poznałem zbyt wielu, by myśleć o nich dobrze. Zawsze natomiast wierzyłem, że warto robić to, w co się wierzy, pokazywać rzeczy, jakimi są naprawdę, zostawić po sobie jakiś ślad. Tak naprawdę wszystko zaczęło się przed laty, od tajemniczej Fundacji „Pro Civili". Czy mogłem przewidzieć, dokąd zaprowadzi mnie ta droga?

Nie wiedzieć czemu pomyślałem o Marianie Grygasie, o tym, co mi mówił o ludzkim losie i roli przypadku nie przypadku w życiu każdego człowieka. Dopiero po kilku latach znajomości poznałem jego historię. W lutym 1980 roku, w przerwie zgrupowania reprezentacji Polski w podnoszeniu ciężarów, przyjechał do rodzinnego Komarna na Podlasiu, na ślub krewnego. Gdy wracał z wesela, na dworcu w Białej Podlaskiej wpadł pod pociąg i stracił nogę. Dla młodego chłopaka, zawodnika Stoczniowca Gdańsk i reprezentanta Polski, dla którego sport był wszystkim, utrata nogi była tragedią najgorszą z możliwych, końcem wszystkiego. Myślał o samobójstwie. Zastanawiał się już nie „czy", tylko „jak" odebrać sobie życie. I właśnie wówczas, w szpitalu, gdy już podjął decyzję, poznał kobietę swojego życia. Opiekująca się nim pielęgniarka była serdeczna i troskliwa. Gryglas nie pojechał na olimpiadę do Moskwy, ale zamiast tego znalazł żonę, która urodziła mu czwórkę dzieci. Nie zamieszkał w Gdańsku, jak planował, nie zdobył olimpijskiego medalu, ale nie zaniechał uprawiania sportu i został uczestnikiem paraolimpiad w wyciskaniu sztangi leżąc. Zdobył wszystkie możliwe tytuły, uczestnicząc w rozmaitych zawodach zwiedził cały świat i niejako przy okazji w rodzinnym Komarnie na Podlasiu otworzył siłownię dla chłopców i dziewcząt z okolicznych wsi. Stał się ich mistrzem i autorytetem. Uczył nie tylko sportu, ale przede wszystkim tego, że nigdy, przenigdy, milion razy nigdy nie można się poddać przeciwnościom losu i stracić wiary w spełnienie marzeń. Gdy mi o tym opowiadał, nie ukrywał wzruszenia. – Czasem, sami o tym nie wiedząc, znajdujemy się w okolicznościach, na które nic nie możemy poradzić. Pewna kobieta zaparkowała samochód blokując parking. W tym czasie ja zbierałem się do odjazdu. Gdy wychodziłem, państwo młodzi właśnie wznosili toast, więc musiałem poczekać, by się z nimi pożegnać. Wsiadłem do samochodu, który miał mnie zawieźć na dworzec w Białej Podlaskiej, ale okazało się, że wyjazd z parkingu jest zablokowany. Kobieta, która złamała obcas, przyszła po kilku minutach. Musieliśmy jechać szybko, bo zbliżał się czas odjazdu pociągu. W efekcie przekroczyliśmy dozwoloną prędkość i na rogatkach miasta zatrzymała nas milicja. Sprawdzenie dokumentów i wypisanie mandatu zajęło kilka kolejnych minut. To wystarczyło. Wbiegając na peron zauważyłem oddalający się ostatni wagon składu. Dogoniłem go, ale wtedy straciłem równowagę i poczułem straszliwy ból... Następne, co pamiętam, to białe szpitalne ściany. – Gdyby choć jedna z tych rzeczy odbyła się inaczej. Gdyby kobiecie, która zablokowała parking nie złamał się obcas, państwo młodzi wznieśli toast chwilę wcześniej albo później, drogówka patrolowała inny rejon miasta, wsiadłbym bezpiecznie do tego pociągu i moje życie potoczyłoby się inaczej. Ale życie to pasmo przecinających się sytuacji, nad którymi nie panujemy. Chwila nieuwagi i moje życie potoczyło się zupełnie innym torem, niż planowałem. Noga uległa zmiażdżeniu i pragnąłem już tylko śmierci. Ale po długotrwałej rehabilitacji nauczyłem się chodzić przy pomocy protezy, a potem zacząłem życie na nowo. – Jak z perspektywy czasu oceniasz to wszystko, co się wydarzyło? – pytałem. – Kiedyś nie mogłem się z tym pogodzić, bo straciłem wszystko, co było dla mnie ważne. Z powodu tej straty cierpiałem tak bardzo, że marzyłem już tylko o tym, by przestać cierpieć, by to wszystko się skończyło. Po kilku tygodniach przekonałem się, że to, co mnie spotkało, ten smutek, był tylko częścią mojej historii. Znikomą częścią. Po kilku miesiącach nie było już po nim śladu. Dziś myślę, że w naszym życiu przychodzą chwile strapienia i nie można ich uniknąć, bo zdarzają się nie bez powodu. Możemy doszukiwać się przyczyn, winić innych, wyobrażać sobie, jak odmienne bez nich byłoby nasze życie. Ale przekonałem się, że wszystkie bitwy naszego życia czegoś nas uczą, nawet te, które przegraliśmy. Myślę o mojej żonie i dzieciach, których przecież bym nie miał, gdybym wtedy wsiadł do tamtego pociągu. Myślę o chłopcach, którzy u mnie ćwiczą i o tym, że chyba niektórym udało się pomóc, wskazać cel w życiu, wyprostować ścieżki. Gdybym przyjechał na ten dworzec pół minuty wcześniej, ścieżki mojego życia prawdopodobnie nigdy nie przecięłyby się z ich ścieżkami, wiele wydarzeń potoczyłoby się inaczej, w moim życiu i w życiu wielu innych ludzi. Dlatego dziś wierzę w to, że to nie był przypadek, że ja po prostu miałem nie odjechać tym pociągiem.

Przypadek – nie przypadek?

Postanowiłem zaczerpnąć świeżego powietrza i pójść w jedno z moich ulubionych miejsc – na komunalne Powązki. Cmentarz, to dobre miejsce do takich rozważań, jakim się właśnie poddałem – zwłaszcza taki cmentarz, jak powązkowski, gdzie obok siebie tysiącami spoczywają bohaterowie i zdrajcy, ludzie wielcy i zupełnie przeciętni, sławni i nieznani prawie nikomu, bogaci i niemający niczego: dziś wszyscy milczący i równi sobie. Myślałem o tym, że kiedy umrze człowiek, który posiadał bogactwo, wpływy, wiedzę i wszystkie atrybuty pobudzające zazdrość, wówczas po oszacowaniu jego osiągnięć i dzieł pozostaje pytanie: czy jego życie było dobre czy złe? Ludzka zawiść już zniknęła, podobnie jak wszystko inne, a majątek przeszedł w ręce innych ludzi i jedyną miarą jest: czy był kochany, czy znienawidzony? Czy jego śmierć odczuto jako stratę, czy też stała się powodem radości? Wśród całej niepewności jutra i wszystkiego wokół byłem pewien, że pod wierzchnią warstwą swoich przywar ludzie pragną być dobrzy i pragną być kochani, a większość ich wad, to po prostu próby odnalezienia skróconej drogi do miłości. Kiedy człowiek umiera niekochany, wówczas bez względu na swój majątek, władzę, wpływy czy talenty musi uznać własne życie za porażkę, a konanie za zimną potworność. Gdy zatem możemy wybierać pomiędzy dwoma sposobami myślenia, czy nie powinniśmy zawsze pamiętać o śmierci i starać się żyć tak, by nasza śmierć nie przyniosła światu radości? Wiedziałem, że pytanie, jakie sobie zadaję, jest retoryczne. Pochylając się nad grobami tych, których już z nami nie ma, myślałem o tym, jak nieszczęśliwi muszą być ludzie, którzy nie mają oparcia w Bogu, ponieważ nie zawierzyli, że w ogóle istnieje. Myślałem o tym, jakim jestem szczęściarzem, że mogę przyjąć świat na wiarę, i o tym, że są sprawy, do których doświadczenia zmusza nas po prostu Los. Oczywiście człowiek ma wolną wolę, ale zarazem pewne sytuacje mamy narzucone, które niejako nadają kierunek: gdzie przyszliśmy na świat, w jakich żyjemy czasach, w jakich okolicznościach, ile mamy tu czasu, który przecież jest darem... Weźmy sytuację na froncie. Niezależnie od tego, ile cię szkolili i jak bardzo uważasz, o tym, czy zginiesz, decyduje ślepy traf. Nieważne, kim jesteś ani to, czy jesteś bohaterem, czy tchórzem. Nieodpowiednie miejsce, nieodpowiednia pora i koniec. Sytuacja, jakich na wojnie wiele: żołnierze wyskakują z okopu do ataku. Kiedy kula trafia jednego z nich, biegnący tuż za nim znajduje ocalenie, bo tamten ginąc ocalił mu życie. Tak jest ze wszystkim. Kiedy piorun zabijając kogoś uderza w miejsce, w którym przed chwilą stał ktoś inny, kiedy rozbija się samolot, w którym miałeś lecieć, ale były korki i spóźniłeś się na lotnisko, kiedy kolega zapada na śmiertelną chorobę, a nie ja. Niektórzy sądzą, że takie rzeczy są dziełem przypadku: ktoś miał szczęście, ktoś inny nie. Tymczasem w tym wszystkim zachowana jest równowaga. Ktoś się starzeje, ktoś inny rośnie. Śmierć zabierając kogoś nie zabiera jednocześnie kogoś innego i w tej niewielkiej przestrzeni między byciem zabranym a byciem oszczędzonym życia się wymieniają...

Mijając równe rzędy krzyży, ustawione tu tysiącami, umieszczone na grobach nastoletnich chłopców poległych w 1920 i 1944, w kwaterach żołnierzy Bitwy Warszawskiej, Września i Powstania Warszawskiego, zastanawiałem się, co Oni powiedzieliby o tym – co ma znaczenie?

Czy ich śmierć miała jakiekolwiek znaczenie w świecie, w którym liczy się tylko to, co praktyczne?

Przypomniałem sobie, jak kiedyś umierałem. A może tylko tak mi się wydawało, może tylko byłem gotowy na śmierć? Myślałem o tym, że to tylko chwila, że umrzeć dziś warte jest tyle samo, co umrzeć każdego innego dnia. Było to wówczas, gdy doprowadzony do załamania przez mój własny kraj marzyłem już tylko o tym, by nic nie czuć i przestać cierpieć. Samobójcza próba – największy błąd mojego życia, bo przecież Bóg zna każdego z nas i żąda od nas tylko tego, czemu jesteśmy w stanie podołać, zezwala na tyle cierpienia, ile jesteśmy w stanie znieść. I zabiera nas do siebie w najlepszym dla nas momencie – On o tym decyduje, nie my! Ale coś z tamtych tragicznych dla mnie chwil jednak zapamiętałem. W ułamku sekundy przed zamkniętymi oczami przemknęły mi sceny z całego życia. Znów byłem na moim żoliborskim podwórku i bawiłem się w chowanego z kolegami, grałem z nimi w kapsle, podchody i w piłkę, znów siedziałem w szkolnej ławce na mojej ulubionej lekcji języka polskiego i przeżywałem zachwyt czytając „Quo vadis?", po raz pierwszy spędzałem wakacje z rodzicami w ukochanym przez nas Darłówku nad Bałtykiem, oczami kilkuletniego dziecka zobaczyłem mamę i innych bliskich, poczułem zapach lasu na pierwszym harcerskim rajdzie po Puszczy Kampinoskiej, widziałem siebie wędrującego po Tatrach i podczas pamiętnej Wigilii Świąt Bożego Narodzenia 1980 roku, która była dla nas radosna i smutna zarazem, jeszcze raz byłem świadkiem na mojej własnej Pierwszej Komunii Świętej i na moim weselu, jeszcze raz poznawałem moją żonę i widziałem, jak rodzą się i dorastają wszystkie nasze dzieci, widziałem obrazy z ich życia i ze swojego życia, widziałem ludzi, których skrzywdziłem i którzy mnie skrzywdzili, widziałem swoje sukcesy i swoje porażki, swoją studniówkę w XVI LO im. Stefanii Sempołowskiej i pierwszą sesję na studiach psychologicznych, jeszcze raz zachwyciłem się pierwszym zapamiętanym widokiem śniegu, morza, tatrzańskich szczytów, Asyżu, jeszcze raz spotkałem wszystkich moich bliskich, którzy przeszli już na Drugą Stronę. Pamiętam swoje przerażenie uświadomieniem sobie faktu, że to koniec wszystkiego, że nie zrobię już niczego dobrego i... wróciłem do teraźniejszości.

Teraz już pamiętałem to, co wtedy czułem, całym sobą: że wszystko jest zapisane i każdy najdrobniejszy element mojego życia, każdy człowiek, a nawet wypowiedziane słowo, miało jakieś znaczenie, dla mnie lub dla innych ludzi. I nic nie jest zapomniane...

Powoli dotarłem do rodzinnego grobu, gdzie opodal kwatery smoleńskiej spoczywają wszyscy moi bliscy. Jako ostatnią, dwa lata wcześniej pożegnałem w tym miejscu moją siostrę. Wspomniałem nasze ostatnie spotkanie. Był środek nocy, gdy z księdzem Stanisławem Małkowskim dotarliśmy do Szpitala Bielańskiego w Warszawie. Zdążyliśmy na czas. Siostra wyglądała, jakby spała. Mój przyjaciel udzielił jej ostatniego namaszczenia, po czym razem uklękliśmy do modlitwy u wezgłowia łóżka. Gdy wstaliśmy, w oczach miałem łzy. Ksiądz uścisnął mnie mocno za rękę i spojrzał głęboko w oczy. Przypomniałem sobie, co wtedy powiedział: – Nie ma przypadków. Pamiętaj Wojtku! Nic nie ginie...

Gdy kilka godzin po powrocie z Powązek wracałem do domu na Podlasiu, a monotonny warkot silnika i miękki blask wskaźników na desce rozdzielczej mojego fiata przywołał wspomnienia, raz jeszcze pomyślałem o słowach księdza „Pamiętaj – nic nie ginie."

I na przekór wszystkiemu uśmiechnąłem się do swoich myśli.

Biała Podlaska, marzec 2015

KONIEC